科研能力转化、科技成果转化
与知识产权运用

尹锋林◎著

知识产权出版社
全国百佳图书出版单位
——北京——

图书在版编目（CIP）数据

科研能力转化、科技成果转化与知识产权运用/尹锋林著. —北京：知识产权出版社，2020.9（2025.3 重印）

ISBN 978 - 7 - 5130 - 7070 - 6

Ⅰ.①科… Ⅱ.①尹… Ⅲ.①成果转化—科学技术管理法规—研究—中国②技术革新—知识产权法—研究—中国 Ⅳ.①D922.174②D923.404

中国版本图书馆 CIP 数据核字（2020）第 132948 号

内容提要

随着我国经济的转型升级，我国越来越需要科技创新驱动发展。为此，我国在 2015 年修改了《促进科技成果转化法》，并先后制定了一系列促进科技成果转化和知识产权运用的政策和法规、规章等文件。为了更好地实现科技创新服务经济发展的目标，我国亟需对科技成果转化和知识产权运用中的实际问题进行深入分析，并从理论层面提出解决的对策或方案。同时，目前国际上主要重视从科技成果到市场的转化工作，而对从科研能力到市场的转化的工作研究却不足。本书提出了"科研能力转化"的概念，并进行了具体分析，对促进科研服务经济发展具有重要意义。

责任编辑：龚　卫　李　叶　　　　　　　　责任印制：刘译文

封面设计：博华创意·张冀

科研能力转化、科技成果转化与知识产权运用

KEYAN NENGLI ZHUANHUA、KEJI CHENGGUO ZHUANHUA YU ZHISHI CHAN-QUAN YUNYONG

尹锋林　著

出版发行：知识产权出版社 有限责任公司	网　　址：http://www.ipph.cn
电　话：010 - 82004826	http://www.laichushu.com
社　　址：北京市海淀区气象路 50 号院	邮　　编：100081
责编电话：010 - 82000860 转 8745	责编邮箱：laichushu@ cnipr.com
发行电话：010 - 82000860 转 8101	发行传真：010 - 82000893/82005070/82000270
印　　刷：北京建宏印刷有限公司	经　　销：新华书店、各大网上书店及相关专业书店
开　　本：720mm×1000mm　1/16	印　　张：16.25
版　　次：2020 年 9 月第 1 版	印　　次：2025 年 3 月第 4 次印刷
字　　数：254 千字	定　　价：78.00 元
ISBN 978-7-5130-7070-6	

自 序

实施创新驱动发展战略，是应对发展环境变化、把握发展自主权、提高核心竞争力的必然选择，是更好引领我国经济发展新常态、保持我国经济持续健康发展的必然选择。当前，我国经济正处于转型升级的关键时期，我国经济发展的各种约束性条件日益突出，以前的粗放经济发展之路越来越难以为继。为了实现经济的成功转型，我国必须加快实施创新驱动发展战略，通过科技创新实现社会经济发展。

近年来，在创新驱动发展战略的推动下，我国科技研发经费投入和人才投入快速增长。根据国家统计局、科学技术部、财政部《2018 年全国科技经费投入统计公报》，2018 年全国共投入研究与试验发展（R&D）经费 19 677.9 亿元，比上年增加 2 071.8 亿元，增长 11.8%；R&D 经费投入强度（与国内生产总值之比）为 2.19%，比上年提高 0.04 个百分点。按 R&D 人员全时工作量计算的人均经费为 44.9 万元，比上年增加 1.3 万元。同时，根据科技部《2017 年我国科技人力资源发展状况分析》，2017 年我国科技人力资源总量已经达到 8 705 万人，比上年增长 4.9%；同时，2017 年我国 R&D 人员总量达到 621.4 万人，折合全时工作量人员为 403.4 万人年，我国 R&D 人员总量（全时当量）在 2013 年超过美国之后，已经连续多年位居世界第一。

与此同时，我国科研机构、高等院校、企业的科研能力、科技成果和知识产权的存量和增量均有大幅增长。充分利用好科研机构、高等院校、企业的科研能力、科技成果和知识产权，使之实现市场价值，对于实现我国国民经济转型升级具有重要意义。科研能力，是指一个自然人或一个单位开展科学研究或技术开发的能力或潜力。科技成果，是指人们通过运用其科研能力而在科研活动中作出的科学发现或形成的发明创造。知识产权，是指人们就其智力成果

（包括科技成果）所依法拥有的权利。在科研能力、科技成果和知识产权三者之中，知识产权距离市场最近，相对而言，最容易实现其市场价值；科技成果次之，科研能力则距离市场更远。

在市场经济环境中，科研机构、高等院校向企业转化其科研能力、科技成果或知识产权，需要进行等价交换。因此，发生在两个市场主体之间的科研能力转化、科技成果转化或知识产权运用首先遇到的第一个问题就是如何对特定的科研能力、科技成果或知识产权进行定价。而知识产权、科技成果或科研能力与有形财产不同，每一项知识产权、科技成果或科研能力都是独一无二的，世界上没有与之相同的或类似于物权法中"种类物"的事物，因此，对知识产权、科技成果或科研能力的定价很难找到有参考意义的对比对象。所以，人们对知识产权、科技成果或科研能力的估值基本依赖于其对这些知识产权、科技成果或科研能力的市场预期（所谓的"收益法"）。而人们对某项知识产权、科技成果或科研能力的市场预期，显然是见仁见智、因人而异、因时而异的。对于一项专利权，不同的市场主体给出的价格相差百倍、千倍并不稀奇；即使是同一个市场主体，在不同的时间对一项专利权的估值也可能有天壤之别。同时，考虑到实践中单纯的一项科技成果转化或单纯的一项知识产权运用很少，成功的科技成果转化或知识产权运用通常会涉及多项知识产权、科技成果及其背后科研能力的组合，这样，对这种类型的资产组合进行估值就更加没有确定性。因此，知识产权、科技成果、科研能力的价格只能由双方当事人通过谈判协商进行确定，任何事先的估值最多仅具有有限的参考意义。正是因为知识产权、科技成果、科研能力的价格难以准确确定，加之科研机构或大学的科技成果及知识产权大部分基于利用公共财政资金而取得，涉及多方利益主体，所以，科研机构和大学的科技成果转化和知识产权运用才成为世界性难题。

在知识产权、科技成果和科研能力三者之间，由于知识产权所涉及的智力成果、权利内容均是明确的，因此，知识产权运用双方当事人会更容易对知识产权价格达成一致；科技成果本身相比知识产权而言，其所涉及的智力成果是明确的，但是其所享有的权利并不完全确定，因此，科技成果转化双方当事人可能需要更多的交流、更多的形式才能对科技成果价格达成一致；由于科研能力本身尚未形成企业或市场所需要的智力成果，因此，科研能力转化双方当事人则需要比知识产权运用或科技成果转化更多的谈判和更详细的条款才能对科研能力的价格达成一致。

虽然知识产权运用、科技成果转化、科研能力转化商务谈判的难度是依次递增的趋势，但是从市场经济角度而言，转化和运用的链条越向前延伸，取得市场成功的可能性就越高。如果一个企业有了明确的技术需求后，立即委托拥有相应科研能力的科研机构或大学进行针对性的研发，那么显然要比单纯等待该技术成果研发出来之后再进行科技成果转化或知识产权运用要快得多，也更容易抢占市场先机。与之相对应，具有科研能力的科研机构或大学如果能够主动与企业进行对接，根据企业真实的市场需求进行科技研发，那么在其科技成果产出之后就可以立即转化给企业，从而使科研机构和企业达到互利双赢。

纲举而目张。如果事物的理论不清楚，目标不明确，那么相关的制度政策就可能犹豫不决，不能起到预期的效果。自 2015 年全国人大常委会对《促进科技成果转化法》进行修改以来，国务院、各部门和各地方出台了多项促进科技成果转化、知识产权运用的法规规章或政策文件，虽然很多科技成果转化、知识产权运用中的实际问题因此得到解决，但是相关制度、政策仍然让科技成果转化实际操作者感到存在"最后一公里"问题。之所以如此，主要还是因为我们对相关理论、问题的研究不够深入，分析不够透彻，因此，在制定相关制度和政策时就会存在较多顾虑。

在讨论科研能力转化、科技成果转化和知识产权运用的制度设计时，笔者认为我们尤其应该关注如下问题：促进科技成果转化的理由与目标、国家应主要促进"谁的"科技成果转化、科研机构和大学科技成果的市场应用前景、科研机构或大学科技成果转化所涉及的利益主体、如何看待科研机构和大学科技成果转化中的国有资产问题、科学家转化科技成果与专业人士转化科技成果的差异、应该"放权"给谁。只有将这些问题研究清楚，我们在设计和制定相关制度和政策时，才能做到有的放矢、胸有成竹。

本书除了在理论上对科研能力转化、科技成果转化和知识产权运用问题进行研究之外，还从实务上对以下问题进行分析：技术合同、科技成果转化中的国有资产管理、职务科技成果转化激励、科技税收、科技报告、科技财政与金融。为了增强本书的实操性，笔者专门邀请杨志强副研究员和张妍女士参加本书的撰写工作。杨志强副研究员先后任职于国家知识产权局专利局专利审查协作北京中心、北京国知专利预警咨询有限公司，目前在国家知识产权局知识产权运用促进司挂职，对知识产权运用、科技金融与市场、科技报告工作多有实践和研究，由他执笔撰写本书第七章和第八章两章内容。张妍女士，西科控股股权运营与投资部高级经理，天津大学 MBA，对科技成果转化中的国有资产管理问题具有丰富的实践和研究经验，由她执笔撰写本书第四章第七节、第八节等内容。全书由我本人统稿和审校。

"好风凭借力，送我上青云。"本书内容的研究和书稿的出版得益于很多领导、专家、学者和有关专业人士的帮助和支持。首先，特别感谢中国科学院大学公共政策与管理学院法律与知识产权系主任李顺德教授。李老师学识渊博，为人谦和，在他的言传身教之下，法律与知识产权系形成了一个和谐融洽、创新进取的知识产权研究团队。特别是 2013 年，李老师带领我们参与科技部《促进科技成果转化法》的修改起草工作，我由此进而开启了对科技成果转化问题的研究之路。同时，感谢中国科学院大学公共政策与管理学院方新、穆荣平、叶中华、霍国庆、陈建明、王海燕、刘云、邢丽、闫文军、罗先觉、唐素琴、张艳、刘朝、李玲娟、张嘉荣、曹鹏飞、李野、赵旖鑫等同志，感谢科技部张杰军、陈宝明、侯琼华、赵为、周华东、丁明磊、彭春燕、蒋玉宏、高艳茹等同志，感谢中国科学院院机关田永生、陈浩、唐炜、周俊旭、崔勇、蔡长塔、甘泉、石兵、陈光、刘鑫、董萌等同志，感谢中国科学院科技战略咨询研究院刘海波、段异兵、宋河发、樊春良、温柯、肖尤丹等同志，感谢西科控股郭文君、任娟娟等同志，感谢知识产权出版社龚卫女士。另外，还要对虽未提及尊名但曾在学术或教学上给我提供帮助和支持的各位领导、学者和同志一并表示感谢！

尹锋林

2020 年 4 月 15 日

目 录

第一章　基本概念

第一节　科研能力、科技成果与知识产权

科研能力，又称研究能力、研发能力，是指一个自然人或一个单位开展科学研究或技术开发的能力或潜力。

根据主体的不同，科研能力又分为自然人科研能力和单位科研能力。自然人科研能力，是指一个自然人所拥有的开展科学研究或技术开发的能力或潜力。自然人的科研能力主要取决于该自然人的经验、经历、知识和技能。一个自然人拥有的经历经验越丰富、知识越广博深邃、动手能力和技能越强，该自然人的科研能力就越强。由于自然人的经验、经历、知识、技能随着时间的推移而不断积累和变化，因此，自然人的科研能力也是一个不断发展和变化的过程。虽然自然人的经验、经历必定会随着时间的流逝越来越多，但由于自然人生命发展规律的客观限制，其知识和技能并不完全一定会随着时间的流逝而增加。通常而言，自然人科研能力在其青年和中年时期发展最为迅速且达到顶峰，而后将逐渐减弱。另外，虽然自然人科研能力主要取决于该自然人的经验、经历、知识和技能等人的内部因素，但是在近现代，自然人科研能力的发挥则越来越受到仪器设备、实验装置、科研平台等外部因素的影响和制约。如果没有这些外部因素和条件的襄助，自然人的科研能力很难获得充分的提升和发挥。因此，在当代，适当的仪器设备、实验平台等外部条件已经成为自然人科研能力得以良好发挥和发展的重要条件。

单位科研能力，是指一个单位所拥有的开展科学研究或技术开发的能力或

潜力。这里的"单位"是指科研机构、高等院校、公司或企业等主体。单位科研能力并非该单位科研人员科研能力的简单之和。单位科研能力既取决于该单位科研人员的科研能力，又取决于单位的仪器设备、实验装置、科研平台等研发基础设施条件，此外，还取决于单位对其科研人员、研发基础设施条件及其他各种相关资源的组织和管理。一个单位的科研人员和研发基础设施条件即使没有任何变化，但由于资源的配置、组织、管理方式的变化，该单位的科研能力也可能发生巨大的变化。另外，在科技界，科研团队具有与通常所说的"单位"相类似的功能和定位。在很多科研人员或科学家的眼里，科研机构、高等院校、公司企业这些"单位"甚至可能是"虚"的，而其所属的科研团队才是"实"的。一个科研团队只要能够保持完整一致，该科研团队即使从一个单位流动到另外一个单位，该科研团队的整体科研能力也可能不会发生较大变化；相应地，对于一名科研人员或科学家而言，如果其跟随科研团队进行流动，那么其个体研发能力的发挥通常并不会受到实质影响，而如果仅自己留在原单位且团队其他成员均流动到其他单位，那么其个体研发能力的发挥则可能会受到严重影响。正因如此，在科技界，科研团队的整体流动不足为奇。因此，在科技界，科研团队亦在一定程度上具有与"单位"相类似的功能，所以，本书所称单位科研能力亦包括科研团队科研能力。

科技成果通常是指人们在科研活动中所作出的科学发现或形成的发明创造。科技成果是科研能力运用或发挥的产物。在 2015 年《中华人民共和国促进科技成果转化法》（简称《促进科技成果转化法》）修改之前，我国法律、行政法规尚未对"科技成果"这一概念作出明确规定。但部门规章对"科技成果"的概念范围有所涉及，例如，科技部《科技成果登记办法》第 8 条规定："办理科技成果登记应当提交《科技成果登记表》及下列材料：（一）应用技术成果：相关的评价证明（鉴定证书或者鉴定报告、科技计划项目验收报告、行业准入证明、新产品证书等）和研制报告；或者知识产权证明（专利证书、植物品种权证书、软件登记证书等）和用户证明。（二）基础理论成果：学术论文、学术专著、本单位学术部门的评价意见和论文发表后被引用的证明。（三）软科学研究成果：相关的评价证明（软科学成果评审证书或验收报告等）和研究报告。"由此可见，该办法将科技成果分为：应用技术成果、基础理论成果和软科学研究成果。但何为应用技术成果、基础理论成果、软科学研究成果，该办法并未进行明确界定。通常理解，基础理论成果主要表现为揭示自然界事物或规律的新的科学发现；应用技术成果主要表现为自然界所没有的而为人类所独创的发明创造；软科学研究成果主要表现为通过自然科学与社会科学相互结合的交叉研究，针对决策和管理实践中提出的复杂性、系统性课题，为解决各类复杂社会问题提出可供选择的各种途径、方案、措施和对策。

2015 年 8 月 29 日，第十二届全国人大常委会第十六次会议对《促进科技成果转化法》进行修改。2015 年《促进科技成果转化法》第 2 条规定："本法所称科技成果，是指通过科学研究与技术开发所产生的具有实用价值的成果。"因此，根据该条规定，《促进科技成果转化法》所称的"科技成果"具有两个特征：第一，该科技成果应是在科学研究或技术开发中产生的；第二，该科技成果应具有实际应用价值，即能够在科学研究、生产生活中应用。当然，《促进科技成果转化法》对"科技成果"的定义着重于转化或产业应用的角度，但其实判断一项科技成果是否具有实际应用价值，往往随着时间的推移而发生改变。比如一项基础研究成果，在其刚开始形成之时，人们往往难以预见其实际应用场景和价值。但是，随着对该项基础成果进一步研究的深入，该基础研究成果往往会获得广泛的应用，甚至会形成一个新的产业，更甚而会导致整个社会生产、组织方式的变革。

知识产权是指人们就其智力成果（包括科技成果）所依法拥有的权利，如专利权、著作权、商标权、植物新品种权、商业秘密等。知识产权这一概念来源于英文 Intellectual Property。中国大陆通常翻译成知识产权，我国台湾地区则将其翻译成智慧财产。如果严格按照英文字面意思翻译，我国台湾地区的译法相对准确。因为按照英文字面意思，"Intellectual Property"首先是一种财产（Property），而在这种财产之上的权利则是"Intellectual Property Right"（IPR）。当然，即使在国际上，"Intellectual Property"所指的含义也是不完全确定的，有时指发明创造、作品等 IPR 的客体；而有时则与 IPR 同义，指权利本身。我国将"Intellectual Property"翻译成"知识产权"，已是约定俗成，无需再改变。但是，为了避免争议，也为了便于理解，在使用广义的"知识产权"概念时，不妨将知识产权的范围界定得宽泛一些，即"知识产权"既包括发明创造、作品等智力成果，同时也包括与该智力成果有关的权利。当然，如果是使用狭义的"知识产权"概念，则是指与该智力成果有关的权利。

如果对知识产权进行更精确、更具体的定义，笔者认为可以将知识产权定义为：知识产权是指权利人依法对其权利客体（智力成果）的某种方式的利用所享有的排他性的权利。具体而言，知识产权的特点具有以下特征。

第一，知识产权的权利客体是智力成果。例如，专利权的客体是技术方案，著作权的客体是作品，无论技术方案还是作品，均是人类的智力成果。同时，商标权的客体是商业标识，商业秘密的客体是技术信息、经营信息，商业标识、技术信息、经营信息亦是人类的智力创造物。

第二，知识产权的权利客体通常可以用信息形式进行表示或传播。绝大部分技术方案、作品、商业标识、技术信息、经营信息可以用信息形式进行表示。当然，也有一些知识产权客体并不能完全用信息形式进行表示，或者虽然可以用信息形式进行一定程度的表示，但不能完全以信息的形式传递这些智力成果。例如，植物新品种权的权利客体是植物新品种，虽然其外观可以用图片等形式表示，但是其遗传特性很难用文字等信息形式表示，也很难单纯通过信息形式进行传播。

第三，知识产权是一种排他性权利。排他的英文是"exclusive"，即排除他人使用。具体而言，知识产权权利人有权排除他人使用其智力成果，如果他人未经许可使用了其智力成果，则构成知识产权侵权。但是，知识产权权利人是否可以使用其智力成果？答案并不完全确定。在很多情况下，答案是肯定的。但是，以专利权为例，至少在以下两种情况下，答案应是否定的：一是该智力成果的应用受到法律的限制，比如该智力成果是一项枪支弹药制造技术，可以申请并获得专利权，但是专利权人未经国家有关部门批准，不得自己实施该技术方案，否则就会构成犯罪；二是该智力成果是对在先技术的改进，而在先技术亦在专利权保护期之内（且该在后专利权亦在在先专利权保护范围之内），那么实施该智力成果亦应获得在先技术专利权人的许可，否则就会构成对在先专利权的侵权。又如，2020年新型冠状病毒在我国肆虐期间，武汉病毒研究所就美国一项专利药品对新型冠状病毒的治疗用途申请了专利，若使武汉病毒研究所的该专利申请最终获得授权，则其以生产经营目的生产该专利药品属于侵犯美国药品专利的行为，因为该药品尚在专利保护期之内；当然，在假设武汉病毒研究所获得授权的前提下，如果美国药品专利权人或其他人为治疗新型冠状病毒目的而生产、销售、使用该药品亦需要获得武汉病毒研究所的许可，这也是武汉病毒研究所进行该项专利申请的意义所在。

第四，知识产权是权利人对其智力成果所享有的以某种方式进行利用的排他性权利。知识产权权利人通常并不能单独拥有其智力成果。《民法总则（草案三次审议稿）》拟规定知识产权是权利人就这些客体所享有的"专属的"权利。在征求意见时，知识产权学界对该草案的这条规定争议较大。因为知识产权的客体——智力成果，虽然在很多情况下是由知识产权权利人创造的，但是，无论从理论上还是从实践上，知识产权客体通常不能专属于知识产权权利人。以专利制度为例，专利权的客体是发明创造，人们要获得专利权首先需要将该发明创造的内容公开，这样，任何人都可以合法地获得该发明创造的内容，因此，在这种情况下，专利权的客体——发明创造，显然不能再专属于专利权人。同时，智力成果的利用方式有多种，知识产权权利人并不能禁止所有方式的智力成果的利用，权利人仅仅有权禁止有限的几种智力成果利用方式。以专利权为例，专利权的客体是技术方案，人们至少可以利用技术方案进行学习和教学，他人使用专利权人的技术方案进行自学或教学，专利权人有权禁止吗？显然不能。因此，全国人民代表大会最终通过的《民法总则》将"专属的"修改为"专有的"。虽然在汉语上"专有"仍不如"排他"明确，但在国内知识产权法语境下，一般将"专有"与"排他"的含义等同，所以，这一修改也更加符合知识产权制度的内在规律。既然知识产权权利人一般不能单独地"专属的"拥有其智力成果，那么其所拥有的是什么呢？权利人所拥有的就是对其智力成果进行某种方式利用的排他性权利。也就是说，知识产权权利人所能控制的通常并不是智力成果本身，而是对智力成果的某种方式的利用。比如，权利人可以对发明专利产品的制造行为、销售行为进行控制，享有排他性权利，但是，权利人通常不能控制发明创造本身。

第五，知识产权是权利人依据国家法律所享有的权利。知识产权权利人能够禁止他人对其智力成果哪些方式的利用，必须要有法律的明确规定，这是知识产权与物权的一个重要区别。物权，即使没有法律的规定，在一个正常的社会中通常也会受到保护。比如一个人拥有一辆汽车，他人未经许可使用该汽车，那么即使没有物权法，该人的行为也属于侵犯物权的行为。但是，知识产权则不一样，一个人做出了智力成果，如果没有相关法律规定，则该智力成果的创造人通常不能获得保护。同时，知识产权权利人能够禁止他人对智力成果进行利用的方式，通常也需要有法律的明确规定。例如，根据《中华人民共和国专利法》（简称《专利法》）规定，发明或实用新型专利权人可以禁止他人未经许可而为生产经营目的制造、使用、许诺销售、销售、进口其专利产品，或者使用其专利方法以及使用、许诺销售、销售、进口依照该专利方法直接获得的产品；外观设计专利权人可以禁止他人为生产经营目的制造、许诺销售、销售、进口其外观设计专利产品。由此可见，第三人如果不是为了生产经营目的而以上述方式使用该专利技术方案，并不构成专利侵权；发明或实用新型专利权人可以禁止他人未经许可而"使用"其专利产品或使用依照该专利方法直接获得的产品，但是外观设计专利权人并无权利禁止他人"使用"其外观设计专利产品。

当然，也有一些智力成果利用方式，法律并没有明确规定是否属于智力成果创造人所能禁止的范围，但是法院在审判中认为应属于智力成果创造人所能禁止的行为。这类行为主要涉及《中华人民共和国反不正当竞争法》（简称《反不正当竞争法》）第2条如何适用的问题，其第2条第1款、第2款分别规定："经营者在生产经营活动中，应当遵循自愿、平等、公平、诚信的原则，遵守法律和商业道德。""本法所称的不正当竞争行为，是指经营者在生产经营活动中，违反本法规定，扰乱市场竞争秩序，损害其他经营者或者消费者的合法权益的行为。"有关当事人认为自己智力成果受到侵犯，但又不能找到明确法律规定时，经常以《反不正当竞争法》第2条为由，指控对方当事人违反了该条规定，向法院提起反不正当竞争诉讼。例如，利用网络爬虫技术抓取他人数据行为，就引发了多起诉讼案件，有的法院认为构成不正当竞争。❶ 由

---

❶ 深圳中院判决. 利用网络爬虫技术抓取他人数据构成不正当竞争［EB/OL］.［2020 - 01 - 20］. https：//blog. csdn. net/wowotuo/article/details/81321805.

于《反不正当竞争法》第2条是一个原则性条款，并无明确具体的法律行为规范，因此，法院如果频繁适用该原则性规定，有可能使市场主体不能对自己行为的法律性质产生明确预期，进而阻滞市场与技术的创新。

科技成果与狭义的"知识产权"的主要联系是：科技成果是知识产权的客体或知识产权的保护对象，知识产权是科技成果在市场经济环境中受到保护的权利形式。换言之，在市场经济环境下，科技成果需要通过知识产权这种形式才能获得法律保护。之所以强调"市场经济"，主要是因为知识产权是私权。在计划经济时代，由于私权受到极大的压缩，因此，保护科技成果主要不靠知识产权。在苏联和我国计划经济时代基本没有知识产权的概念，科技成果保护主要靠国家资助或奖励。例如，2015年诺贝尔生理学或医学奖获得者屠呦呦女士之所以未对其青蒿素科研成果申请专利保护，根本原因是在做出该项发明时我国没有专利保护制度，同时，由于我国当时也未加入相关知识产权保护国际公约，因此，也不可能到其他国家寻求专利保护。

党的十八届三中全会审议通过的《中共中央关于全面深化改革若干重大问题的决定》指出，要"使市场在资源配置中起决定性作用"。在新的形势下，知识产权已经成为科技成果的最主要保护方式。另外，在特殊情况下，科技成果与知识产权可能在一定程度上重合。例如，技术方案是科技成果的表现形式之一，如果该科技成果未公开，该技术方案就作为商业秘密来进行保护，在这种情况下，该未公开的科技成果与该商业秘密就是同一的。同时，由于在我国大众语境下，知识产权有时既指权利，也指权利客体，所以，在不太严格的情况下，科技成果与知识产权两个词语有时也是通用的，人们也可能将科技成果与知识产权不加详细区分。

第二节 转化、转移与运用

在中文语境下，"转化"一般是指将科技成果转变为现实生产力的过程。2015年《促进科技成果转化法》第2条第2款规定："本法所称科技成果转化，是指为提高生产力水平而对科技成果所进行的后续试验、开发、应用、推广直至形成新技术、新工艺、新材料、新产品，发展新产业等活动。"第 16 条规定："科技成果持有者可以采用下列方式进行科技成果转化：（一）自行投资实施转化；（二）向他人转让该科技成果；（三）许可他人使用该科技成果；（四）以该科技成果作为合作条件，与他人共同实施转化；（五）以该科技成果作价投资，折算股份或者出资比例；（六）其他协商确定的方式。"

2015 年《促进科技成果转化法》第 2 条和第 16 条分别从内涵和实现方式两个方面对"科技成果转化"进行诠释。该法第 2 条主要是从为了利用科技成果而进行后续实验、开发、应用等活动的角度对科技成果转化这个概念进行界定的。毫无疑问，为了进行科技成果转化或利用，很多科技成果需要进行后续实验或相关研发，这也是对先前的科技成果进行转化的一项重要工作。从本质上讲，这些后续实验或相关研发也是一种研发行为，有可能会产生新的科技成果。同时，《促进科技成果转化法》的主要目的在于以市场的方式甄选出真正具有市场价值的科技成果，并以市场的方式配置相应的资源（主要是资金），以此进行后续实验、研发、应用或产品的市场推广等行为。因此，"科技成果转化"包含两个层次的内容：一是对科技成果进行后续应用性实验、研发、应用或产品的市场推广等行为，这一行为是将科技成果在生产、制造等过程中具体应用的行为；二是为了促进上述行为，或为了使上述行为变得可行，而将科技成果或其知识产权从一个主体转移到另一个主体的行为、许可他人使用的行为或以之进行市场融资、市场中介等行为。需要注意的是，2015 年《促进科技成果转化法》第 16 条比 1996 年法规增加了一项，即"（六）其他协商确定的方式"，也就是说除了自行实施、许可、转让、合作、作价投资等转化方式之外，如果科技成果拥有者与使用者协商确定其他方式转化科技成果，法律亦予以认可。之所以增加这个兜底条款，主要是考虑到随着我国市场经济的发展，科技成果转化实践方式越来越多种多样，除了 1996 年《促进科技成果转化法》规定的五种方式之外，已经产生或正在酝酿产生诸如知识产权质押、知识产权托管、知识产权证券化等多种新型的科技成果转化方式，为了确保这些转化方式也纳入法律轨道中，所以增加了这个兜底条款。

"转移"一般是指将某项权利或某个事物从一方转移到另一方。比如专利权的许可或转让、技术秘密的转让或许可等。值得注意的是，"许可"其实也是一项权利的转移，即将使用某项技术的权利从一个主体转移到另一个主体。《中华人民共和国合同法》（简称《合同法》）第342条规定："技术转让合同包括专利权转让、专利申请权转让、技术秘密转让、专利实施许可合同。技术转让合同应当采用书面形式。"第347条规定："技术秘密转让合同的让与人应当按照约定提供技术资料，进行技术指导，保证技术的实用性、可靠性，承担保密义务。"第348条规定："技术秘密转让合同的受让人应当按照约定使用技术，支付使用费，承担保密义务。"由上述条文可见，我国《合同法》将专利实施许可包含在技术转让这一大概念之下。转让人在转让技术秘密后，其对该技术秘密的权利至少存在如下三种情形：一是转让人在转让后，销毁该技术秘密资料，并且不再使用、也不得向第三人转让该技术秘密；二是转让人在转让后，转让人可以自己使用该技术秘密，但不得向第三人再转让该技术秘密；三是转让人在转让后，转让人既可以自己使用该技术秘密，也可以向第三人转让该技术秘密。而具体是哪种情形，应由技术秘密转让合同进行约定。如果是上述第二种或第三种情形，则该技术秘密转让与普通公众所理解的"许可"无异。另外，中文语义上"转化"还可包括科技成果或知识产权的拥有者自己使用之意；而中文语义上的"转移"则不包括"自用"这种形式，并且不仅包括权利的转移，还包括知识的转移。当然，有相当一部分科技成果转化往往需要伴随知识产权的转移，而绝大部分知识产权转移也是为了科技成果转化，因此，在我国，"科技成果转化""知识产权转移"或"知识产权转移转化"等几个概念通常是指大致相同的内容。另外，在提到"技术转移"时，通常可以包含两种情况：一是技术知识本身的转移或扩散，如通过许可、转让、学习、研究、交流等方式使一个自然人或企业获得新技术、新知识；二是与技术知识本身有关的权利的转移，如专利权转让、商业秘密转让等。

2008年国务院印发的《国家知识产权战略纲要》（国发〔2008〕18号）还提出了一个与"转移""转化"极为相似的另一个概念，即"运用"。《国家知识产权战略纲要》在"鼓励知识产权转化运用"的项目下主要列举了三项战略措施：第一，引导支持创新要素向企业集聚，促进高等学校、科研院所的创新成果向企业转移，推动企业知识产权的应用和产业化，缩短产业化周期。深入开展各类知识产权试点、示范工作，全面提升知识产权运用能力和应对知识产权竞争的能力。第二，鼓励和支持市场主体健全技术资料与商业秘密管理制度，建立知识产权价值评估、统计和财务核算制度，制订知识产权信息检索和重大事项预警等制度，完善对外合作知识产权管理制度。第三，鼓励市场主体依法应对涉及知识产权的侵权行为和法律诉讼，提高应对知识产权纠纷的能力。由此可见，"知识产权运用"与"科技成果转化""转移"等概念亦有很多重叠或相同之处。

但是，由于上述几个概念之间有一定区别，比如科技成果转化包括自行实施转化，而知识产权转移则显然不包括。同时，考虑到《促进科技成果转化法》在修订后还需制定相关的配套法规和规章，国际上较少使用"科技成果转化"概念而通常使用"知识产权转移"或"技术转移"的概念，因此，在修改《促进科技成果转化法》时曾有学者建议在界定科技成果转化概念时，应该考虑到相关知识产权概念，比如，至少应将"专利权、技术秘密、软件著作权的转让、许可和作价投资"或"知识产权（不包括商标权）的转让、许可和作价投资"明确包括到科技成果转化概念范围之内。这样，才能保证修改后的《促进科技成果转化法》及其配套法规、规章（主要是其中规定的一些优惠措施）可以直接适用于知识产权转让、许可和作价投资行为之中，否则，将来可能会出现某些扯皮的情况。由于各种原因，2015 年《促进科技成果转化法》未将知识产权问题纳入科技成果转化的概念之中，如果日后制定 2015 年《促进科技成果转化法》的实施细则，有关部门须考虑"科技成果转化"和"知识产权运用"这两个概念的衔接问题。

第三节　发明、职务发明与职务科技成果

在《专利法》框架下，与《促进科技成果转化法》中的"科技成果"相对应的概念是"发明创造"。根据《专利法》的规定，"发明创造"包括"发明""实用新型"和"外观设计"。《专利法》第 2 条进一步规定："发明，是指对产品、方法或者其改进所提出的新的技术方案。实用新型，是指对产品的形状、构造或者其结合所提出的适于实用的新的技术方案。外观设计，是指对

产品的形状、图案或者其结合以及色彩与形状、图案的结合所作出的富有美感并适于工业应用的新设计。"《促进科技成果转化法》中的"科技成果"概念，则不仅包括上述"发明""实用新型"和"外观设计"所界定的内容，还包括一些其他智力创造，如计算机软件、植物或动物新品种等。

由此可见，《专利法》语境下的"发明创造"和"发明"概念所界定的范围要小于《促进科技成果转化法》中"科技成果"概念。另外，还需要注意的是"发明"一词还有广义和狭义之分。狭义的"发明"是指《专利法》所界定的"发明"，即"对产品、方法或者其改进所提出的新的技术方案"。而广义的"发明"则是指人们所创造出来的一切自然界中原来并不存在的事物或技术方案。国家知识产权局、科技部报请国务院审议的《职务发明条例草案（送审稿）》❶ 对发明所界定的范围则采取了折中原则，该送审稿第 4 条规定："本条例所称发明，是指在中华人民共和国境内完成的，属于专利权、植物新品种权或者集成电路布图设计专有权保护客体的智力创造成果。"因此，《职务发明条例草案（送审稿）》所界定的"发明"的概念范围要大于《专利法》"发明创造"的概念范围，但是仍然小于《促进科技成果转化法》中"科技成果"的概念范围。比如，计算机软件本身、动物新品种等显然是属于《促进科技成果转化法》"科技成果"的范畴的，但却不属于《职务发明条例草案（送审稿）》"发明"的概念范围。

无论是《促进科技成果转化法》，还是《专利法》，均存在"职务"权属的问题，即对于单位员工作出的科技成果或发明创造，科技成果或发明创造及其知识产权是属于单位还是属于创造者个人所有的问题，或者是否属于"职务科技成果"或"职务发明创造"的问题。1996 年《促进科技成果转化法》多次提到"职务科技成果"这个概念，例如，第 14 条规定："国家设立的研究开发机构、高等院校所取得的具有实用价值的职务科技成果，本单位未能适时地实施转化的，科技成果完成人和参加人在不变更职务科技成果权属的前提下，可以根据与本单位的协议进行该项科技成果的转化，并享有协议规定的权

---

❶ 职务发明条例草案（送审稿）［EB/OL］.（2015 - 08 - 10）［2020 - 01 - 20］. http：//www. sipo. gov. cn/ztzl/ywzt/zwfmtlzl/tlcayj/201504/P020150413381965255411. pdf.

益。该单位对上述科技成果转化活动应当予以支持。科技成果完成人或者课题负责人，不得阻碍职务科技成果的转化，不得将职务科技成果及其技术资料和数据占为己有，侵犯单位的合法权益。"但是，该法并未对"职务科技成果"进行定义，也未对"职务科技成果"的范围进行界定。

现行《专利法》第6条对职务发明创造进行了明确界定："执行本单位的任务或者主要是利用本单位的物质技术条件所完成的发明创造为职务发明创造。职务发明创造申请专利的权利属于该单位；申请被批准后，该单位为专利权人""利用本单位的物质技术条件所完成的发明创造，单位与发明人或者设计人订有合同，对申请专利的权利和专利权的归属作出约定的，从其约定。"《中华人民共和国专利法实施细则》（简称《专利法实施细则》）第12条对职务发明创造进行进一步明确："专利法第六条所称执行本单位的任务所完成的职务发明创造，是指：（一）在本职工作中作出的发明创造；（二）履行本单位交付的本职工作之外的任务所作出的发明创造；（三）退休、调离原单位后或者劳动、人事关系终止后一年内作出的，与其在原单位承担的本职工作或者原单位分配的任务有关的发明创造。专利法第六条所称本单位，包括临时工作单位；专利法第六条所称本单位的物质技术条件，是指本单位的资金、设备、零部件、原材料或者不对外公开的技术资料等。"由此可见，现行《专利法》主要是从两个标准界定职务发明创造：一是任务标准，即单位员工无论是履行本职工作任务，还是履行单位交付的本职工作之外的其他任务所作出的发明创造，均属于职务发明创造，该发明创造应属于单位所有；二是资源标准，即如果单位员工主要利用了本单位的物质技术条件所作出的发明创造，如利用本单位的资金、设备、零部件、原材料或者技术秘密所作出的发明创造，则也属于职务发明创造。上述资源标准有一个例外，即允许约定优先。如果单位员工与单位对该发明创造的归属有约定，则按照双方约定来确定主要利用单位物质技术条件所完成的发明创造的权属。

另外，《合同法》还规定了一个"职务技术成果"的概念。《合同法》采用了与《专利法》相类似的标准确定职务技术成果的归属。《合同法》第326条规定："职务技术成果的使用权、转让权属于法人或者其他组织的，法人或者其他组织可以就该项职务技术成果订立技术合同。法人或者其他组织应当从使用和转让该项职务技术成果所取得的收益中提取一定比例，对完成该项职务技术成果的个人给予奖励或者报酬。法人或者其他组织订立技术合同转让职务技术成果时，职务技术成果的完成人享有以同等条件优先受让的权利。职务技术成果是执行法人或者其他组织的工作任务，或者主要是利用法人或者其他组织的物质技术条件所完成的技术成果。"

《职务发明条例草案（送审稿）》亦采取了与《专利法》类似的标准界定职务发明的范围，其中第 7 条规定："下列发明属于职务发明：（一）在本职工作中完成的发明；（二）履行单位在本职工作之外分配的任务所完成的发明；（三）退休、调离原单位后或者劳动、人事关系终止后一年内完成的，与其在原单位承担的本职工作或者原单位分配的任务有关的发明，但是国家对植物新品种另有规定的，适用其规定；（四）主要利用本单位的资金、设备、零部件、原材料、繁殖材料或者不对外公开的技术资料等物质技术条件完成的发明，但是约定返还资金或者支付使用费，或者仅在完成后利用单位的物质技术条件验证或者测试的除外。"《职务发明条例草案（送审稿）》第 9 条规定："单位可以在依法制定的规章制度中规定或者与发明人约定利用单位物质技术条件完成的发明的权利归属；未与发明人约定也未在规章制度中规定的，适用本章的规定。"

特别需要注意的是，虽然现行《专利法》《合同法》以及《职务发明条例草案（送审稿）》对"职务发明创造"或"职务技术成果""职务发明"的判断标准均采取了任务标准和资源标准两个标准，但目前正在进行的第四次《专利法》修改拟对职务发明创造的概念范围进行重大调整，拟取消判断职务发明创造的资源标准。《中华人民共和国专利法修改草案（征求意见稿）》❶ 第 6 条规定："执行本单位任务所完成的发明创造为职务发明创造。职务发明创造申请专利的权利属于该单位；申请被批准后，该单位为专利权人。非职务发明创造，申请专利的权利属于发明人或者设计人；申请被批准后，该发明人或者设计人为专利权人。利用本单位的物质技术条件所完成的发明创造，单位与

---

❶ 中华人民共和国专利法修改草案（征求意见稿）条文对照［EB/OL］.（2015－08－10）［2020－01－20］. http：//www. sipo. gov. cn/ztzl/ywzt/zlfjqssxzdscxg/xylzlfxg/201504/t20150401_1095940. html.

发明人或者设计人订有合同，对申请专利的权利和专利权的归属作出约定的，从其约定；没有约定的，申请专利的权利属于发明人或者设计人。"因此，根据该条，对于主要利用本单位物质技术条件所作出的发明创造，将不再被认为是职务发明创造。当然，单位可以与员工对这些发明创造的权属作出约定，但如果没有明确约定的，该发明创造应属于发明创造人所有。

《中华人民共和国专利法修改草案（征求意见稿）》之所以对职务发明创造的概念范围作出如此重大修改，其理由主要有以下几点：一是体现"人是科技创新的最关键因素"，充分利用产权制度激发发明人的创新积极性。对于利用单位物质技术条件完成的发明创造，在权利归属方面给予单位和发明人之间更大的自主空间，在没有约定的情况下，规定申请专利的权利属于发明人或者设计人；二是克服现行《专利法》第6条第1款与第3款规定之间可能产生的矛盾，消除实践中对第3款规定的"利用"是否包含"主要利用"情形存在的不同理解；三是促使单位完善内部知识产权管理制度，事先约定好利用单位物质技术条件完成发明创造的权利归属，预防纠纷的发生；四是落实2014年12月国务院发布的《关于国家重大科研基础设施和大型科研仪器向社会开放的意见》要求，加快推进国家重大科研基础设施和大型科研仪器向社会开放，进一步提高科技资源利用效率，为发明人充分利用科研单位物质技术条件进行研发活动营造更完善的法律环境。❶

2015年7月底，全国人大常委会工作部门形成的《促进科技成果转化法（修改草案二审稿）》亦拟对职务科技成果概念作出明确规定，该二审稿第2条规定："职务科技成果是指执行研究开发机构、高等院校和企业等单位的工作任务，或者主要是利用上述单位的物质技术条件所完成的科技成果。"由此可见，二审稿对职务科技成果的界定参考了现行《专利法》的规定，即同时适用任务标准和资源标准，也与现行《专利法》《合同法》相衔接。

2015年《促进科技成果转化法》最终采纳了该二审稿的意见，在第2条第1款规定："本法所称科技成果，是指通过科学研究与技术开发所产生的具

---

❶ 关于《中华人民共和国专利法修改草案（征求意见稿）》的说明［EB/OL］.（2015－08－10）［2020－01－20］. http：//www.sipo.gov.cn/ztzl/ywzt/zlfjqssxzdscxg/xylzlfxg/201504/t20150401_1095942.html.

有实用价值的成果。职务科技成果，是指执行研究开发机构、高等院校和企业等单位的工作任务，或者主要是利用上述单位的物质技术条件所完成的科技成果。"

第四节 背景知识产权与项目知识产权

在科研能力转化或科技成果转化过程中，经常出现背景知识产权和项目知识产权的概念。这两个概念在科技成果转化合同或科技合作合同中具有重要意义，因此，有必要加以介绍。

背景知识产权（**Background IP**、**Background**），是科技成果转化合同或科技合作合同中最复杂的一个概念，也是最容易引起分歧和争议的一个焦点。因此，在界定背景知识产权的时候，必须倍加谨慎。通常而言，背景知识产权就是指在科技成果转化或科技合作过程中，由一方所拥有的并且因转化或合作研究目的而提供给另一方使用的知识产权。构成背景知识产权，通常需要同时具备两个条件：一是该知识产权是当事人在签订转化合同或科技合作合同之前所拥有的。如果该知识产权是在签订合同之后获得的，通常就不应被界定为背景知识产权，因为该知识产权可能是在合同执行过程中获得的，属于项目知识产权。另外，合同当事人在合同签订后所获得的知识产权也可能与该合同没有任何关系，那么也不应被列入背景知识产权之中。二是背景知识产权须为转化或合作研究所必须。为了有效实现合同目标，合同当事人通常需要利用对方已拥有的知识产权。另外，由于转化过程中形成的新成果或合作研究成果极有可能是在合同当事人已拥有的知识产权的基础上进一步研发的，即这些新研究成果很可能会使用那些已拥有的知识产权。所以，为了有效开展转化或合作研究，或者为了有效利用新研究成果，项目参加者需要贡献已拥有的知识产权作为背景知识产权。

当然，上述背景知识产权的定义仅是一个原则性的概念。在不同的转化合同或不同的科技合作协议中，背景知识产权的定义会因具体情况而有所变更。例如，合同当事人在合同签订后所获得的知识产权，如果是为了进行转化或合作研究所必需的，或者为了新研究成果利用的需要，也可以通过签订补充协议的方式，将其列入背景知识产权之中。再如，转化合同或者科技合作协议还可以只将仅为开展相关研究所必须的知识产权作为背景知识产权，而不将那些合同当事人所拥有的、且为新研究成果商业利用所必须的知识产权作为背景知识产权，至于这些知识产权的使用问题，可以在新研究成果利用时由利用者与权利人另行协商。

背景知识产权的界定方式主要有三种。一是内涵式界定，即仅对背景知识产权的概念进行定义，但不具体列举合同当事人的哪些具体知识产权属于背景知识产权。例如，可以将背景知识产权定义为：合同当事人在签订协议之前所拥有的，且为科技成果转化或合作研究的开展或未来新研究成果的商业利用所必须的知识产权；也可以将背景知识产权定义为：合同当事人在签订协议之前所拥有的，且为科技成果转化或合作研究的开展所必须的知识产权。二是列举式界定，即不对背景知识产权的概念进行定义，但具体列出合同当事人所拥有的哪些知识产权属于背景知识产权。内涵式界定方法的优点是能够将合同人所有的与合同有关的知识产权都纳入背景知识产权之中，这样可以使背景知识产权的利用者获得更多的权利；但缺点是，由于背景知识产权的利用者可能并不掌握权利人所拥有的知识产权信息；同时，对权利人来说，也可能存在一定风险，因为权利人的那些不为合同所必需的知识产权也可能会被要求纳入背景知识产权之中。因此，仅仅用内涵式方式确定的背景知识产权的范围、内容可能会模糊和不确定。列举式界定方法的优点是可以使背景知识产权的范围和内容具体、明确；但缺点是在签订转化协议或科技合作协议时，当事人还不能完全确定需要使用哪些知识产权，所以可能会漏掉一些需要使用的知识产权。三是内涵式与列举式相结合的界定方式，即首先对背景知识产权的概念进行定义，然后转化协议或科技合作协议的正文或附件中明确列举权利人的哪些知识产权属于背景知识产权。同时规定，对没有在清单中明确列入的，但为执行合同所必需的知识产权亦属于背景知识产权。

还需要注意的是，由于转化合同或科技合作合同的当事人主体是具有法律主体资格的单位，即法人，如公司、大学或其他科研机构，而真正涉及该合同的，往往是大学、科研机构的一个系、研究室或课题组或公司的一个部门，所以，在签订转化合同或科技合作协议时，需要当事人确定：是将该法人所有的与合同有关的知识产权作为背景知识产权，还是仅将该大学、科研机构的特定系、特定研究室或课题组、公司的特定部门与合同有关的知识产权作为背景知识产权。这种区分和明确，对大型企业内部各部门间信息交流较少的大学或科研机构而言，尤其必要。

项目知识产权（Project IP、Foreground），是指在转化合同或科技合作合同实施期间，因合同实施本身而创造的知识产权。因此，项目知识产权的特征有两个：一是该知识产权是在合同实施期间形成的。如果知识产权是在合同实施之前产生的，那么就有可能属于背景知识产权，而绝对不可能属于项目知识产权；如果知识产权是在项目实施完毕后产生的，那么就属于知识产权完成者单独享有的知识产权，不应属于项目知识产权。二是该知识产权是因实施合同本身而创造的。换言之，如果该知识产权产生于转化过程或科技合作过程之外，那么即使是在合同履行期间完成的，甚至与合同涉及的技术领域有关，也不属于项目知识产权。在转化合同或科技合作合同中，有关项目知识产权的归属和利用问题尤应引起合同各方当事人的重视。为了避免因项目知识产权的归属和利用问题发生争议，当事人非常有必要在合同中对该问题作出明确约定。

在合同双方当事人未对项目知识产权作出明确约定的情况下，项目知识产权的归属和利用就应依照法律的相关规定进行处理。2015 年《促进科技成果转化法》第 40 条规定："科技成果完成单位与其他单位合作进行科技成果转化的，应当依法由合同约定该科技成果有关权益的归属。合同未作约定的，按照下列原则办理：（一）在合作转化中无新的发明创造的，该科技成果的权益，归该科技成果完成单位；（二）在合作转化中产生新的发明创造的，该新发明创造的权益归合作各方共有；（三）对合作转化中产生的科技成果，各方都有实施该项科技成果的权利，转让该科技成果应经合作各方同意。"由此可见，在合作转化过程中形成的新的发明创造，即项目知识产权，其权益属于合作各方共有，且各方均有实施该项目知识产权的权利，如果要转让该项目知识产权需要经过合作各方的同意。需要注意的是，2015 年《促进科技成果转化法》第 40 条对项目知识产权的权属和利用问题所作出的规定仅限于科技成果"合作转化"过程中所形成的项目知识产权；而如果是在合作研发合同框架下形成的项目知识产权，则应适用《专利法》第 8 条以解决该项目知识产权的归属和利用问题。该条规定："两个以上单位或者个人合作完成的发明创造、一个单位或者个人接受其他单位或者个人委托所完成的发明创造，除另有协议的以外，申请专利的权利属于完成或者共同完成的单位或者个人；申请被批准后，申请的单位或者个人为专利权人。"由此可见，如果合作研发合同当事人未对项目知识产权问题作出明确约定，而项目研究成果是由一方当事人作出的，则该合作研究中形成的项目成果申请专利的权利及专利权就应属于该一方当事人。

第五节　科研能力转化与科技成果转化、知识产权运用

科研能力转化是指拥有科研能力的自然人或单位通过运用科研能力创造市场价值的行为。虽然截至目前，很少有学者和实务人士提到科研能力转化这个概念，但笔者认为，随着我国经济的转型升级，我国必须重视和深入研究科研能力转化问题。科研能力转化对于打通科技创新、市场创新、国民经济转型升级之间的关节至关重要。

在谈到科技成果转化、知识产权运用时，首先必须有科技成果、知识产权，才能有转化和运用问题。在一名科学家或一个科研单位拥有科研能力但还未形成科研成果或知识产权的时候，这位科学家或科研单位难道就不能与市场相结合，通过市场机制创造价值吗？难道市场上的企业就不欢迎这样的科学家或科研单位吗？笔者认为，市场或企业并非不需要这些科学家或科研单位的科研能力，这些科学家或科研单位的科研能力也并非没有市场价值，同时，这些科学家和科研单位也一定希望其科研能力能够创造市场价值。

既然科研能力的供给方和需求方均有转化意愿，为何科研能力向市场价值转化仍然困难重重？关键问题在于科学家或科研单位的科研能力的市场价值难以准确评估。科学家或科研单位与企业合作，首先需要确定双方的具体权利义务，特别是需要确定合作双方的具体投入和利益分配问题。企业的投入一般是现金或实物，其市场价值容易确定；而科学家或科研单位投入的科研能力则难

以准确确定其市场价值。因此，如果从传统或静态的观点看待科研能力转化问题，这个问题似乎是无解的。

同时，科技成果、知识产权虽然其价值也很难评估和确定，但科技成果和知识产权至少是科学家和科研单位能够明确拿出来的，也是企业或市场能够明确看到的，所以科学家、科研单位与企业可以通过谈判的方式确定科技成果及其知识产权的价格，进而达成合作协议。因此，科技成果转化、知识产权运用相对科研能力转化而言，更加容易，也更加容易看到市场效果。所以，无论从国家层面，还是从企业、科研单位或个人层面，都应更加重视和倾向于科技成果转化和知识产权运用。

科技成果转化、知识产权运用固然极为重要，但是为了国民经济的转型升级，充分发挥科技对国民经济发展的推动作用，我国亦应高度重视科学家和科研机构的科研能力转化问题。

首先，科研能力转化更加有助于科技研发直接面向市场需求。当前，我国科技成果转化与知识产权运用工作之所以存在一定困难，一个重要的原因就是相当一部分科研成果和知识产权没有市场需求，自然也就不能进行转化或运用。而科研成果或知识产权没有市场需求最主要的根源在于确定研发方向和科技研发时没有考虑市场的需求。而科研能力转化则是在科技成果和知识产权形成之前，以市场需求确定研发方向并进行研发，那么在之后形成的科技成果和知识产权自然就会有较为强烈的市场需求，后续的科技成果转化和知识产权运用自然也就相对容易很多。因此，重视科研能力转化，有助于将科技促进经济发展的链条大幅前移，使科研机构和科学家的研发行为更加贴近市场的需求。

其次，科研能力转化有助于提升国家财政科技投入的效益，实现国家财政科技投入的良性循环。财政科技投入应重点关注基础研发和具有战略意义的关键共性技术研发。目前，财政科技投入在我国社会总科技投入中仍然占有极重要的地位。以 2018 年为例，我国科技经费投入力度加大，研究与试验发展经费投入继续保持较快增长，国家财政科技支出增速加快，研究与试验发展经费投入强度（与国内生产总值之比）持续提高。2018 年，全国共投入研究与试验发展经费 19 677.9 亿元，比上年增加 2 071.8 亿元，增长 11.8%；研究与试验发展经费投入强度为 2.19%，比上年提高 0.04 个百分点。按研究与试验发展人员全时工作量计算的人均经费为 44.9 万元，比上年增加 1.3 万元。2018年，国家财政科学技术支出 9 518.2 亿元，比上年增加 1 134.6 亿元，增长13.5%；财政科学技术支出与当年国家财政支出之比为 4.31%，比上年提高0.18 个百分点。其中，中央财政科学技术支出 3 738.5 亿元，增长 9.3%，占财政科学技术支出的 39.3%；地方财政科学技术支出 5 779.7 亿元，增长16.5%，占比为 60.7%。由此可见，财政科技投入占全国财政科技投入的48.4%，几乎占到一半。但是，我国基础研究经费无论从绝对数量上，还是从占比来看，均偏低。2018 年全国基础研究经费 1 090.4 亿元，比上年增长11.8%；应用研究经费 2 190.9 亿元，增长 18.5%；试验发展经费 16 396.7 亿元，增长 10.9%；基础研究、应用研究和试验发展经费所占比重分别为5.5%、11.1% 和 83.3%。❶ 为了改善这种情况，2018 年国务院专门印发了《关于全面加强基础科学研究的若干意见》，强调要进一步增加面向基础研究的财政科技投入，加大中央财政对基础研究的稳定支持力度，构建基础研究多元化投入机制，引导鼓励地方、企业和社会力量增加基础研究投入，建立稳定性支持和竞争性支持相协调的投入机制，推动科学研究、人才培养与基地建设全面发展。财政科技投入的增加，基础研究的加强，必然会大大提升科研人员和科研机构的科研能力，而如果该科研能力能够面向市场进行转化，创造更多的市场价值，则能够进一步吸引财政科技投入，并进一步增强基础研究能力，从而形成良性循环。

最后，科研能力转化有助于树立知识价值分配导向，在全社会营造尊重劳动、尊重知识、尊重人才、尊重创造的氛围，让知识引领时代发展。为了加快实施创新驱动发展战略，实行以增加知识价值为导向的分配政策，充分发挥收入分配政策的激励导向作用，激发广大科研人员的积极性、主动性和创造性，推动科技成果加快向现实生产力转化，2016 年 11 月中共中央办公厅、国务院办公厅印发了《关于实行以增加知识价值为导向分配政策的若干意见》。该意见充分发挥市场机制作用，通过稳定提高基本工资、加大绩效工资分配激励力

---

❶ 国家统计局，科学技术部，财政部. 2018 年全国科技经费投入统计公报［EB/OL］.［2020－01
－25］. http：//www. sts. org. cn/Page/Content/Content？ ktype ＝ 7&ksubtype ＝ 1&pid ＝ 46&tid ＝ 104&kid ＝
2611&pagetype ＝ 1.

度、落实科技成果转化奖励等激励措施，使科研人员收入与岗位职责、工作业绩、实际贡献紧密联系，在全社会形成知识创造价值、价值创造者得到合理回报的良性循环，构建体现增加知识价值的收入分配机制。尤其是该意见对科学人员兼职问题作出了明确规定，允许科研人员和教师依法依规适度兼职兼薪，包括允许科研人员从事兼职工作获得合法收入和允许高校教师从事多点教学获得合法收入，为提高科研能力转化水平进一步打开了大门。

第二章　问题、原因与理论

　　科研能力转化、科技成果转化与知识产权运用的根本目标均是促进科技服务经济发展。由于数据的可获得性问题，笔者主要以专利许可的数据分析表征知识产权运用、科技成果转化、科研能力转化的现状和问题。目前，我国知识产权工作正处于由数量扩张向质量第一、效益优先方向进行转变的艰难过程。在这一转变过程中，我国亟须大力提高知识产权竞争力，促进知识产权成果的转化和利用，以真正实现知识产权保护制度鼓励科技创新、增进公众福利之立法目的。特别是近年来，随着我国对科学技术研究投入的快速增长，我国科技创新能力日益增强。在这种大形势下，我国科研机构和大学的科研成果硕果累累，亦申请了大量专利。但是，专利并非科研工作的最终目的，更非政府巨额财政资助的最终目的。政府资助的科研活动所产生的专利只有被利用，被实实在在转化为产品或服务，才说明这些专利具有市场竞争力，才能真正达到政府资助科研活动的根本目的。因此，研究我国科研机构和大学的专利利用情况，对提升和促进我国科研机构和大学的科技成果转化工作具有重要意义。

第一节　科研机构和大学专利利用中的主要问题

　　通过对我国科研机构和大学专利利用情况的量化分析以及对相关科研机构和大学的实际调研，发现我国科研机构和大学在专利利用方面总体表现较差，主要体现在以下几个方面。

一、我国科研机构和大学专利利用率总体偏低

根据笔者对公开数据进行统计分析显示，我国 116 所 211 大学和 71 所专利利用相对较好的研究所共 187 家在 2006～2010 年平均每年的专利申请数量是 27 881 件，上述单位在 2012 年进行专利许可备案的数量是 855 件，二者相除得 3.06%。质言之，我国这些大学和研究所每 100 件专利申请，进行专利许可备案的仅有 3 件，且 2012 年平均每家单位进行专利许可备案的数量为 4.57 件。

根据 2015 年《促进科技成果转化法》的规定，我国科研机构和大学专利利用的可能方式有以下几种：自己实施专利技术、与他人合作实施专利技术、转让专利、许可专利、以专利权作价投资入股等形式。由于科研机构和大学本身通常并不具备工业生产与制造能力，也不具备市场营销能力，因此，科研机构和大学极少以自己实施专利技术的方式来实现专利权的市场价值。同时，如果科研机构和大学以专利权为合作条件与他人共同实施专利技术，由于这种合作方式如果不创设独立的法人，那么科研机构和大学与第三人的合作就是一种合伙或准合伙的合作方式，科研机构和大学就会对这种合作承担无限连带责任。显然，这种与他人共同实施专利技术且不创设独立法人的合作方式，与我国科研机构和大学的非营利性质不相符合，所以，在实践中，也极少有科研机构和大学采取这种专利利用方式。目前我国科研机构和大学进行专利利用的主流方式是转让、许可和作价投资入股三种形式。同时，考虑到我国科研机构和大学由于受到《促进科技成果转化法》修改前国有资产管理规则的限制，进行专利转让或作价投资需要层层审批，程序繁琐且耗时很长，故我国大学和科研机构的专利利用方式主要是专利许可，其他利用方式如专利转让、作价投资入股、自行实施、合作实施等方式较专利许可而言则较为鲜见。因此，即使考虑到未在国家知识产权局进行专利许可备案的专利许可以及专利转让、作价投资入股、自行实施、合作实施等专利利用的情况，上述大学和科研机构的专利利用率预计应该也不会超过 5%，即这些大学和科研机构每 100 件专利申请中被商业利用的不会超过 5 件。另外，如果考虑到 211 大学在我国几千所大学中

是教学与科研能力最强的 100 多所大学，是我国大学中的精华，可以认为上述大学和科研机构基本代表了我国大学和科研机构专利利用情况的最高水平。所以，从整体而言，可以基本肯定地得出如下结论：我国科研机构和大学专利的商业利用率不会超过 5%。

2013 年年底，美国大学经理人协会（Association of University Technology Managers，AUTM）发布了《2012 财务年度美国许可活动调查报告》（U. S. Licensing Activity Survey：FY2012）。该调查共向 299 家单位发送了调查问卷，其中包括 232 家大学、61 家医院和研究机构、2 家国家实验室、4 家第三方技术投资公司，共收回 194 份有效答卷，回复率达 65%，其中包括 161 家大学、32 家医院和研究机构以及 1 家第三方技术投资公司。在 2012 年财务年度，上述 194 家大学和科研机构的科研人员向本单位报告的发明共计 23 741 件，上述单位新申请的专利为 14 224 件，共获得 5 145 件美国专利授权。在同期，上述单位以知识产权为基础新设立公司 705 家，在该财务年度尚在经营的附属公司共 4 002 家；进行商业化的新产品为 591 件；新增技术许可 5 130 件，对方行使选择权[1] 1 242 件，因此，实际进行技术许可的共计 6 372 件。如果用许可件数（包括行使选择权的件数）除以新增专利申请件数，可得当年专利许可比例为 44.8%。当然，由于被许可的不全是专利，还可能有未申请专利的技术秘密，所以，科技成果以许可形式进行利用的比例用许可件数除以报告发明的件数应更科学一些。经计算，该比例为 26.8%。而如果再将作价投资的 705 件（新设公司的件数）考虑进来，那么该 194 家大学和科研机构在 2012 年所创造的科技成果的实际利用率为 29.8%。[2] 同时，上述 194 家大学和科研单位在

---

[1] 选择权合同（Option Agreement）是技术拥有者（研发者）给予潜在的技术使用者的一定的考虑期限，使之可以评估技术的价值并与技术拥有者协商技术许可条款。通常，在研发合作协议中，研发者与资助者之间会规定选择权问题，研发者承诺在作出研究成果后立即通知资助者，资助者有权在接到通知后一定期限内选择并与研发者商定该技术的使用许可条款，如果资助者在该期限内不行使选择权，那么研发者即可将该技术许可转让给第三人。因此，选择权合同的当事人如果行使了选择权，也就意味着选择权人接受了技术许可。——作者注。

[2] 需要注意的是，这样计算有一定误差，主要有两点：一是某件技术可能进行了多个许可，有重复计算问题；二是 2012 财务年度进行许可的技术绝大多数不是在该年度创造的，而是在之前研发的。但是，如果考虑到我们计算我国专利许可件数也是有重复计算的问题，并且，考虑到在大数据背景下，各年度研发的技术成果数量应具有一定的稳定性，因此，误差范围是可以接受的。——作者注。

2012 财务年度进行技术许可的件数为 32.85 件。

与美国相关数据对比发现，二者在科技成果利用问题上存在巨大差距。2012 年，我国 187 家主要大学和科研机构专利的商业利用率不超过 5%，而美国 194 家大学和科研单位的科技成果利用率为 29.8%，是我国的 5 倍；我国 187 家主要大学和科研机构在 2012 年度进行专利许可备案的平均数量为 4.57 件；而美国 194 家大学和科研单位在该年度进行技术许可备案的件数为 32.85 件，是我国的 7.2 倍。由此可见，我国科研单位和大学在专利利用问题上，相较于发达国家而言，仍然任重道远，需要不懈努力。

二、我国科研机构和大学专利的市场价值总体较低

由于专利的市场价值通常体现在专利转让或许可的合同之中，而专利转让或许可合同又通常作为商业秘密被合同双方当事人加以保护，故很难获得非常完整和准确的专利市场价值数据。同时，因为笔者尚未发现与国内专利价格直接相关的完整统计数据，所以，我们拟以新闻报道中的一些实际专利交易案例和一些概括性的统计数据作为分析专利市场价值的基础。另外，由于一些数据的可获得性问题，文中的某些数据系来自笔者的访谈和局部调研，这些数据不可能百分之百精确，我们的主要目的并不在于获得我国专利市场价值的精确统计数据，而在于分析现象、说明问题。

2011 年，中国技术交易所通过网络与现场拍卖形式举办了第二届中国专利拍卖会。该届专利拍卖会自 2011 年 6 月筹办至 2011 年 11 月结束，共面向社会公开征集标的 400 余项，通过主办方的筛选最终涉及电子信息领域的近 300 项标的正式进入招标环节。该次专利拍卖会共有来自全国的十多家机构参与竞拍活动，总计成交标的 16 项，成交金额一百余万元。❶ 由此可见，平均每 20 件专利中才有 1 件专利有人问津；即使被拍卖的专利，每件中国专利的平均价格亦不足 10 万元。

---

❶ 中国技术交易所第二届专利拍卖会圆满结束 [EB/OL]. (2013 – 02 – 14) [2015 – 08 – 15]. http://www.ctex.cn/article/wznr/dxal/201111/20111100034581.shtml.

2012 年，中国技术交易所联合中国科学院计算技术研究所共同举办了"中国科学院计算技术研究所第二届暨中国技术交易所第三届专利拍卖会"，该届拍卖会自 2012 年 7 月开始至 2012 年 11 月结束。根据中国技术交易所网站通报显示，截至 2012 年 10 月 30 日，该拍卖会已成交 32 项专利，交易金额 301.5 万元，已创三届专利拍卖会交易额新高。● 之后，根据该交易所网络竞价结果通报显示：在宁波专利拍卖网络竞价过程中共成交 16 件专利，成交金额 8.5 万元；在东莞专利拍卖网络竞价过程中共成交 14 件专利，成交金额 39 万元。综合上述已有数据，该次拍卖会共拍卖（或网络竞价成交）62 件专利，成交金额为 349 万元。因此，每件中国专利的平均价格为 5.54 万元。

由上述数据可以看出，每件被交易的中国专利的平均价格不超过 10 万元。再考虑专利的转让价格必然远高于专利的许可价格，那么估计当前每件中国专利许可的年平均价格可能不会超过 5 万元。

我们还可以通过一个案例来分析一些美国专利的平均价格水平。2012 年 12 月，美国柯达公司在破产保护的巨大压力之下宣布接受一项专利转让协议，将其拥有的 1 100 项数字成像专利以 5.25 亿美元的价格转让给高智公司（Intellectual Ventures）和 RPX 公司。❷ 该项专利转让协议对于柯达公司而言可以说是城下之盟，因为如果柯达公司不签此协议，就不能获得其破产重组所急需的巨额融资，也会因此而真正破产。即便如此，柯达公司的每件美国专利的平均价格为 47.72 万美元，折合人民币为 296 万元。

如果把柯达公司专利作为美国专利的代表，把中国技术交易所拍卖的专利作为中国专利的代表，中美专利的平均价格至少相差 30 倍。如果考虑到柯达公司是在破产压力下不得已而出售其专利，并且是通过打包方式将其 1 100 件专利不加区分地出售，而中国技术交易所展示的专利与被成功交易的专利数量之比大约为 10：1，那么中美专利的平均价格差距还可以再增加一个数量级，即 300 倍。当然，用上述几个专利交易案例来代表中美专利平均价格水平，未

● 中国技术交易所第三届专利拍卖会（北京现场拍卖）结果通报［EB/OL］.［2015－08－15］. http：//www.ctex.cn/article/scypt/jsjyzx/zxdt/201211/20121100042433.shtml.
❷ 柯达 5.25 亿美元出售 1 100 项数字成像专利［EB/OL］.［2015－08－15］. http：//tech.sina.com.cn/it/2012－12－19/23157903667.shtml.

免失之精确，但至少可以印证"中美专利平均价格水平相差几十倍至几百倍"的业界说法。

另外，AUTM《2012 财务年度美国许可活动调查报告》[1]，受访的 194 家大学和科研单位在 2012 年尚有效的专利许可为 40 007 件，专利许可总收入为 19 亿美元。每家美国科研单位或大学在该年度获得的专利许可费平均为 1 000 万美元，每件美国专利的年平均许可收入为 4.8 万美元，这一数字甚至高出我国专利转让平均价格水平的两倍。

三、我国科研机构和大学专利成本与价格倒挂严重

我国科研机构和大学专利的市场价格水平不仅远低于美国，同时也远远低于我国专利的经济成本，形成专利成本与价格倒挂。

一件专利的成本基本上可以分为三部分：一是专利的申请费用，即权利人为申请专利而向专利局支付的官费以及向专利代理公司支付的代理费，这是每件专利必然产生的成本，对于中国专利而言，每件专利的申请费用大约为 1 000～10 000 元。二是专利技术的有形研发成本，即为完成该专利技术而投入的资金、设备、仪器、人力等可以进行量化的投入。三是专利技术的无形研发成本，即为完成该专利技术而投入的未能进行量化的知识、技能等。由于无形研发成本不能进行准确的实际量化，所以本书在以下论述中将不再考虑该成本，但需要注意的是，在特别情况下，专利的无形成本可能远远高于有形成本。

同时，对于不同的专利而言，其有形研发成本亦千差万别。有的专利，其有形研发成本可能几近于零；而有的专利，其有形研发成本则可能为几千万元甚至上亿元。为了使复杂问题简单化，可以通过研发投入金额除以专利申请数量之商来估算每件专利申请的平均研发有形成本。

---

❶ AUTM U. S. Licensing Activity Survey HIGHLIGHTS. ［2015 – 08 – 15］. http：//www. autm. net/FY2012_Licensing_Activity_Survey/12357. htm.

　　根据国家统计局发布的《2012 年国民经济和社会发展统计公报》❶，2012
年我国全年研究与试验发展经费支出为 10 240 亿元，全年共受理国内外专利
申请 205.1 万件，其中，国内专利申请 191.2 万件，国外专利申请 13.9 万件。
将上述研发经费除以国内专利申请数量即可得到每件中国专利申请的平均有形
研发成本，即 53.56 万元。如果再加上 1 000 ~ 10 000 元的申请费用，那么，按
照此算法，每件中国专利申请的平均成本为 54 万元左右。❷ 另外，需要注意
的是，上述国内专利申请数量是发明、实用新型、外观设计三种专利的申请数
量总和，实际上，对于发明、实用新型、外观设计而言，各种专利申请的平均
成本亦有较大差别，为了论述和计算方便，本书不再对其进行具体区分。

　　根据国家统计局的概念界定，研究与试验发展经费分为基础研究经费、应
用研究经费、实验发展经费三类。基础研究指为了获得关于现象和可观察事实
的基本原理的新知识（揭示客观事物的本质、运动规律，获得新发现、新学
说）而进行的实验性或理论性研究工作，它不以任何专门或特定的应用和使
用为目的；应用研究指为了确定基础研究成果的可能用途或为达到预定的目标
探索应采取的新方法（原理性）或新途径而进行的创造性研究，应用研究主
要针对某一特定的目的或目标；试验发展指利用从基础研究、应用研究和实际
经验所获得的现有知识，为产生新的产品、材料和装置，建立新的工艺、系统
和服务，以及对已产生和建立的上述各项作实质性的改进而进行的系统性工
作。基础研究成果大部分为科学发现，不具有可专利性，因此，在计算我国专
利申请的平均成本时，应将大部分基础研究经费剔除。应用研究和实验发展所
获得的科研成果大部分属于可专利性的技术。对这些可专利性的技术，权利人
将其中一部分申请专利，另一部分则可能作为技术秘密加以保护。考虑到市场
主体的专利申请策略通常是以专利与技术秘密互相配合的方式保护其研究成
果，专利与技术秘密的研究成本难以进行明确区分。因此，虽然本书将全国研
发经费的总支出作为中国专利申请的技术研发总成本，但实际上，中国专利申

----

　　❶ 国家统计局. 2012 年国民经济和社会发展统计公报 ［EB/OL］. ［2020 - 01 - 15］. http：//
www. gov. cn/gzdt/2012 - 02/22/content_2073982. htm.

　　❷ 本书中 "中国专利申请的平均成本"，是指中国专利申请费用与专利技术研发成本之和的平均
数，而非仅指专利申请费用的平均数。

请的技术研发总成本要少于全国研发经费总支出。《2012 年国民经济和社会发展统计公报》未公布 2012 年度基础研究、应用研究、实验发展经费占总研发支出的比重，但国家统计局《2011 年全国科技经费投入统计公报》公布了当年基础研究、应用研究、实验发展经费占总研发支出的比重，分别为 4.7%、11.8% 和 83.5%。● 如果用 2011 年的比重，并且综合考虑上述因素，可以估算 2012 年专利申请的平均成本为 25 万元至 50 万元。

上面所分析的是每件中国专利申请的实际平均成本。但需要指出的是，并不是每件专利申请都真正具有新颖性、创造性、实用性，任何一个发明人都不能保证其专利申请一定能被授权，更不能保证其专利一定具有商业利用价值。在实际情况中，权利人可能有多个专利申请，但只有其中一部分才真正具有商业价值。在评估一项具有商业价值的专利成本时，我们除了要将该专利本身的成本计算在内，是否还应该考虑那些未被商业使用的相关专利申请的成本呢？笔者认为应该。

事实上，真正具有新颖性、创造性和实用性的专利申请可能不到全部专利申请总量的 1/3；而真正具有商业利用价值的专利申请则应更少。据统计，2011 年中国大学（211 大学）专利许可备案数量 865 件，2005~2009 年这些大学的专利申请数量为 115 243 件，平均每年 23 049 件，由于 2011 年许可的专利基本上为 2005~2009 年所申请的专利，因此，我国大学在 2011 年的专利申请年化许可备案率为 3.75%。由于我国大学通常不会自己实施其专利技术，也极少向其他单位转让其专利，所以，可以估算我国大学专利申请的实际利用率不会超过 5%，亦即我国大学每提出 20 件专利申请才有一件具有商业价值，能够获得商业性利用。因此，即使考虑到我国大学专利转化率相对较低，就我国平均情况而言，具有商业利用价值的专利申请占全国专利申请总量的比例亦应不到 10%，亦即我国权利人要想获得一件真正有商业价值的专利，平均需要 10 件专利申请做支撑。这是一个不以我们意志为转移的客观事实，即使在美欧等国家或地区也是一样，只不过比例可能有所不同而已。

● 2011 年全国科技经费投入统计公报 [EB/OL]. [2020 - 01 - 15]. http：//www. stats. gov. cn/tjgb/rdpcgb/qgrdpcgb/t20121025_402845404. htm.

对于专利受让人或使用人而言，他只是获得了 1 项具有商业利用价值的专利技术；而对于权利人而言，他要研发并获得这项具有商业利用价值的专利技术，需要 10 件专利申请，需要支付 10 件专利申请的总成本，如果专利权人不能从该项具有商业利用价值的专利获得相当于 10 件专利申请总成本的收益，那么权利人就会出现经济亏损。这就如同爱迪生为了寻找白炽灯的合适灯丝，做了上千次实验才找到钨丝，我们在计算爱迪生发明成本时，是仅计算一次钨丝实验的成本，还是把这上千次的实验成本都计算在内，显然应是后者。同样，对于具有商业价值的专利而言，我们在计算其成本时，亦应考虑到那些没有商业价值的专利申请的成本。由于每件中国专利申请的平均成本在 25 万元～50 万元，而平均每 10 件专利申请中才有 1 件真正具有市场价值，因此，对于专利申请人而言，1 件具有市场价值的专利的实际平均成本就应在 250 万元～500 万元。当然，这仅是一个平均数，有的具有市场价值的专利成本可能远高于这一数字，而有的则可能远低于这一数字。

由此，关于中国专利的成本，我们可以得出以下结论：①一件中国专利申请的平均成本在 25 万元～50 万元；②对发明人而言，一件具有市场价值的中国专利平均成本在 250 万元～500 万元。而如前所分析，我国科研单位或大学具有市场价值的专利转让的平均价格水平仅为不到 10 万元，由此可见，我国科研单位或大学专利成本与转让价格倒挂之严重。

四、我国科研机构和大学之间专利利用情况差距显著

我国科研机构和大学专利利用率和市场价格不但总体偏低，同时在专利利用问题上，两者亦存在很大差距，有的科研机构或大学专利利用率很高，有的则极低。例如，中国电子科技集团公司第三十八研究所、中国船舶重工集团公司第七〇三研究所、中国船舶重工集团公司第七〇二研究所三个国有企业的研究所年化专利利用率均超过 100%，分别达到 121.95%、117.19% 和 106.74%。也就是说这三个研究所的一些专利可能在同一时期被分别许可给不同的单位，可见其专利技术在市场受欢迎的程度。又如，中国农业科学院植物保护研究所 2006～2010 年专利申请量为 162 件，年化专利利用率为 30.86%；

中国船舶重工集团公司第七一一研究所专利申请量为 215 件，年化利用率为
16.28%；中国林业科学研究院林产化学工业研究所专利申请量为 206 件，年
化利用率为 14.56%。上述几家单位均远超过我国科研单位 2012 年平均年化专
利利用率 5.48% 的水平。又如，河北工业大学 2006～2010 年专利申请量为
128 件，年化利用率为 24.82%；南开大学专利申请量为 341 件，年化利用率
为 21.43%；合肥工业大学专利申请量为 147 件，年化利用率为 12.27%；中
国矿业大学专利申请量为 173 件，年化利用率为 12.20%；南京农业大学专利
申请量为 550 件，年化利用率为 11.15%；浙江大学专利申请量甚至达到 2 652
件，年化利用率为 8.97%。上述大学亦均远超过我国大学 2012 年平均年化专
利利用率 2.66% 的水平。

　　而一些科研单位和大学本身具有庞大的专利申请量，但专利利用情况却远
远达不到平均水平。例如，北京交通大学 2006～2010 年专利申请量为 1 446
件，中国石油大学专利申请量为 1 902 件，但这两所大学在 2012 年的专利许
可备案数量却为 0；清华大学专利申请量为 7 078 件，年化专利利用率仅为
0.42%；北京大学专利申请量为 2 398 件，年化专利利用率亦为 0.42%；北京
航空航天大学专利申请量为 3 952 件，年化专利利用率为 0.13%；中国科学院
微电子研究所专利申请量为 1 238 件，年化专利利用率为 0.40%。

第二节　科研机构和大学专利利用问题原因分析

一、对专利制度的目的仍存在模糊认识

　　人的思想决定人的行动。目前，无论是科研工作者还是科技管理者，仍然
有很多人对专利制度存在一些模糊认识。通过调研可知，在科研单位和大学
中，与专利转化运用有关的对专利制度存在的模糊认识主要表现在以下几个
方面。

　　第一，认为其技术只要具有领先水平，就可以申请专利，可以获得专利保

护。其实，这种观点本身并无大问题，但关键是很多科研单位和科技人员就此认为其研发工作是最关键、最重要的，而专利申请事务如专利申请文件的撰写则是非常次要、没有任何技术含量的，故对专利申请文件的撰写等专利申请事务不加重视，也不愿意对此投入足够的精力和经费，从而导致专利申请文件质量低下，其发明创造不能被专利权的权利要求所全部覆盖。在这种情况下，由于市场是以专利权权利要求所确定的技术保护范围作为评估该专利市场价值的重要依据，这样，该专利的市场价值必然被评估得较低，而科研单位和科技人员又往往以其技术的创造性高度来评价其技术价值，从而认为自己技术的价值很高，因此，专利的拥有者和潜在的使用者或购买者很难达成一致。

第二，认为专利转化运用非常简单，成本很低。在调研中可知，很多科研单位、大学以及研究人员不仅不愿意对专利申请事务投入足够的精力和经费，而且更不愿意对专利转化运用投入人力、物力、财力等资源。相当一部分科研单位、大学的管理者和研究人员认为专利转化运用不过是为专利寻找合适的使用者或受让者，并与之撮合，进行交易。他们认为这种活动非常简单，基本不需要多少成本，因此，他们没有意愿为之投入相应人力资源或相关经费，并且在这种认识下，他们也不愿意与转化人员或转化服务单位分享专利转化运用的收益。其实，转化服务单位和转化人员为了达成一项专利转化运用交易，可能需要对数十项或数百项专利技术进行具体分析甚至组合，并与多个潜在客户进行接触、宣讲、沟通和谈判。他们不仅需要具有相关的技术知识，还需要法律、管理、评估和谈判等知识和技能，而这些都需要巨大的人力资源和经济成本作为支撑。因此，在科研单位或大学的管理者、科技人员对专利转化运用服务工作存在上述模糊认识，不愿意为专利转化服务工作投入相应的人力和财力，且也不愿意与转化服务单位或转化人员分享相应收益的情况下，科研单位或大学的专利则很难转化运用。

第三，认为即使他人存在侵权行为，也不必维权，其专利价值也不会受到影响。通过调研发现，有相当一部分研究所和科研人员称其专利技术有过被他人未经许可而使用的现象。当进一步问及他们是否采取了制止侵权措施时，绝大多数称未采取相关措施，甚至连口头或书面警告都没有发过。而之所以未采取制止侵权措施，除了顾虑到维权成本高且程序复杂之外，还有很多人认为不维权，其专利权仍然在，不会受到损害。同时，他人未经许可而使用，科研单位虽然未从中得到利益，但其研发的技术得到应用，也是科研单位对社会做贡献的一种方式。这样的观点反映了我国很多科研单位和科技人员还没有正确认识专利权与物权之间的本质区别。物权表现为两个方面，一是权利人对物直接支配的权利，二是权利人享有的对物的排他性权利。由于物权客体本身的性质，只要权利人占有物，基本上就可以排除他人使用或妨害该物，且物权本身的使用价值也就得到实现。而专利权本质上则是权利人对受保护技术在一定期限内所享有的排除他人商业性使用的权利。权利人实现专利权的价值，不是靠其掌握或持有的专利技术实现的（否则，他就没有必要申请专利并公开该技术），而是靠依法禁止他人使用该专利技术实现的。因此，如果专利权人对侵权行为视而不见，不仅不能从侵权人那里获得合法的利益，同时，其他潜在的希望从权利人那里合法购买使用权的人也很有可能不再寻求专利使用许可，而模仿侵权人走侵权之路。这样，就会导致专利转化运用更加困难。

二、我国科研财政资助导向尚未完全面向市场

近年来，我国政府加大了科技研发投入力度，对我国赶超世界先进国家科学技术起到重大而深远的影响。目前，中国政府的财政科研经费已经占到全国研发经费的半数以上。由于财政资助的科研项目或研究方向，通常是由提供或管理资金的行政事业单位加以确定，而这些行政事业单位对科技成果的市场需求很难进行准确判断，这样就会导致财政资助的科研项目的很多研发成果由于没有市场需求而很难进行转移、转化。同时，由于大部分财政资助的科研项目是由国有科研单位或大学承担的，因此，科研单位和大学专利转化利用率自然偏低。

与此同时，上述财政资助科研工作的数据，一方面说明我国政府对科技研发的高度重视，另一方面也说明我国企业对科技研发投入的漠视。"春江水暖鸭先知"，在市场经济中"游泳"的企业本应更知晓和重视科技研发对企业发展的重要意义，为何中国企业对科技研发的投入反而不如政府积极？中国专利价格偏低是一个重要理由，而中国专利价格偏低又与国家巨额财政科研经费的

投入方式有关。由于我国通常是以科研项目方式将财政科研经费拨付给科研单位、大学或有关企业，该科研项目所产生专利的成本全部来自国家财政拨款，所以，对于承担该科研项目的科研单位、大学或企业自身而言，这些专利的成本就应为零。因此，对这些专利权人而言，只要专利转让或许可价格高于 0 元，其本身就可以获利。特别是对于承担国家课题的科研单位和大学而言，由于其本身没有商业性实施专利技术的能力和条件，并且持有专利还需要一定的维护费用，所以，只要第三人给予一定的价格，这些科研单位和大学就可能以远远低于成本的价格将专利转让或许可给第三人。

如果上述专利和专利权人在国内所占比重极小，尚不会对我国专利平均价格水平构成实质影响。但是，由于我国财政科研经费占全国科研经费总额一半以上，对于权利人而言，专利成本为零的专利就必然在我国全部专利中占有重要份额甚至主要份额，因此，这些专利必然会大幅拉低我国专利的平均价格水平。同时，由于这些对于权利人而言专利成本为零的专利大量存在，也极大地降低了专利购买者对于未获财政科研经费资助的专利的价格预期。未获财政科研经费资助的专利持有者如果按照专利成本加合理利润的方式向外报价，其专利很有可能无人问津。所以那些没有能力或条件获得国家财政科研经费的市场主体基本只有两条途径可走：一是不做任何科技研发；二是只根据本企业的生产经营需要做研发，科研成果仅用于本企业实施。而对于那些本企业不需要的专利，在大环境下，则通常只能以低于成本的价格向外转让。

此外，这样会导致恶性循环，由于专利转让或许可价格严重偏低，获得财政资助的科研单位和大学也会丧失转化运用专利的兴趣，并进而将有限的资源进一步集中在申请国家科研经费之上。

三、我国专利保护实际水平尚较低

科技成果的产业化运用，离不开严格的知识产权保护，特别是专利保护。在市场经济环境下，只有对专利侵权行为进行及时制止和惩戒，真正具有市场价值的科技成果的拥有者才能够放心地向知识产权局申请专利，寻求专利保护，进而与他人合作对该科技成果进行产业化；同时，也只有在严格的专利保护环境之下，投资者才有信心对专利技术进行产业化投资。

改革开放 40 年来，我国包括专利制度在内的知识产权法律制度已经基本健全。但是，知识产权法律制度的健全，并不代表我们就实现了较高水平的知识产权保护。而且"徒法不足以自行"，健全的法律制度还需要正确地实施，才能确保法律制定目标的实现。虽然我国知识产权保护的实际水平一直在不断提高，但仍然与市场的实际需要有一定差距。特别是对科技成果转化运用而言，我国当前存在的一个主要问题就是专利侵权赔偿数额过低。

专利权是权利人所拥有的在一定期限内禁止他人使用其专利技术的权利。国家虽然不能保证专利申请人在获得专利授权后就一定能够取得商业上的成功，但必须保证在专利有效期内，第三人不得未经许可而使用该专利技术。唯有如此，专利权对于权利人和其他合法使用者而言才能具有真正的商业价值。如果国家不能对专利权给予有效保护，那么专利技术使用者除非还希望获得权利人的非专利信息或技术支持，通常不会向专利权人支付合理的价格。

对于专利侵权案件中被侵权的专利而言，由于该专利技术已经被侵权者进行了商业性利用，因此，可以确切地认为其具有市场价值；同时，专利侵权案件通常要走完民事一审、复审和无效审理部专利无效程序、行政一审、行政二审、民事二审五个程序，才能最终确定该专利有效并给予侵权赔偿。因此，最终涉及侵权赔偿问题的专利，必然是具备市场价值并真正有效的专利。根据笔者有关专利成本的分析，一件具有市场价值的中国专利平均成本在 250 万元至 500 万元。因此，只有我国司法机关裁定的专利侵权赔偿数额平均每件在 250 万元至 500 万元之时，权利人才能收回其所支付的专利成本；否则，如果平均每件专利的侵权赔偿数额低于 250 万元，对我国权利人而言，收益小于成本，亦即处于亏损状态。

虽然我国法院在极个别案件中作出过亿元赔偿的判决，但就通常情况而言，根据有关部门的调查，我国法院所判决的专利侵权赔偿数额一般是在 10 万元左右。正是由于 10 万元与 250 万元的巨大差距，所以才导致了我国专利权价值的严重低估。由于我国专利侵权的成本过低，加之专利侵权行为本身难以被权利人发现和证明，即使权利人经过千辛万苦证明被告行为构成专利侵权，原告所获得的也仅是区区 10 万元左右的侵权赔偿，远远不足弥补专利权人所投入的成本。在这样的环境下，我国市场主体从自身利益出发，自然更倾向于先侵权后付费，尽可能地"山寨"他人技术，而不愿投入经费进行创新。科研机构和大学的专利自然也就很难转让或许可出去。

因此，为了提升我国专利价格水平，促进科技研发和科技成果转化利用，我们应进一步加大知识产权特别是专利保护力度，从根本上保障我国专利价值的实现。2014 年年底，中国相继在北京、上海和广州成立了 3 个知识产权法院，这一举措凸显了中国政府进一步提升知识产权保护水平的决心。针对目前知识产权侵权成本低、侵权行为屡禁不止的问题，时任北京市知识产权法院院长的宿迟在接受记者采访时曾明确表示："要让侵权人赔到不敢再侵权，让权利人能够得到合理的充分的赔偿。"另外，专利保护虽然主要是专利法考虑的内容，但《促进科技成果转化法》亦应关注科技成果转化过程中的专利保护，如提供科技成果转化纠纷的调解、仲裁等服务，对科技成果转化过程中的专利保护提供一定的帮扶措施等。

四、科研机构和大学内部专利转化驱动力尚不足

近年来，国家、相关部委和地方政府相继出台了一系列促进科技成果及知识产权转移、转化的具体措施，并起到了一定的积极效果。但是，我们还应看到这些措施均是从外部对科研单位和大学知识产权转移、转化工作进行推动和促进的，而"外因是事物发展的必要条件，内因是事物发展的根本原因"，科研机构转移、转化知识产权除了需要良好的外部环境之外，更需要科研机构具有转移、转化知识产权的内生驱动动力。笔者通过走访一些科研单位发现，目前我国科研机构和大学之所以存在知识产权转化率不高、收益不明显的问题，除了国家知识产权保护与转化的大环境、政策等方面的原因外，科研机构内部知识产权转化动力不足也是转化率低的一个关键原因。

在科研机构或大学内部，涉及知识产权转化的人员主要分为三类：单位领导、科研人员和转化人员。而目前大部分科研机构或大学的这三类人员均缺乏知识产权转化的强烈意愿，转化运用专利的内生动力严重不足，科研机构和大学知识产权转化率自然不高。

首先，对单位领导而言，专利转化运用工作的好坏与其切身利益关涉不大。无论是根据《专利法》还是根据《促进科技成果转化法》，对职务科技成果的奖励和报酬均是针对发明创造人以及转化人员。而对大多数职务科技成果而言，单位领导往往不是发明创造人，因此，他们不能作为发明创造人而从中获得经济利益；同时，由于单位领导本身就对职务科技成果转化负有领导责任，或者是其本职工作内容之一部分，加之考虑到各种社会影响，虽然有的单位领导为职务科技成果转化作出了很具体、很重要的贡献，但是单位领导也往往不会或不能作为转化人员而从中获得奖励或报酬。另外，对于单位利益而言，根据《促进科技成果转化法》修改之前的财政部的相关规定，对知识产权进行转让、投资入股等处置后所获得的纯收入，应该上缴国库，单位如果严格依照上述规定执行则基本上不会获得多少收益。由此可见，无论于公于私，单位领导均不能从知识产权转化运用中获得大的收益。而在实践中，由于我国对科研单位和大学知识产权转化运用制度不完善、不尽科学，单位转化科技成果并期望从中获取对自身发展非常重要的科研经费补偿时，单位往往需要在财务、流程上打一些擦边球，甚至发生一些违规行为。另外，在职务科技成果转化过程中，具体经办人员以及合作方也有可能发生单位领导不能知晓或不能控制的违规行为，而对上述这些行为以及相关风险，单位领导都是"一岗双责"。正是由于上述原因，在科研单位和大学专利转化运用过程中，相当多的"求稳"领导往往会非常慎重。甚至出现过有的单位领导由于担心"出事"而禁止一项具有明确市场需求且国际领先的技术进行转移、转化的案例。

其次，对科研人员而言，专利转化运用工作的性价比远远低于科研工作本身。科研机构和大学的绝大部分科研人员的绝大部分科研经费仍然来自国家财政资助，并且随着国家对科研工作的重视，每个财政资助的科研项目经费动辄几百万、几千万甚至几亿元，而专利转化运用本身的收益相对于科研经费而言相差悬殊。因此，科研人员虽然希望自己研发的科技成果被转化运用，也希望从职务科技成果转化运用中获得一定的奖励报酬，但是，相较而言，科研人员更看重的是如何获取国家科研项目和科研经费。同时，对于科研人员而言，他们更重视学术成就和学术声望，虽然他们也希望从科技成果中获取经济利益，但是在二者发生冲突时，绝大多数科研人员还是会选择学术研究。所以，除了极少数希望到市场中"游泳"转化科技成果的科研人员之外,绝大多数科研人员是不会将大部分时间、精力以及其他资源用于专利转化运用工作之上的。而不投入时间、精力以及必要的经费,科研人员要成功实现其专利的转化运用,几乎不可能。

最后,对单位转化人员而言,他们也没有充分的动力积极推动专利转化运用工作。对于科研机构和大学而言,单位转化人员通常是科研部门或知识产权管理部门的工作人员,他们的主要职责是科研工作管理或知识产权管理,并且绝大部分科研机构和大学的这些部门的人员编制较少,专利转化运用工作通常由该部门的某位或某几位员工兼做,很少有单位设立专职转化工作岗位;即使设立专职转化工作岗位,该岗位人员编制数量也极有限。而如前所述,做好专利转化运用工作,不仅需要大量复杂、琐碎的工作投入,而且也需要转化人员具有宽广丰富的相关工作知识、技能和经验。在单位转化人员数量很少的情况下,做好转化工作就需要转化人员作出极大的额外付出。但是目前,无论是社会还是单位还远远没有认识到转化人员的付出和价值,转化人员的工作没有得到应有的认可,他们也没有获得相应的回报。例如,我国《专利法》就仅是规定了发明创造人对其发明创造所享有的奖励报酬权益,而根本没有考虑到转化人员对职务发明创造转化利用所做出的贡献。

我国《促进科技成果转化法》虽然考虑到了转化人员对职务科技成果转化所做出的贡献,规定职务科技成果在转化后,单位应对科技成果完成人和为转化工作做出重要贡献的人给予奖励,但在实际执行过程中,一些法规和规章制度往往仅仅给予研发人员奖励,而忽略对转化人员的奖励。例如,湖北省《促进高校、院所科技成果转化暂行办法》规定:"高校、院所研发团队在鄂实施科技成果转化、转让的收益,其所得不得低于70%,最高可达99%。"却未提到对转化人员应如何给予奖励。同时,绝大多数被调查的科研单位的转化人员没有从本单位获得过因成果转化而给予的奖励,甚至某家国内很知名的转化工作比较好的研究所的知识产权管理人员也确认,虽然该单位转化人员为转化工作做出了创造性贡献,也取得很好的经济效益,但该单位确实没有对转化人员给予奖励的规定,也没有这方面的实践。因此,在做好转化工作需要转化人员付出额外的大量努力,且单位未给予转化人员应有的激励的情况下,单位转化人员往往缺乏进行专利转化的积极性，甚至有的转化人员认为单位转化事务越少越好。

第三节　理论与对策

一、促进科技成果转化的理由与目标

分析和研究促进科技成果转化的理由与目标，是制定促进科技成果转化法律、法规、规章制度和政策的基本前提。只有纲举才能目张，如果做事的理由不充分，目标不明确，那么相关的制度政策就可能显得犹豫不决，不能起到应有的作用。自 2013 年中央决定修改《促进科技成果转化法》、2015 年全国人大常委会对《促进科技成果转化法》进行修改以来，国务院、各部门和各地方出台了多项促进科技成果转化的规章制度或相关政策文件，虽然对解决科技成果转化中的实际问题起到了一定的作用，但是相关制度、政策仍然让科技成果转化实际操作者感到存在"最后一公里"问题。之所以如此，主要还是因为我们对促进科技成果转化的理由与目标分析不透彻、研究不深入。因此，在制定相关政策和方案时就会存在很多顾虑。

不同的主体，对促进科技成果转化有不同的目标追求。按照主体的不同，促进科技成果转化的目标可以分为：国家目标、地方政府目标、企业目标、科研机构（大学）目标等。国家或地方政府促进科技成果转化的目标，主要是促进科技服务经济、社会发展，运用科技的力量实现国民经济转型升级。因此，国家或地方政府促进科技成果转化，并不一定要求从具体的科技成果转化中直接获得经济利益。换言之，直接的、具体的经济利益不是国家或地方政府促进科技成果转化的主要目标。国家或地方政府促进科技成果转化的目标偏重于通过市场的方式实现全局的、长远的利益。例如，2020 年 3 月 30 日中共中央、国务院颁发的《关于构建更加完善的要素市场化配置体制机制的意见》明确要求"深化科技成果使用权、处置权和收益权改革，开展赋予科研人员职务科技成果所有权或长期使用权试点。强化知识产权保护和运用，支持重大技术装备、重点新材料等领域的自主知识产权市场化运营"。"改革科研项目立项和组织实施方式，坚持目标引领，强化成果导向，建立健全多元化支持机制。"同时，国家或地方政府虽然不从具体的科技成果转化中获得直接经济利益，但是，在转化成功后，国家或地方政府可以以税收的方式获得长期的经济利益。另外，科技成果转化也促进了就业，这是国家或地方政府追求的主要目标之一。当然，科技成果转化的成功，对于提升整个国民经济的发展质量亦有重要意义。因此，对于国家或地方政府而言亦具有很大的吸引力。

而企业科技成果转化则主要或全部的目标就是经济利益。在大多数情况下，成功的科技成果转化可以使企业向市场提供新的产品，或可以降低成本、提高生产效率，这些对于企业而言都是直接的经济利益，都是企业明确追求的，也是企业进行科技成果转化的主要动力。但是，进行科技成果转化，毕竟需要人力或财力的成本投入，而如果科技成果转化的产出不足以覆盖科技成果转化的成本投入，企业进行科技成果转化就会产生亏损，这种情况必然会抑制企业进行科技成果转化的动力。

由此可见，国家（包括地方政府）与企业在促进科技成果转化的问题上，二者的理由、目标和态度并不完全一样。企业更偏重于科技成果转化具体的、短期的收益。在某些情形之下，企业经过权衡经济成本与收益情况后，还有可能阻止，甚至反对某些具体的科技成果转化。而国家或地方政府则主要关注科技成果转化全局的、长远的收益，只要能够保障全局的、长远的利益，即使短期、具体的利益受损，也会支持科技成果转化。

科研机构或大学进行科技成果转化的目标也是直接、具体的经济利益。科研机构或大学与企业的不同之处在于：一般而言，科研机构或大学自身没有通过市场方式直接利用其科技成果的能力或资源，他们的科技成果必须由企业进行具体应用才能真正实现市场价值。因此，在这种情况之下，科研机构或大学必须将其科技成果"转出去"，才能实现其科技成果的价值。而企业由于自身有使用科技成果的能力，因此，很多情况下，企业科技成果转化的方式就是"自用"。并且，在某些情况下，企业科技成果转化的方式还可能是"不用"，即只有企业不用其科技成果（当然同时也会通过合法的方式阻止他人使用）

时，才能实现其科技成果的价值。

正是由于不同的主体对科技成果转化有不同的目标追求，因此，在制定相关政策制度之时，需要考虑和满足各个相关主体的目标与合理需求。

二、国家应主要促进"谁的"科技成果转化

在谈到促进科技成果转化和知识产权运用时，首要的问题就是促进"谁的"科技成果转化和"谁的"知识产权运用。在市场经济中，科技成果及其知识产权的原始所有者主要包括以下四类：一是企业。特别是跨国公司、大型企业、高科技企业，由于其拥有较强的研发实力，因此，他们相应地也就拥有相当一部分科技成果。二是科研机构。科研机构是专门进行科技研发的机构，他们的主要产出就是科技成果。三是高等院校。高等院校的主要与核心工作是高等教育。由于高校教师做好高等教育的前提是要掌握前沿科技知识，而高校教师在掌握了前沿科技知识之后，进行科技创新的成本和难度就会大大降低，因此，相当一部分高校教师既从事教学工作，又进行科学研究，这样也会产生大量科技成果。四是个人。个体发明者作为自然人，既不依托企业，也不依托科研机构和高等院校，而是自己投资、研发，并完成科技成果，获得知识产权。当前，随着市场经济的发展，单纯的个体发明者已经越来越少。

由于企业的研发目标是满足本企业的市场发展需要，故其科技成果在完成之后，自然就有了直接的市场应用空间。因此，企业自己研发的科技成果及知识产权，通常不会存在转化、运用不出去的问题。根据本章第一节的数据，中国电子科技集团公司第三十八研究所、中国船舶重工集团公司第七○三研究所、中国船舶重工集团公司第七○二研究所三个国有企业的研究所的年化专利利用率均超过100%，分别达到121.95%、117.19%和106.74%，即上述三个单位的有些专利不仅许可了一次，而且还多次进行许可，其之所以能够达到如此高的转化率，主要还是因为这几个研究所是大型国企的研究所，他们的科研任务主要来自集团公司或集团公司下属企业的委托，科研任务本身就是为了解决市场经营中的技术问题，因此，所作出的研究成果必然有市场需求，故基本不存在转化困难。

通过上述分析可见，国家促进科技成果转化应主要以促进科研机构和大学的科技成果转化为主。《促进科技成果转化法》第 3 条第 2 款规定："科技成果转化活动应当尊重市场规律，发挥企业的主体作用。"该款主要是强调企业是实施科技成果的主体。科技成果是否有市场价值，科技成果能否转化成功，企业是最终的评判者和决定者。因此，企业在科技成果转化中起主体作用。但是，企业在科技成果转化中的主体作用，并不意味着转化的主要是企业的科技成果。相反，大多数情况下，只有科研机构和大学的科技成果，需要"促进"才能面向企业转化。

三、科研机构和大学科技成果的市场应用前景

科研机构和大学的科技成果之所以转化困难，需要"促进"才能转化出去，其根本原因之一在于科研机构和大学相当一部分科技成果缺乏市场前景或者没有短期市场应用前景。在我国，科研机构和大学的科研经费绝大部分来自国家或地方政府的科研任务。我国根据科研项目目标的不同，将科技研究分为基础研究、应用研究和试验发展。

根据现代国家治理理论，国家财政收入主要来自纳税人，因此，国家或地方政府资助科技研发，应该以基础研究为主。这是因为基础研究需要长期的投入，一般至少需要几年的时间才能作出有意义的成果，短期内更难以获得经济效益。这样，企业，特别是中小企业，根本不可能用自有资金投入基础研究。2020 年年初的新型冠状病毒疫情仅持续一两个月后，很多中小企业就面临倒闭。如果中小企业用自有资金投入基础研发后要等几年时间才能看到结果，那么这些中小企业在看到成果之前肯定就已经倒闭了。同时，由于基础研究具有重大军事、安全和长期经济价值，因此，通常只有国家才对基础研究作出重大的、实质性的投入。科研机构或高等院校根据国家科研任务而进行的基础研究，由于研究的目标本来就与市场较远，所以，其科技成果自然就会缺乏短期的市场前景。这一点是与企业研发最主要的一个区别，是客观的，也是难以改变的，各国国有科研机构和高等院校都有类似问题。因此，要让这些缺乏短期市场前景的科技成果尽快面向市场转化，就必须采取一些特别的支持和鼓励

措施。

四、科研机构或大学科技成果转化所涉及的利益主体

科研机构或大学科技成果转化困难的另一个主要原因，就是科研机构或大学科技成果转化所涉利益过多，科技成果与市场产品之间的传导链条过长。企业科技成果转化非常简单，如果是自用，只要企业负责人决定即可；如果是向外转化，只要企业负责人与使用者达成一致即可。所以，企业科技成果可以随时根据市场形势和需要快速地转化为现实生产力。与企业科技成果转化截然不同，科研机构或大学的科技成果涉及多方利益主体，各主体之间存在着错综复杂的关系。科研机构或大学的科技成果转化所涉利益主体包括五大类：一是科研机构或大学自身及内部人员；二是科研机构或大学的上级管理单位；三是科研机构或大学的资助者；四是社会公众；五是科研机构或大学科技成果的转化合作者。

在转化合作者方面，科研机构或大学与企业的情况类似，都会涉及与第三方受让人或使用人谈判与合作问题，也有部分合作需要借助中介机构进行的情况。所不同的是，科研机构或大学借助中介机构进行科技成果转化的可能性更大。比如，科研机构或大学为了避免廉政风险，通常需要借助第三方中介机构对科技成果进行价值评估。而民营企业则通常不需要进行这样的价值评估，因为他们可能认为这样的价值评估主要具有形式意义，科技成果到底价值多少，还是双方谈出来的结果，与中介机构的价值评估基本上没有关系。另外，由于科研机构或大学通常自己没有转化能力，因此他们进行科技成果转化必须借助第三方合作者；而企业在很多情况下进行科技成果转化就是自己实施，并不需要第三方合作者，这也是企业与科研机构在这方面的最主要区别。

在社会公众方面，虽然企业会面临企业社会责任问题，但其社会责任主要表现在遵纪守法、诚信经营、创造财富、促进就业、依法纳税等方面，社会公众不会对企业科技成果转化问题进行过多苛责。而科研机构或大学则不同，由于他们主要是利用财政资金进行科学研究，进一步而言是在用纳税人的税收进行科技活动，那么对其形成的科技成果的权属问题本身就有争议，很多公众会

认为应属于国家、属于全体人民，只是出于促进科技成果转化和增进全社会财富角度，这些科技成果才赋予科研机构、大学，甚至科学家，但这是不得已而为之，公众并非对此没有意见或看法。因此，公众对科研机构或大学科技成果过程就会特别关注，甚至进行特别的道德挑剔。比如在 2020 年新型冠状病毒流行期间，武汉病毒所经过科学研究发现，瑞德西韦对新型冠状病毒引起的肺炎具有治疗效果，因此就瑞德西韦对新型冠状病毒的用途发明向国家知识产权局申请专利。这本来是一件正常的、合法的、符合行业惯例的专利申请，并不存在抢注美国吉利德公司发明专利的问题。因为美国吉利德公司虽然在武汉病毒所之前已经就瑞德西韦药品及其在冠状病毒上的用途申请了专利，但由于吉利德公司在申请专利时，新型冠状病毒疫情尚未发生，人类尚未发现该新型冠状病毒，故吉利德公司的专利申请也不可能涵盖对新型冠状病毒用途之上。虽然武汉病毒所申请的专利可能会面临创造性审查的挑战，但武汉病毒所的专利申请至少具有新颖性，抢注之说本来就是无稽之谈，并且该所还明确承诺只要有利于控制疫情，就可以免费使用该技术，但武汉病毒所却还是因为该专利申请而遭受到了公众排山倒海般的谴责。而与此同时，某些国内企业批量化地试生产了瑞德西韦产品，这是一种比较明显的涉嫌对吉利德公司的专利侵权行为，但却受到国内公众的广泛欢迎，其公司股价甚至在股市上获得大幅追涨。由此可见，社会公众对科研机构或大学与企业的科技成果转化行为并非一致对待，科研机构或大学在进行科技成果转化时需要特别谨慎。

就科技成果转化而言，国有科研机构或大学的上级管理单位主要包括以下单位：一是科研机构或大学的主管单位。比如，中国农业科学院的主管单位是农业农村部，中国科学院物理研究所的主管单位是中国科学院，北京大学、清华大学的主管单位是教育部。主管单位对国有科研机构或大学享有人事任免等关键性权力。二是财政部门。由于科研单位或大学的大部分经费来自财政拨款，其科技成果也纳入国有资产管理，因此，财政部门对国有科研机构和大学具有财务、国有资产等方面的管理权力。三是科技行政部门。科技行政部门对国有科研机构和大学拥有科技行政管理权力。四是纪检监察部门和审计部门。由于国有科研单位和大学属于国家事业单位，因此，纪检监察部门和审计部门有权对这些单位和单位领导及职工行使纪检监察、审计等权力。除了上述单位外，其实还有一些部门对国有科研单位或大学拥有管理权力。这些上级管理单位要通过自身职能的作用，从管理的角度确保科研单位和大学依法依规进行科技成果转化。

应该说，上级管理单位对科研单位或大学的科技成果转化行为进行管理和监督，本身并无任何问题。但是，问题的关键是如何进行管理和监督：是对每项具体的科技成果转化行为全部做到事必躬亲，全部进行具体的管理和监督，还是制定严谨的规章制度和工作流程，让科研机构或大学具体去执行，并进行有效的事后监督。笔者认为，上级管理单位对国有科研单位和大学科技成果转化活动的管理和监督宜取后者。因为科技成果转化需要及时根据客观情况作出决定，如果上级管理单位对每项科技成果转化行为均进行全程干预和监督，在时间上来不及；同时，在客观上，全程干预和监督需要巨大的工作量，上级管理单位也不可能有这么多的人力资源。如果上级管理单位制定严谨的规章制度和工作流程，让科研单位和下级去适用，这样就把管理和监督的主要责任给予了这些科研单位或大学的领导，而这些科研单位的领导又由上级管理单位进行任命和考核，所以一般也可以达到由上级管理单位全程干涉和监督的效果。加之上级管理单位对科研机构和大学还拥有进行个案监督的权力，因此，采取后一种方式可以确保科研机构或大学依法依规进行科技成果转化而无虞。

在资助者方面，科研机构或大学科技研发的资助者主要可以分为两类：一是财政科研经费资助者，即所谓的纵向科研经费的提供者，如科技部、国家自然科学基金委、其他政府部门、地方政府及其部门等。二是非财政经费资助者，即所谓横向科研经费的提供者，如相关企业或个人。

从资助者角度来看，对科研机构或大学的科研经费的监管可以从两个维度进行：一是从科研经费使用的维度进行监管；二是从科研产出的维度进行监管。一般而言，无论是财政科研经费资助者，还是企业或个人，他们向科研机构或大学提供科研经费的目的都是获得科研产出或科技成果。尤其对企业或个人而言，他们提供科研经费的主要目的就是借助科研机构或大学的科研能力进行科技研发，并获得企业或个人生产经营所需要的科技成果。因此，企业或个人通常会与科研机构或大学通过签订技术开发合同，约定双方的权利义务。在这类技术开发合同中，科研机构或大学的主要义务就是提交约定的科技成果，而作为资助者的企业或个人通常不会对其提供的研发经费使用情况进行监管。客观地说，通过考核科研产出，以确定科研机构或大学是否达到科研经费资助的目的，这种考核方式对资助者和被资助者而言应该都是最高效、最便捷的。所以，目前大部分企业或个人通常都是通过这种方式与科研机构或大学确定双方的权利义务。

与非财政科研经费资助者相比，财政科研经费资助者在资助对象、资助目的等方面均有所区别。财政科研经费资助者对科研机构或大学的资助项目，主要涉及基础研究、前沿技术研究、社会公益性技术研究。对于涉及这类研究的项目，无论是财政科研经费资助者，还是科研机构或大学，在相当一部分情况下，均难以确定非常明确、具体的科研产出目标。这样，通过结果考核的方式来确定财政科研经费的使用效率，就会存在较高的不确定性，甚至难以考核。因此，财政科研经费资助者就退而求其次，在资助协议中不仅要约定比较模糊的科研产出目标，而且还会要求对科研经费的使用情况进行考核。笔者认为，这种做法对于那些确定不能对产出目标作出明确约定的科研项目而言，是科学的、可行的，或许也是唯一的办法。同时，对于那些可以明确确定科研产出的科研项目或者可以分阶段明确确定科研产出的科研项目，财政科研经费资助者可以考虑与科研机构和课题负责人进行协商，选择仅使用科研产出的考核方法，以减轻科研机构和科研人员的工作负担，提高科研工作效率。当然，这样做也可以减轻财政科研经费资助者的监管工作负担。

对于企业或个人与科研机构或大学签订的横向科研经费资助合同，其合同中通常会明确约定科技成果的归属和科技成果转化问题。在大多数情况下，根据此类合同所形成的科技成果的转化工作需要由企业或个人进行。当然，科研机构或大学需要保留未来利用这些科技成果进行科学研究的权利。对于利用财政科研经费资助所形成的科技成果，《中华人民共和国科学技术进步法》（简称《科学技术进步法》）第 20 条规定了如下规则：一是，这些科技成果的发明专利权、计算机软件著作权、集成电路布图设计专有权和植物新品种权，除涉及国家安全、国家利益和重大社会公共利益的外，由科研机构或大学依法取得。二是，科研机构或大学可以利用或实施这些科技成果及知识产权，并应采取保护措施，同时，应就实施和保护情况向项目管理机构提交年度报告；在合理期限内没有实施的，国家可以无偿实施，也可以许可他人有偿实施或者无偿实施。三是，对于科研机构或大学依法取得的上述科技成果及知识产权，国家为了国家安全、国家利益和重大社会公共利益的需要，可以无偿实施，也可以许可他人有偿实施或者无偿实施。四是，科研机构或大学实施上述科技成果及知识产权所产生的利益分配，应依照有关法律、行政法规的规定执行；法律、行政法规没有规定的，按照约定执行。因此，根据《科学技术进步法》的规定，财政科研经费资助者有权获得财政资助所形成科技成果的转化和保护情况等信息。

在科研机构或大学内部，涉及科技成果转化的人员主要分为三类：单位领导、科研人员和转化人员。关于他们在科技成果转化中各自的地位、作用和利益关系，本章第二节已经有了详细论述，此处不再赘述。

由上可见，科研机构或大学的科技成果转化所涉利益主体包括科研机构或大学自身及内部人员、科研机构或大学的上级管理单位、科研机构或大学的资助者、科研机构或大学科技成果的转化合作者和社会公众五大类主体，涉及的相关具体人员至少要包括十几人，多者可能会涉及几十人、上百人，任何一个环节不通过、任何一个人不同意，均有可能导致该科技成果转化前功尽弃。因此，为了真正促进科研机构和大学科技成果转化工作，一方面应进一步规范科技成果转化的工作流程和程序，另一方面则必须大力消减和简化不必要的转化环节和步骤。

五、如何看待科研机构和大学科技成果转化中的国有资产问题

如前所述，科研机构或大学的科技成果所涉利益主体可以分为五大类。与企业相同，科研机构或大学科技成果转化必然会涉及这些单位自身及内部人员的利益，当然也会涉及转化合作者的利益，因此，在这两方面，企业与科研机构或大学之间的区别并不是特别明显。由于企业，特别是民营企业，并无直接的上级管理单位，其研发经费也大多来自自有资金，社会对其生产经营、研发、转化活动也不会特别关心，因此，企业的科技成果转化基本不会受到上级管理机构、资助者、社会公众的特别关注，但科研机构和大学在科技成果转化

方面必然会受到这些主体的特别关注。其根本原因是科研机构或大学的研发经费主要来自国家财政经费，即来自纳税人所交纳的税，社会和国家（包括其代表——有关政府部门、财政科研经费资助者）关心这些科研经费的使用情况，认为其科技成果应属于代表全体人民的国家所有，科技成果转化收益当然也应属于国家所有。这些看法和认识都是非常自然且正确的，不仅我国大多数人持这一观点，其他国家的大众也认同这个观点。

但是，在科技成果、科技成果转化利益归属与分配的问题上，各国的政策实践与上述观点之间却存在明显差异。很多国家将国家财政资助科研项目所形成的科技成果及知识产权给予了项目承担者，科技成果转化收益也自然属于项目承担者。之所以出现这种情况，主要在于科技成果的特性和科技成果转化的特性。科研机构或大学利用财政科研经费形成的科技成果，虽然毫无疑问应属于国有资产，但是这种国有资产与有形的国有资产有本质区别。有形的国有资产形成后，自然就有确定的市场价值，并且也基本不会发生变化。同时，国有有形财产变现，基本上不需要多少成本。也就是说，这些有形财产如果从国家移转到企业或个人，其形态不会发生什么变化，这个过程是一个简单的过程，不需要各方作出多少具有附加值的工作。因此，对这些国有有形财产而言，无论是变现，还是监管，都是成本较小、容易实现的过程。

而科技成果转化则需要等待时机，需要转化双方作出大量的相关工作，才有可能转化成功。因此，从这个意义上讲，科技成果转化收益，其实并不等于被转化科技成果的价值；被转化科技成果的价值，有时可能在科技成果转化总收益中仅占很小的一部分，科技成果转化收益的大部分可能是其他资源或投入的体现（如相关的后续研发、生产条件、资金、市场渠道等）。科技成果从国家转化到企业需要走一条很长的、复杂的路，需要花费大量的人力、物力，最后还不一定能够取得成功，市场风险很大。同时，科研机构或大学的科技成果，如果不向市场转化，就是死的、无价值的。如果向市场转化了，变成了市场所需要的产品和服务，即使国家没有从科技成果转化中直接获得利益，国家其实也会从税收、就业、经济质量等方面，获得长远的利益。特别是不应一听到国有资产就高度紧张，担心所谓的国有资产流失，畏手畏脚。比如，这里有一项科技成果，市场价值 100 万元，是国有资产，但是如果不转化它，它给国家带来的财富就是零。如果把该项科技成果免费赠送给张三，张三能够利用这项科技成果给国家带来 1 000 万元的税收。在这种情况下，国家是吃亏了，还是占便宜了？国有资产是否真的流失了？所以，从长远来看，国家与其死守着科技成果，远远不如通过各种方式将科技成果转向市场，获益要大很多。因此，从国家和社会公众的角度看待促进科研机构或大学的科技成果转化问题，必须要看大局、看长远、算大账，而不能只盯着眼前利益。

六、科学家转化科技成果与专业人士转化科技成果

在我国，科学家转化科技成果一直是一个有争议的话题。有很多学者认为，我国科研机构和大学科技成果转化之路应当学习美欧等发达国家和地区的做法，设立科研机构的技术转移办公室，由转化专业人士做科技成果转化工作。笔者认为，技术转移办公室模式确实是我国未来发展的一个方向，也很有可能成为我国科研机构和大学科技成果转化的主流模式。因为这种模式与科学家直接转化、市场中介组织转化相比，具有较为明显的优势。一般而言，相比科学家转化，科研机构内的技术转移办公室对市场更加了解、更有充分的时间，同时，在科技成果转化法律、政策、管理、资金、资源等方面也可能更加专业、更加丰富。专业的人做专业的事，科学家做科研最有优势，技术转移办公室的专业人士做科技成果转化更加专业，二者发挥好各自的优势，确实会收到事半功倍的效果。

同时，与市场上的技术中介组织相比，由于技术转移办公室设立在科研机构内部，技术转移办公室对科研机构、科学家、科技成果都更加了解，而科技成果转化的关键就是要让企业、市场了解科研机构的科研能力、了解科学家、了解科技成果，只有这样，市场和企业才有可能承接科研机构的科技成果进行市场转化。

当然，上述分析是建立在理想状态之上的。只有科研机构技术转移办公室拥有足够的员工，每名员工又都是科技成果转化的专业人才，在这种情况下，上述分析才能成立。否则，在很多科研机构或大学尚无技术转移办公室，甚至没有专门的负责技术转化的人员的情况下，科研机构或科学家如何依靠技术转

移办公室进行科技成果转化？即使有的科研机构或大学设立了专门的技术转移办公室，或者在科研处、资产处等部门下设立了专门负责的科技成果转化岗位，但是，这些负责科技成果转化的人员是否具有专业知识、是否有足够的动力、是否有充分的能力独立地开展科技成果转化工作？根据笔者的了解，这些科研机构内部的专职或兼职科技成果转化人员，由于奖惩机制、职责岗位等原因，他们促进科技成果转化的动力和能力都普遍不容乐观。

科技成果转化是一项专业、复杂、需要长期持续跟进的工作。进行科技成果转化必须具有激情、毅力，并具有专业知识。所以，虽然技术转移办公室是一种理想的模式，但三到五年的时间可能并不能成为科研机构或大学科技成果转化的主要模式。另外，目前我国市场上的技术中介组织由于其与科研机构、科学家距离很远，不能在需求端给市场和企业带来多少价值，而这些中介组织同时与企业联系不够紧密，也很难从供给侧给科研机构或大学带来真正的价值。所以，我国目前市场上的科技中介组织亦举步维艰，很多主要依赖国家相关补贴艰难度日。

综上分析，笔者认为，目前我国科学家直接主导或参与科技成果转化，并不是他们愿意或不愿意的问题，更多的是因为各种认识、机制等方面原因而导致的科技成果转化专业服务供给不足的问题。当然，如果科学家有精力、有兴趣、有情商并具备相应的管理能力，由于科学家对技术更加了解，在转化过程中也能够更加容易地解决相关的技术问题。在这种情况下，科学家直接主导或参与科技成果转化，取得成功的可能性就会更大。例如，我国科学家直接进行科技成果转化的代表人物柳传志，不仅在中国科学院计算技术研究所做了十几年的研究工作，而且还在中国科学院人事局做过管理工作。在 1984 年，柳传志在中科院计算技术研究所所长曾茂朝的支持下创办了北京计算机新技术发展公司（联想集团前身），几经坎坷，取得了最终的成功。但是，科技成果转化毕竟是一项复杂的工作，需要牵涉大量的时间和精力，科学家在时间、精力、管理能力都准备不足的情况下，还是应慎重。笔者认为，在我国目前科技成果转化专业服务供给不足的情况下，科学家可以直接参与科技成果转化工作，在科技成果转化过程中宜主要负责相关技术问题，而对企业经营管理问题，在做好监督制度安排的前提下，则应放手交与之合作的相关人士负责。

《促进科技成果转化法》修订后，国务院于 2018 年颁布《关于推动创新创业高质量发展打造"双创"升级版的意见》（国发〔2018〕32 号）明确要求："鼓励和支持科研人员积极投身科技创业。对科教类事业单位实施差异化分类指导，出台鼓励和支持科研人员离岗创业实施细则，完善创新型岗位管理实施细则。"人力资源社会保障部亦于 2017 年、2019 年先后颁布《关于支持和鼓励事业单位专业技术人员创新创业的指导意见》（人社部规〔2017〕4 号）、《关于进一步支持和鼓励事业单位科研人员创新创业的指导意见》（人社部发〔2019〕137 号），分别从科学家离岗创办企业、兼职创新与在职创办企业、企业挂职、特设创新岗位等方面对科学家创新创业问题作出明确规定。这些措施，对于科学家直接或间接参与科研能力转化、科技成果转化工作具有重要指导意义。

七、放权给谁

虽然在理论上，利用财政经费资助的科研项目所形成的科技成果及其知识产权应当归属于代表全体人民或全体纳税人的国家，但是，由于国家与市场之间的传导链条太长、环节太多，使得国有科技成果转化困难重重、效率极低，故此，自 20 世纪六七十年代美国对财政科研项目科技成果知识产权归属问题进行广泛、深入讨论并最终在 1980 年通过《拜杜法》之后，各国为了促进科研机构和大学的科技成果转化而采取的基本路径是——"放权"。各国通过"放权"，将科技成果及知识产权从国家下放给距离市场更近、更能有效进行科技成果转化的主体，从而有效减少科技成果转化环节，缩短二者的传导链条，进而达到促进科技成果转化的目的。

美国《拜杜法》放权的主要对象是高校和科研机构。《拜杜法》主要是对《美国专利法》进行修改，专门将《美国专利法》增加了名为"联邦资助发明专利权"的一章，该章规定了受联邦资助所形成的发明专利权的归属和利用问题。根据《美国专利法》第 202 条的规定，受联邦资助的非营利性机构（主要是科研机构和大学）、小企业应在合理期限内向联邦机构披露发明创造的义务，如果未披露，则有关该发明创造的权利属于联邦政府所有。受联邦资助的非营利性机构、小企业在披露发明创造后，有权在披露后两年内，通过书面的形式向联邦机构要求获得该发明创造的知识产权；如果非营利机构或小企业要求获得该知识产权，则应在合理期限内申请专利，同时，还应给予发明创造奖励。如果非营利性机构、小企业未在规定期限内要求获得知识产权或者未申请专利，则联邦政府有权获得该发明创造的知识产权。如果非营利机构或者小企业未要求获得联邦资助发明创造的知识产权，则发明人有权向联邦机构提出请求要求获得该发明创造的知识产权，联邦政府可以在咨询非营利机构或小企业之后，将该发明创造的知识产权给予发明创造人。

由美国《拜杜法》可见，美国主要将权力放给作为财政资助项目承担者的科研机构和大学，这些科研机构和大学可以依据《美国专利法》第 202 条获得联邦资助科研项目科技成果的知识产权，科研机构或大学在获得收益后再给予科学家奖励。美国《拜杜法》施行并获得成功后，日本、韩国、欧洲等一些国家和地区也开始效仿美国建立类似的法律制度。我国在 2007 年修改《科学技术进步法》时，亦参考了美国等国的相关制度，在第 20 条中规定："利用财政性资金设立的科学技术基金项目或者科学技术计划项目所形成的发明专利权、计算机软件著作权、集成电路布图设计专有权和植物新品种权，除涉及国家安全、国家利益和重大社会公共利益的外，授权项目承担者依法取得。项目承担者应当依法实施前款规定的知识产权，同时采取保护措施，并就实施和保护情况向项目管理机构提交年度报告；在合理期限内没有实施的，国家可以无偿实施，也可以许可他人有偿实施或者无偿实施。"因此，我国的基本思路也是将财政资助的科技成果"放权"给科研机构或大学，让科研机构或大学进行科技成果转化。

客观地说，我国在 2007 年学习美国等国相关制度，从法律上对财政资助科技成果进行"放权"，对于促进我国科研机构科技成果转化起到了重要作用。同时，我们还应看到中外国情的不同，要具体问题具体分析，找出更加符合我国国情的促进科研机构科技成果转化之路。美国等西方国家之所以将权利主要放给科研机构或大学这一级，笔者认为原因有三：一是科研项目研发协议是与科研机构或大学签订，相关科技成果及知识产权归属科研机构或大学，管理起来比较简单、容易；二是将科技成果知识产权给予科研机构或大学，可以让单位内的科学家专心科研、技术转移办公室的转化人员专心转化，让专业的人做专业的事，更加有效率；三是美国大学很多是私立大学，如果将科技成果及知识产权给予这些私立大学，那么这些私立大学可以像企业那样进行科技成果转化，而不必受到多方掣肘。我国的情况则与美国不尽相同，特别是在第三方面，我国科研机构和大学基本上都是国有事业单位，即使法律规定了科技成果及知识产权属于科研机构或大学，但是这些科研机构或大学在进行科技成果转化时仍然会受到其上级单位的层层管理和监督，科研机构或大学的负责人必须以国家的代表而非以权利人的身份或心态对待科技成果转化。这种现实情况，对于需要高度灵活性的科研能力转化、科技成果转化工作而言，可能就是灾难。例如，在进行知识产权价格谈判时，科研机构对知识产权的估价是220万元，而经过双方多轮谈判，最后企业给出200万元价格。如果该知识产权权利人是私营企业的话，那么私营企业负责人很可能就会同意，而科研机构负责人则可能很难作出决定，因为他一旦同意，就需要解释为什么少了20万元；而如果他不同意，则对其来说可能不会有任何风险。正是因为中美国情的不同，因此，我国在制定我们的相关制度时应考虑到我国的现实国情，根据不同情况确定"放权"的层次和方式。

笔者认为，根据我国现实的国情，可以根据不同科研机构、大学的不同情况，原则上将科技成果权利下放给科研机构和大学，但在特殊情况下，经科学家申请并经科研机构和大学同意，也可以将科技成果及知识产权直接给予科学家，由科学家去转化。有学者认为科学家的主要专业能力是科研，而不是转化，故反对将科技成果及知识产权给予科学家。笔者认为这种观点的论据是客观的，但是推论却有问题。固然科学家最擅长的是科研，让其做科技成果转化，不仅属于资源浪费，而且还有可能转化失败，但是，这并不妨碍将科技成果及知识产权给予科学家。如果科学家没有能力亲自转化，可以委托本单位的转化专业人士进行转化，也可以委托社会中介组织进行转化，然后科学家从技术层面配合转化，这样可能更高效地将科技成果转化出去。将科技成果及知识产权给予科学家，并不代表科研机构内部的转化专家就会丧失作用，科研机构内部的转化专家既可以转化本单位所有的科技成果，也可以帮助本单位的科学家进行转化。这些转化专家在帮助本单位科学家进行转化时，需要与单位、科学家共同约定好转化收益的分配问题。由于科学家、科研机构、转化专家三方均能从转化收益中分配利益，同时，转化问题的最终决定权掌握在科学家个人手中，那么，三方的转化意愿、转化效率可能都会明显增加。2020 年 1 月 1 日实施的《北京市促进科技成果转化条例》第 9 条规定："政府设立的研发机构、高等院校，可以将其依法取得的职务科技成果的知识产权，以及其他未形成知识产权的职务科技成果的使用、转让、投资等权利，全部或者部分给予科技成果完成人，并同时约定双方科技成果转化收入分配方式。" 2020 年 2 月 14 日召开的中央全面深化改革委员会第十二次会议审议通过了《赋予科研人员职务科技成果所有权或长期使用权试点实施方案》，该方案明确要求知识产权保护和产权激励，赋予科研人员职务科技成果所有权或长期使用权，健全决策机制，规范操作流程，探索形成赋权形式、成果评价、收益分配等方面制度。上述这些举措均为将科技成果及知识产权下放给科学家打开了大门，必将有力推动我国科研机构科研能力和科技成果的转化工作。

第三章　科研能力转化与技术合同

第一节　技术合同的作用与分类

技术合同是科研能力转化、科技成果转化和知识产权运用的重要载体和形式，不同市场主体之间在进行科研能力转化、科技成果转化或知识产权运用过程中需要通过技术合同的形式确定双方的权利和义务，并通过诚信地履行合同，实现转化和运用的目的。因此，技术合同对于有效地进行科研能力转化、科技成果转化和知识产权运用具有重要作用，有时甚至是转化和运用成败之关键。为促进科研能力、科技成果与知识产权的转化和运用，早在 1987 年就颁布《中华人民共和国技术合同法》（简称《技术合同法》）。1999 年，我国制定并颁行《合同法》。《合同法》吸收了《技术合同法》的大部分法律规范，并将其作为《合同法》的第十八章，同时废止了 1987 年《技术合同法》。2020 年 5 月 28 日第十三届全国人民代表大会第三次会议通过了《中华人民共和国民法典》（以下简称《民法典》）。《民法典》将《合同法》的主要内容纳入《民法典》第三编"合同"编之中，并拟将技术合同法律规范作为第三编第二十章之内容。技术合同规范除规定于上述法律中之外，2004 年 11 月最高人民法院通过了《关于审理技术合同纠纷案件适用法律若干问题的解释》（法释〔2004〕20 号），该司法解释亦是目前理解和把握技术合同的重要法源。另外，对于不服高级人民法院、知识产权法院、中级人民法院作出的发明专利、实用新型专利、植物新品种、集成电路布图设计、技术秘密、计算机软件、垄断第一审民事案件判决、裁定而提起上诉的案件（这些案件中有相当一部分属于技术合同纠纷案），由最高人民法院知识产权法庭飞跃管辖，这也是我国司法制度的重要创新，体现了国家对知识产权、技术合同纠纷案件的重视。❶

《合同法》将技术合同划分为技术开发合同、技术转让合同、技术咨询合同和技术服务合同，故经常简称为"四技"合同。《民法典》将《合同法》中的技术转让合同进行拆分，将《合同法》中"技术转让合同"项下的"技术许可合同"作为与技术转让合同、技术开发合同、技术咨询合同和技术服务合同并列的一类合同。《民法典》的这种分类方法有其合理性，因为转让涉及权属的转移，而技术许可一般仅是同意使用某项技术，但不涉及技术相关权属的转移，所以，将技术转让和技术许可进行分立，可能更符合人们日常的理解。故根据《民法典》的规定，技术合同可以分为技术开发合同、技术转让合同、技术许可合同、技术咨询合同和技术服务合同五类。在这五类合同中，技术开发、技术咨询和技术服务合同主要涉及科研能力转化问题，技术转让、技术许可合同则主要涉及科技成果转化或知识产权运用。当然，上述合同可能有所交叉，并且可能同时涉及科研能力转化、科技成果转化和知识产权运用。

第二节　技术开发合同

技术开发合同是当事人之间就新技术、新产品、新工艺、新品种或者新材料及其系统的研究开发所订立的合同。技术开发合同的主要目的在于研究开发新技术、新产品、新工艺、新品种、新材料或其系统。换言之，技术开发合同的开发目标——技术、产品、工艺、品种、材料或系统在签订合同时尚不存在，至少尚未被合同当事人双方掌握，需要合同的受托方当事人进行研发。而受托方当事人之所以被委托研发，是因为其具备实现合同目标的研发基础和能力，也就是具有相应的科研能力。由此可见，技术开发合同的主要功能是实现科研能力向现实生产力转化。

---

❶ 最高人民法院关于知识产权法庭若干问题的规定［EB/OL］．［2020 - 03 - 15］．http：//peixun. court. gov. cn/index. php？ m = content&c = index&a = show&catid = 6&id = 776.

根据技术开发合同当事人在履行合同过程中发挥的作用的不同，可以将技术开发合同分为委托开发合同和合作开发合同。委托开发合同是指合同当事人一方提供科研能力进行研发，而另一方提供研发经费等资源但不负责具体研发活动的技术开发合同。在委托开发合同中，合同双方当事人之间的权利义务相对比较明确，委托方通常只提供研发经费、研发需求（如技术指标、参数、功能等需求），而受托方则利用自身的科研能力进行研发，获得合同所要求的研发成果。合作开发合同是指合同双方当事人为了共同的研发目标而共同投入科研能力进行研发的技术开发合同。在合作开发合同中，双方当事人都有科研能力，并且双方都投入自身的研发资源进行研发。是仅一方还是双方都进行科技研发，这是区分委托开发合同与合作开发合同的最根本的判断标准。同时，在合作开发合同中，通常不需要一方当事人向另一方支付研发经费，当然，双方也可以约定由一方当事人向另一方当事人提供研发经费。

技术开发合同的关键是合同约定的研究开发需求和标准。双方当事人应明确具体地约定合同要开发的新技术、新产品、新工艺、新品种、新材料或系统，并约定明确具体的验收标准。由于技术开发合同要开发的是新的、尚未存在的智力成果，合同双方当事人在签订合同时可能都没有考虑清楚最终会产生什么样的智力成果，如何通过文字或图形对之进行明确的、准确的描述，确实非常困难。因此，很多技术开发合同对要开发的内容和验收标准的规定很简单、模糊，这是大多数技术开发合同纠纷的引发原因，也是大多数技术开发合同诉讼的争议焦点。所以，技术开发合同双方当事人在签订合同时必须对验收标准进行详细规定，尽量避免纠纷。如果双方当事人确实不能对验收标准进行明确、具体约定，就需要开发人提供科研能力的证明，并获得委托人的认可。这样，在委托人承担一定的风险的前提下，双方可退而求其次，在合同中约定开发人为了本合同的目标而需要提供哪些具体的研发资源（包括科研人力资源、科研条件资源以及现有技术资源等）。由于开发人提供的研发资源可以相对容易地进行界定和证明，因此，在一定程度上可以避免合同履行纠纷。

由于技术开发具有天然的不确定性，任何人都难以保证技术开发一定会获得合同约定的目标成果，并达到约定的技术标准。因此，技术开发合同存在客观的、不能实现的风险。为此，技术开发合同应当约定研发失败的风险承担问题。《合同法》第 338 条规定："在技术开发合同履行过程中，因出现无法克服的技术困难，致使研究开发失败或者部分失败的，该风险责任由当事人约定。"没有约定或者约定不明确，并且双方当事人不能通过补充协议或交易习惯确定的，风险责任应由当事人合理分担。另外，"当事人一方发现可能致使研究开发失败或者部分失败的情形时，应当及时通知另一方并采取适当措施减少损失。没有及时通知并采取适当措施，致使损失扩大的，应当就扩大的损失承担责任"。

关于技术开发合同形成科技成果的归属，《合同法》第 339 条规定："委托开发完成的发明创造，除当事人另有约定的以外，申请专利的权利属于研究开发人。研究开发人取得专利权的，委托人可以免费实施该专利。研究开发人转让专利申请权的，委托人享有以同等条件优先受让的权利。"第 340 条规定："合作开发完成的发明创造，除当事人另有约定的以外，申请专利的权利属于合作开发的当事人共有。当事人一方转让其共有的专利申请权的，其他各方享有以同等条件优先受让的权利。合作开发的当事人一方声明放弃其共有的专利申请权的，可以由另一方单独申请或者由其他各方共同申请。申请人取得专利权的，放弃专利申请权的一方可以免费实施该专利。合作开发的当事人一方不同意申请专利的，另一方或者其他各方不得申请专利。"第 341 条规定：委托开发或者合作开发完成的技术秘密成果的使用权、转让权以及利益的分配办法，由当事人约定。没有约定或者约定不明确，双方当事人不能达成补充协议并且根据交易习惯也不能确定的，当事人均有使用和转让的权利，但委托开发的研究开发人不得在向委托人交付研究开发成果之前，将研究开发成果转让给第三人。

《民法典》第 859～861 条与《合同法》第 339～341 条的上述规定基本相同，但也有两点区别：一是《合同法》第 339 条规定，如果研究开发合同没有对研发成果申请专利的权利的归属作出明确约定，那么由研究开发的一方当事人申请专利，但研究开发人取得专利权的，委托人可以"免费"实施该专利；而《民法典》则规定在研究开发人取得专利权的情况下，委托人可以"依法"实施该专利。这样，委托人实施专利是"免费"，还是"付费"，则有可能会引起一定的争议。二是《民法典》第 861 条规定：对于技术开发合同形成的技术秘密成果的使用权、转让权以及利益的分配问题，如果双方没有约定，并且也不能达成补充协议，同时，也没有相关交易习惯，那么，"在没有相同技术方案被授予专利权前"，当事人均有使用和转让的权利。由此可见，《民法典》第861条比《合同法》第341条多了一个限制性条款，即"在没有相同技术方案被授予专利权前"。

客观地说，《民法典》第861条比《合同法》第341条更严谨，技术方案被授予专利后，必然意味着该技术方案已经被公开了，那么再规定"技术秘密成果"的使用和转让权利，显然没有必要。同时，笔者认为，即使《民法典》第861条对《合同法》第341条做了如此修改，但是仍然有一个内在的逻辑矛盾。无论是《合同法》第339条还是《民法典》第859条均规定，对于委托开发合同，如果双方当事人没有明确约定，那么委托开发完成的发明创造的申请专利的权利属于研究开发人，进而如果该专利申请被授予专利权后，研究开发人就是专利权人。由于委托开发成果在申请专利前通常会处于保密状态，那么，在委托开发合同对研究开发成果权属没有明确约定的情况下，根据《民法典》第861条或《合同法》第341条，双方当事人对该研发成果均有使用或转让的权利。而如果委托人根据《民法典》第861条或《合同法》第341条的规定将该研发成果转让给第三人，那么第三人就可以就该研发成果申请专利并获得专利授权，这样就会与研究开发人根据《合同法》第339条或《民法典》859条所获得的申请专利的权利相冲突。故此，建议对《民法典》进行完善，第861条仅规定"使用"的权利，而没有必要规定"转让"的权利。

第三节　技术转让合同

技术转让合同是合法拥有技术的权利人将现有特定的专利、专利申请、技术秘密的相关权利让与他人所订立的合同。根据转让客体的不同，技术转让合同又可以分为专利权转让合同、专利申请权转让合同、技术秘密转让合同。

专利权转让合同，就是约定专利权人将其专利权转让给受让人的合同。我国《专利法》第11条规定：发明和实用新型专利权被授予后，除本法另有规定的以外，任何单位或者个人未经专利权人许可，都不得实施其专利，即不得为生产经营目的制造、使用、许诺销售、销售、进口其专利产品，或者使用其专利方法以及使用、许诺销售、销售、进口依照该专利方法直接获得的产品。外观设计专利权被授予后，任何单位或者个人未经专利权人许可，都不得实施其专利，即不得为生产经营目的制造、许诺销售、销售、进口其外观设计专利产品。由此可见，与著作权类似，专利权本质上是多项权利的集合，是一个权利束。因此，在理论上，转让的专利权，既可以是法律所规定的权利束的转让，也可以是仅转让权利束中的某一项或某几项权利，如仅转让进口的权利、销售的权利或制造、使用的权利，等等。当然，如果专利权转让合同中没有明确约定仅是转让特定的一项或几项权利，应当认为权利人转让的是全部权利。

专利权具有地域性特征，具体表现在两个方面：一方面是对于国际而言，同一项发明创造可以在不同的国家申请专利并获得专利权。根据专利法律制度，权利人就相同发明创造在不同国家或法域所获得的专利权，虽然属于同族专利，但是它们也是不同的专利权，我们可以分别称它们为中国专利权、美国专利权、日本专利权或欧洲专利权等。专利权转让合同应具体写明该合同所转让的是哪一个国家的专利权；否则，如果关于此项内容写得概括或笼统，就有可能引起不必要的争议。另一方面是对国内（一个法域内部或单独关税区内部）而言，虽然相同发明创造的专利权只有一个，但是，专利权转让合同当事人在理论上也可以对专利权转让的地域范围进行约定，比如，专利权人转让的专利权只限于北京地区或河北地区。

需要注意的是，专利权转让可以是专利权权利束中的一项或几项权利，转让权利的地域范围也可以是一个国家内的一个或几个地区，这样的约定在理论上是没有问题的。但是，这样的约定在实践中是否可行，还要依赖各国专利法的具体规定及其专利局的具体规范和流程。笔者认为，为了促进科技成果转化和知识产权运用，同时考虑到我国知识产权管理的信息化、网络化能力已经达到世界领先水平，我国有必要在实践中全方面地开放专利权转让登记制度，以最大限度地满足科技成果转化和知识产权运用当事人的个性化需求。

在某些情况下，专利权人有可能在专利权转让合同签订之前就与第三方订立了专利实施许可合同或技术秘密许可合同，在这种情况下就会涉及专利权人、受让人、被许可人三方的权利和义务关系问题。因此，在签订专利权转让合同时，专利权人应根据诚信原则披露在先的相关许可合同，被许可人亦有必要进行相关调查，以免发生不必要的争执。如果专利权转让合同双方当事人以及第三人之间没有就在先相关许可合同问题作出约定，那么，根据《最高人民法院关于审理技术合同纠纷案件适用法律若干问题的解释》（法释［2004］20 号）的规定，"让与人与受让人订立的专利权、专利申请权转让合同，不影响在合同成立前让与人与他人订立的相关专利实施许可合同或者技术秘密转让合同的效力"，即专利权与在先的被许可人之间签订的合同仍然有效，在先被许可人仍然可以在其合同范围内实施该专利技术。这样的规定，对在先被许可人是公平的，并且也符合"买卖不破租赁"这一民法原则。但是这样规定的结果对于专利受让人却不太公平，因为根据我国目前的专利制度，专利许可并不以备案为生效条件，也就是说，只要专利权人与被许可人签订了专利许可合同，那么专利许可就可以生效，被许可人就可以获得实施该专利技术的权利。因此，专利权转让合同的受让人并不能通过检索等尽职调查而完全确定在转让合同签订之前是否存在相关许可合同，这样就会使受让人处于巨大的法律风险之中。

另外，该规定不仅存在上述问题，同时，在我国知识产权实际保护水平越来越高的情况下，还有可能引发市场道德风险。假设在专利权转让合同之前并不存在相关许可合同，但由于该专利权市场价值很大，而转让人又是一个很小的市场主体，那么转让人就有可能通过倒签合同的方式与第三方签订相关许可合同，而倒签合同在目前实践中基本不可能通过鉴定的方式加以证明，这样就会让第三方通过表面合法的形式获得实施该专利技术的权利。

事实上，这样的道德风险在著作权领域已经存在，而在我国专利侵权判赔数额越来越大的情况下，专利领域类似的道德风险亦应引起重视。为了避免专利领域类似的道德风险，笔者建议在《专利法》或《专利法实施细则》明确建立非专利技术许可备案制度，并明确规定只有备案的专利许可或非专利技术许可才能对抗善意第三人，而未备案的专利许可或非专利技术许可不具有对抗善意第三人的效力。

根据上述司法解释，尚有一个未解决的开放问题，即在先许可合同不受在后专利权转让合同的影响，在先的被许可人固然在专利权转让之后仍然可以实施该专利技术，但是，如果在先的被许可人在专利权转让之后仍然存在支付许可使用费的义务，那么被许可人应向谁支付使用费？是向让与人支付，还是向受让人支付？根据合同的相对性原则，被许可人应向在先专利许可合同的对方当事人即让与人支付许可使用费，但这样的结果又不公平，因为让与人在专利转让之后就不再是专利权人了，被许可人继续实施该专利技术在本质上属于侵蚀专利受让人利益的行为，而且专利权的转让，亦类似于在先专利许可合同的权利义务的转让，故从这一点考虑并根据公平原则，被许可人应向受让人支付剩余的使用费。对于上述问题，法律、行政法规和司法解释均无明确规定，需要法院在审理具体案件时根据具体案情加以裁决。

同时，在某些情况下，让与人在订立专利权转让合同之前也可能自己就已经实施了该专利技术，那么在专利权转让之后，让与人是否还可以继续实施该专利技术？关于这个问题，可以由专利权转让双方当事人在转让合同中进行明确约定，比如约定让与人不可以继续使用，也可以约定让与人可以继续免费使用或付费使用等。如果双方当事人在转让合同中没有对这一事项进行明确约定，也可以在转让后进行补充约定。但是，如果当事人在转让合同中没有明确约定，也不能达成补充协议，如果受让人要求让与人在专利权转让之后停止实施该专利技术，则让与人应停止实施，否则，让与人的继续实施行为就会构成专利侵权，因为此时的专利权人已经不是让与人了，而是受让人，让与人没有其他法定理由而继续实施该专利技术的属于专利法意义上的侵权行为。

专利申请权转让合同与专利权转让合同在大多数方面是类似的，二者最主要的区别在于转让的权利是不同的：专利权转让合同转让的是专利权，专利申请权转让合同转让的是专利申请权。专利申请权转让合同除了转让专利申请权之外，转让的内容是否还包括其他相关权利？例如，如果该专利申请还未公开，那么该专利申请的技术方案就属于技术秘密，这样，专利申请权转让合同是否也默认包括该技术秘密的相关权益？再如，如果专利申请权转让之后，受让人撤回该专利申请，那么受让人是否就完全地获得了相应技术秘密的所有权利，让与人是否不能再使用或公开该技术秘密？由于这些重要问题法律并无明确规定，因此，专利申请权转让合同双方当事人最好能够在合同中作出明确约定，这样才能有效避免纷争。

关于专利申请权转让合同的另一个特殊问题是在专利申请阶段，专利申请尚未获得专利授权。如果专利申请最终获得专利授权，那么也就可以实现专利申请权转让合同的主要目标，故通常不会因此而引发争议。但是，如果专利申请最终被拒绝授权，那么由于受让人不能达到合同的主要目的，故有可能会引起争议。《最高人民法院关于审理技术合同纠纷案件适用法律若干问题的解释》（法释〔2004〕20 号）第 23 条规定："专利申请权转让合同当事人以专利申请被驳回或者被视为撤回为由请求解除合同，该事实发生在依照专利法第十条第三款的规定办理专利申请权转让登记之前的，人民法院应当予以支持；发生在转让登记之后的，不予支持，但当事人另有约定的除外。""专利申请因专利申请权转让合同成立时即存在尚未公开的同样发明创造的在先专利申请被驳回，当事人依据合同法第五十四条第一款第（二）项的规定请求予以变更或者撤销合同的，人民法院应当予以支持。"

因此，根据最高人民法院的上述规定，对于专利申请未获授权的专利申请权转让合同，可以分为如下四种情形加以处理：第一，如果合同双方当事人在转让合同中对未获得授权的情形如何处理有明确约定，则应按照双方约定进行处理。第二，专利申请是因为在专利申请权转让合同成立时即存在尚未公开的同样发明创造的在先专利申请被驳回，即由于存在抵触申请而被驳回，并且该合同在订立时存在重大误解、显失公平或欺诈、胁迫、乘人之危的情况，那么受让人可以请求法院变更或撤销该专利申请权转让合同。第三，在专利申请权转让合同订立后且在专利申请权转让登记之前专利申请被驳回或视为撤回，那么专利申请权受让人有权要求解除该专利申请权转让合同。第四，如果专利申请被驳回或视为撤回发生在专利申请权转让登记之后，并且也不存在重大误解、显失公平或欺诈、胁迫、乘人之危的情况，该专利申请权转让合同仍然有效，不能被变更或撤销，也不能被解除。

技术秘密转让合同是指平等的民事主体之间签订的有关转让技术秘密的合同。技术秘密转让合同与专利权转让合同或专利申请权转让合同的本质区别在于专利权或专利申请权转让合同转让的是一项法定的权利，而技术秘密转让合同所转让的主要是技术秘密，即一项处于保密状态的信息。当然，由于《反不正当竞争法》等法律法规也规定了技术秘密所有者可以依法享有一定的权益，所以，技术秘密转让合同所转让的除了技术秘密之外，还应包括与该技术秘密有关的法定权益，如禁止他人非法窃取、非法使用该技术秘密的权益。但是，无论如何，技术秘密转让合同所转让的主要是技术秘密，相关法定权益属于附属转让。

在谈到技术秘密转让时，有一个客观的现实问题，即技术秘密作为一种信息真的能像有形财产那样从一个市场主体转移到另外一个主体吗？与有形财产相同，技术秘密信息确实可以从一个市场主体移转到另外一个市场主体；但有形财产从一个市场主体转移到另外一个市场主体之后，让与人就不再占有该有形财产了，而技术秘密信息则不一样，技术秘密信息即使从一个市场主体流转到另外一个市场主体，让与人仍然知晓，也可以使用，甚至再向第三方扩散该技术秘密信息。所以，技术秘密的转让实际上属于法律拟制的转让，虽然客观上技术秘密转让之后让与人仍然掌握该技术秘密并且也可以再次利用该技术秘密，但在技术秘密转让之后，如果转让合同没有明确约定，让与人也不得再商业性地利用该技术秘密。当然，由于这一结论仅是法学理性讨论的合理推论，而我国法律并未对此问题作出明确规定，所以为了避免争议和不确定性，技术秘密转让合同双方当事人最好能在合同中明确约定技术秘密转让之后，让与人是否还可以再利用该技术秘密，以及可以以何种方式利用。

由于技术秘密只有保持其秘密性才能最大地实现该技术的市场价值，因此，技术秘密转让合同的受让人一定需要注意约定让与人的保密义务和该技术确实为技术秘密的尽职调查义务。对于受让人而言，约定让与人承担技术秘密的尽职调查义务极为重要，因为，一般来说，让与人对合同所约定的技术是否处于未公知状态最为清楚，而且进行保密管理也最为便捷；如果让与人在签订合同时不披露该技术的知悉人员范围，也未约定让与人在转让技术秘密后的保密义务，那么在技术秘密转让合同签订后，该技术秘密就很有可能从让与人处泄露出去，从而给受让人造成严重损失。而如果在技术秘密转让合同中明确约定了让与人对技术秘密状态的尽职调查义务和转让后的保密义务，就可以有效地保护受让人的合理权益，维护正常的市场商业道德。

在苏州世林医药技术发展有限公司（简称"世林公司"）诉上海颐岭投资

管理咨询有限公司（简称"颐岭公司"）、苏州颐华生物医药技术股份有限公司（简称"颐华公司"）技术秘密让与合同、专利权转让合同纠纷一案中❶，原告世林公司诉称：2013 年 7 月 25 日，案外人无锡靶点药物研究有限公司（简称"靶点公司"）与被告颐华公司签订了技术转让（技术秘密）合同。2013 年 8 月 21 日，靶点公司与被告颐岭公司和颐华公司又签订补充协议。上述合同和协议约定两被告将"安郁沛勃胶囊（及提取物）"项目的临床批件、相关专利和技术秘密以人民币 1 500 万元（以下币种均为人民币）的价格转让给靶点公司。原告世林公司于 2014 年 1 月 6 日与靶点公司、两被告共同签订了合同转让协议，约定由原告世林公司受让靶点公司在上述两合同中的所有权利义务。至 2014 年 9 月，原告世林公司按约向两被告支付了转让款 750 万元。

2014 年 8 月，原告世林公司发现 2010 年的某件发明专利申请与涉案合同所涉专利相关，可能对涉案合同履行造成严重妨碍，即函告两被告，询问该专利相关状态及处理解决方法。两被告回函称，颐岭公司前员工王某舟在 2010 年私自离职时带走了一些科研资料，并以此为基础以王某某的名义擅自提交了上述专利申请。王某舟已承诺将该专利申请转让给被告颐华公司，但至今并未履约。后原告世林公司与两被告就此事多次协商，未果。原告世林公司认为，两被告早已知晓王某舟以他人名义申请专利的事实，却未向原告世林公司通报，且案外人专利申请的存在，严重妨碍了涉案合同的履行，根据补充协议第 8 条第 2 款和第 5 条第 2 款的规定，两被告应承担相应的违约责任。故原告世林公司诉至法院，请求判令：两被告给付原告世林公司违约金 750 万元。2015 年 9 月 13 日，原告世林公司变更了其诉讼请求，请求判令：（1）原告世林公司与两被告之间的技术转让合同于判决生效之日起解除；（2）两被告向原告世林公司返还技术转让费 750 万元；（3）两被告共同支付原告世林公司违约金 750 万元。

被告颐岭公司、颐华公司共同辩称：根据合同的约定，违约责任承担是以一方有过错为前提的。第三人王某某以他人名义申请专利的事实是其离职后发

---

❶ 原告苏州世林医药技术发展有限公司诉被告上海颐岭投资管理咨询有限公司、苏州颐华生物医药技术股份有限公司技术秘密让与合同、专利权转让合同纠纷案，（2015）沪知民初字第 77 号。

生的，两被告并不知情。由于王某某是涉案技术研发的负责人，其能够接触到两被告的任何研究资料。无论是否存在王某某带走研发资料擅自申请专利的事实，两被告均没有过错。由于两被告没有任何泄密行为或违反应尽的保密义务的行为，故不应承担违约责任。同时，原告世林公司主张的违约金金额明显过高。请求法院驳回原告世林公司的全部诉讼请求。

第三人王某某述称：2010 年是其以王某某名义申请涉案专利的，在其提交专利申请的相当时间里，两被告对专利申请均不知晓。由于其曾系项目负责人，知晓相关的技术秘密，两被告无法保守涉案技术的秘密性，因此，两被告就技术秘密被公开不具有过错。

经审理查明：2013 年 11 月 26 日，上海颐华生物医药有限公司向上海市工商行政管理局申请拟将其名称变更为上海颐岭投资管理咨询有限公司。2014 年 1 月 7 日，上海市浦东新区市场监督管理局出具核准变更登记通知书，准许上海颐华生物医药有限公司变更为上海颐岭投资管理咨询有限公司。2008 年 3 月 31 日，苏州颐华生物医药技术有限公司成立，法定代表人为蒋某。2014 年 3 月 14 日，其名称变更为颐华公司。2010 年 9 月，第三人王某舟以案外人王某某的名义向国家知识产权局提出了发明创造名称为大叶蒟提取物的制备方法、提取物及其应用的专利申请。2013 年 7 月 9 日，两被告的法定代表人蒋某（甲方）、第三人王某某（乙方）以及案外人樊某（丙方）签订了约定书："一、本约定特别针对苏州颐华公司向无锡公司转让大叶蒟五类新药临床批件交易专门制定。二、苏州公司向无锡公司转让的合同总金额为人民币壹仟伍佰万元整，甲方、乙方所持有的相关所有专利均作为临床批件的附属文件，由苏州公司一并按合同要求转让给无锡公司，苏州公司和无锡公司均无需向甲方、乙方额外支付任何费用，甲、乙双方所持有的专利均系无条件、无对价让渡。乙方所持有的专利包括 2010 年以王某某名义申请的大叶蒟专利。甲方、乙方均承诺：在苏州公司收到无锡公司定金后，甲、乙方均会在五个工作日内配合苏州公司将其专利无条件、无对价让渡于苏州公司。如果甲、乙两方任何一方未能按时履行专利让渡，导致苏州公司在收到无锡公司定金后无法继续履约，按苏州公司与无锡公司的合同约定，苏州公司须向无锡公司赔偿 135 万元，甲方、乙方郑重承诺如任何一方未在五个工作日内完成专利让渡，未完成方全额承担无锡公司向苏州公司索赔金额，并且按苏州公司与无锡公司合同总标的的30%向按时履行让渡方及丙方进行赔偿。后第三人王某舟并未按约将王某某名下专利申请转让给被告颐华公司。"2013年7月25日，靶点公司（受让方）与被告颐华公司（让与方）签订了技术转让（技术秘密）合同，合同双方约定："被告颐华公司将其所拥有的安郁沛勃胶囊（及提取物）临床批件及所有与之相关的国内外专利权项目的技术秘密转让给靶点公司。2013年8月21日，靶点公司（甲方）、被告颐华公司（乙方）、被告颐岭公司（丙方）针对上述协议签订的补充协议约定：甲乙双方就'安郁沛勃胶囊（及提取物）'项目，于2013年7月25日签订技术转让（技术秘密）合同一份，约定乙方将上述项目的临床批件、相关专利和技术秘密以壹仟伍佰万的价格转让给甲方。"

2014年1月6日，靶点公司（甲方）、被告颐华公司（乙方）、被告颐岭公司（丙方）和原告世林公司（丁方）签订了合同转让协议，约定甲、乙两方于2013年7月25日签订合同一份，甲、乙、丙三方又于2013年8月21日签订补充协议一份。约定乙、丙两方将"安郁沛勃胶囊（及提取物）"项目的临床批件、相关专利和技术秘密以人民币壹仟伍佰万元的价格转让给甲方。现甲方因其自身原因，拟将上述合同转让给丁方，乙、丙两方同意甲方转让，为此，各方经过友好协商，约定如下："1. 甲方将合同和补充协议中规定的所有权利和义务一并转让给丁方，丁方愿意一并受让，乙、丙两方同意甲方将上述合同所有权利义务转让给丁方。2. 在签订本协议之前甲方的履约行为视为丁方的履约行为，甲方和丁方另行协商相关补偿事宜。3. 乙方、丙方和丁方同意，补充协议第3条所约定的应由甲方支付给乙、丙方的第二期至第六期款项，更改为由丁方支付给丙方。4. 乙方、丙方和丁方同意，补充协议第6条第1款所约定的相关费用应由乙、丙、丁三方协商确认之后，由丁方直接支付给乙方，或者通过丙方支付给乙方。"

2014年8月26日，原告向两被告发送律师函，内称："原告世林公司在近期专利检索中发现，存有若干项与合同有关的专利和专利申请。经进一步详细分析，其发现附件中的第三项专利申请与合同项目尤其有关。并要求两被告详细研究附件列出的相关专利及专利申请，对合同项目的实施可能造成的法律障碍进行分析评估，并尽快回复。"2014年9月5日，被告颐岭公司函告原告世林公司，内称："就贵公司关心的第三项专利申请，我方也已做了专门了解。该专利申请以'王某某'名义提交，但据我方了解，实际为我方前雇员王某舟所提出。王某舟在 2010 年离开公司，可能复印和带走了一些技术资料，并据此擅自向国家知识产权局提交了相关的专利申请。被告颐华公司此前已与王某舟本人达成协议，王某舟同意将该专利申请无偿转让至被告颐华公司名下。但由于种种原因，迄今未能办理相关转让手续。当然，我方仍会积极推进此事。贵公司无需为此担心。"在该函件中，被告颐岭公司敦促原告世林公司按照补充协议第 3 条第 2、3 款的规定，向两被告支付项目转让款项 750 万元。

2014 年 9 月 10 日和 15 日，原告世林公司向被告颐岭公司支付了项目转让款项 750 万元。2014 年 9 月 30 日，被告颐华公司向原告世林公司依约交付了相关技术资料。2014 年 10 月 20 日，原告再次发送律师函给两被告，要求两被告调查王某舟带走哪些技术资料，并分析评估造成技术秘密的泄露和侵权的可能性；提供苏州颐华公司与王某舟之间的协议的复印件，并分析评估王某舟至今不将专利申请转让至颐华公司名下的原因。同时要求两被告务必采取对策，防止任何对合同的实施有实质性妨碍的行为发生，否则，世林公司有权采取法律措施加以预防。

法院经审理后认为，该案争议焦点主要有二：①原告世林公司是否有权行使合同约定解除权；②如合同解除，两被告是否应承担返还已付合同价款 750 万元和承担违约金 750 万元的民事责任。

关于争议焦点①，法院认为，原告、两被告之间的技术转让（技术秘密）合同、补充协议、合同转让协议系各方真实意思表示，对各方均具有法律约束力，各方应根据合同的约定，全面履行自己的义务。原告、两被告在合同中约定了解除合同的条件，当约定解除条件达成时，解除权人有权解除合同。该案中，原告世林公司和两被告在《补充协议》第 4 条中约定，两被告将定期对相关领域进行专利检索，以查明是否存在妨碍安郁沛勃胶囊（及提取物）项目实施的中国专利或专利申请，并及时通报原告世林公司；如果存在可能妨碍安郁沛勃胶囊（及提取物）项目实施的中国专利或专利申请，两被告应采取一切可能的法律措施排除该种妨碍，包括但不限于就相关专利提起无效宣告请求以消除该专利，或者通过收购等方式取得相关专利申请权、专利权或专利实施许可。第 5 条第 2 款中约定，任何一方未能履行其合同义务导致严重违约时，守约方有权选择解除或提前终止技术转让（技术秘密）合同及补充协议。第 8 条第 2 款约定，两被告未履行协议第 4 条约定的义务，则视为其严重违约……根据上述约定，两被告在发现存在妨碍涉案技术转让的事由时，负有通知原告世林公司的义务和采取一切可能的法律措施排除该种妨碍的义务。如不履行上述义务的，即构成严重违约，原告世林公司可以行使合同解除权。两被告在签订涉案合同前，就发现存在妨碍涉案技术转让的专利申请，但并未遵循诚实信用原则，如实告知技术受让方。两被告法定代表人等虽与第三人王某舟签订了约定书，但在王某舟未按约定书的约定履行转让涉案专利申请的义务时，两被告没有采取向专利申请机关提出异议或者向法院提起相关诉讼等一切可能的法律措施来排除妨碍，根据合同约定，构成了严重违约，原告世林公司依约可以行使合同约定解除权，故对原告世林公司要求解除涉案合同的诉讼请求，应予以支持。

关于争议焦点②，如合同解除，两被告是否应承担返还已付合同价款 750 万元和违约金 750 万元的民事责任。法院认为，《合同法》第 97 条规定："合同解除后，尚未履行的，终止履行；已经履行的，根据履行情况和合同性质，当事人可以要求恢复原状、采取其他补救措施，并有权要求赔偿损失。"本案中，原告、两被告虽依约履行了部分合同义务，但金钱给付义务和技术资料返还义务，系可恢复原状之义务。现原告世林公司要求两被告返还已经给付的合同价款 750 万元，合法有据，应予支持。合同解除后，原告世林公司也须承担返还相应技术资料的民事责任。但由于原告世林公司和两被告均不要求本院在本案中就技术资料的返还作出裁判，主张由其自行协商解决，故对此不作裁判。但在合同解除后，当事人对合同所涉的转让技术依法仍具有保密义务。法院认为，《合同法》第 114 条规定："当事人可以约定一方违约时应当根据违约情况向对方支付一定数额的违约金……约定的违约金过分高于造成的损失的，当事人可以请求人民法院予以适当减少。"《最高人民法院关于适用〈中华人民共和国合同法〉若干问题的解释（二）》第 29 条规定："当事人主张约定的违约金过高请求予以适当减少的，人民法院应当以实际损失为基础，兼顾合同的履行情况、当事人的过错程度以及预期利益等综合因素，根据公平原则和诚实信用原则予以衡量，并作出裁决。""当事人约定的违约金超过造成损失的百分之三十的，一般可以认定为合同法第一百一十四条第二款规定的'过分高于造成的损失'。"根据上述法律规定，当事人虽可约定违约金，但在相对方认为违约金数额过高的情况下，法院应以实际损失为基础，综合合同履行情况、当事人的过错程度等对约定违约金是否合理予以衡量。现原告世林公司并未提供证据证明两被告违约造成了其实际损失，故对两被告提出的违约金过高的辩解意见予以采信。对于违约金的数额，本院根据公平原则和诚实信用原则，综合原告世林公司给付合同价款的实际情况、两被告在签订涉案合同前即已知妨碍存在的事实、两被告在协议书签订后至本案起诉时一直未采取法律措施排除妨碍、两被告违约的恶意程度以及违约金约定基数等因素，参考银行同类贷款利率予以酌定。据此，法院判决："一、原告苏州世林医药技术发展有限公司与被告上海颐岭投资管理咨询有限公司、苏州颐华生物医药技术股份有限公司之间的技术转让（技术秘密）合同、补充协议、合同转让协议于本判决生效之日起解除；二、被告上海颐岭投资管理咨询有限公司、苏州颐华生物医药技术股份有限公司于本判决生效之日起十日内返还原告苏州世林医药技术发展有限公司技术转让费人民币 7 500 000 元；三、被告上海颐岭投资管理咨询有限公司、苏州颐华生物医药技术股份有限公司于本判决生效之日起十日内支付原告苏州世林医药技术发展有限公司违约金人民币 1 000 000 元。"

第四节　技术许可合同

在现代市场经济中，技术许可已经成为科技成果转化和知识产权运用的一种重要方式。通过技术许可，技术所有者除了可以获得货币等方面的收益之外，技术所有者还可以以杠杆收购资源的方式，将其技术许可给特定的技术使用者，从而充分利用技术使用者相对廉价和丰富的原材料或劳动力等商业资源，并进而使自己的技术产品或服务覆盖本来不可能到达的市场，以扩大产品种类及其销售市场，迅速占领技术产品市场，增强技术产品的市场渗透力。对技术使用者而言，技术使用者的收益主要包括：①降低自身研发的风险。由于技术研发中大量不确定性的存在，而通过技术许可方式则可以避免类似风险的发生，并且从整个社会的角度看，也可以节省重复性的研发投入费用，从而间接提高技术使用者从整个社会福利增进中的获益份额。②迅速进入技术产品市场。技术使用者通过技术许可接收技术可以大幅度节约自主研发所需要的时间，从而大幅提升技术产品进入市场的速度。③提高技术研发能力。通过技术许可，特别是包含技术培训等配套服务的技术许可，技术使用者可以借助技术所有者的研发能力和经验来培训本单位的技术研发人员，以提高技术研发能力。④打破技术壁垒。技术使用者通过技术许可特别是交叉技术许可获取产品研发所需要的关键技术从而突破对方设置的技术壁垒。❶ 因此，成功的技术许可，无论是对技术所有者而言，还是对技术使用者而言，或对国家和社会而言，均是一个多赢的选择。

技术许可合同是指合法拥有技术的权利人将现有特定的技术许可给他人实施、使用所订立的合同。《民法典》第 862 条第 2 款将"技术许可合同"定义为"合法拥有技术的权利人，将现有特定的专利、技术秘密的相关权利许可他人实施、使用所订立的合同"，笔者认为这样定义技术许可合同有些不妥。因为合法拥有技术的权利人根据技术许可合同许可被许可人实施、使用的主要是"技术"，而不是"权利"。换言之，被许可人通过许可合同首先要获得的是"技术"，被许可实施、使用的也是"技术"，而非"权利"。即使在专利实施许可合同中，被许可获得的也主要是实施、使用该"专利技术"的权利，而不是实施、使用该"现有特定的专利、技术秘密的相关权利"的权利。这一点，是与技术转让合同不相同的。技术转让合同转让的主要是与"技术"有关的权利，即使在技术秘密转让中，让与人不仅要向受让人移交技术秘密信息，同时也要将与技术秘密有关的权利转移给受让人。而在技术许可合同中，合法拥有技术的权利人是否将相关权利（比如起诉侵权人的权利）许可给被许可人使用则并不确定，具体还需要看合同中是否有明确约定。

根据许可的客体的不同，技术许可合同主要可以分为专利实施许可合同和

---

❶ 岳贤平，李廉水，顾海英. 技术许可的形成机理：收益和成本观点 [J]. 科学学研究，2007 (5)：919–926.

技术秘密使用许可合同。专利实施许可合同是指专利权人与被许可人签订的有关实施使用其专利技术的合同。技术秘密使用许可合同是指技术秘密权利人与被许可人签订的有关实施使用该技术秘密的合同。

与技术转让合同不同，技术许可合同的分类体系中通常不会提到所谓的"专利申请许可合同"，其原因在于专利申请的特殊性：在专利申请之后、知识产权局公布专利申请文件之前，申请专利的技术方案可以作为技术秘密来保护，在该阶段的技术方案要许可的话，可以通过技术秘密许可的形式进行。在知识产权局公布专利申请文件之后、专利授权之前的这段时间，专利申请人对其技术方案所享有的权利是一种未定的权利，即如果该专利申请最终没有被授予专利权，该技术方案就属于公知技术，第三方在此期间即使未经许可而使用该技术方案也不构成侵权，当然也不用支付许可使用费；如果该专利申请最终被授予专利权，则专利申请人在专利授权之后有权要求发明专利申请公布日至授权公告日期间实施该发明的单位或者个人支付适当费用。另外，相关司法解释还规定，如果发明专利申请公布时申请人请求保护的范围与发明专利公告授权时的专利权保护范围不一致，被诉技术方案均落入上述两种范围的，人民法院应当认定被告在发明专利申请公布日至授权公告日期间内实施了该发明；而如果被诉技术方案仅落入其中一种范围的，人民法院应当认定被告在上述期间内未实施该发明。❶ 由此可见，如果技术使用人要使用的技术如果仅仅是已经被公布的专利申请技术，那么该使用人一般并无动力在该申请授权之前向专利申请人寻求使用许可，该使用人可以等待知识产权局的审查结果；在大多数情况下，在该专利申请被授权之后再向专利权人寻求使用许可，可能会更符合技术使用人的利益。因此，根据上述论述，我们可以看出专利申请许可合同在实践中极少存在，所以，无论是《合同法》还是《民法典》均未将专利申请许可合同单独列出。

虽然法律尚未明确将专利申请许可合同单独列出，但在实践中这类合同毕竟偶有出现，对这类合同法院并非不认可其合同效力，而是区别情况加以不同

---

❶ 《最高人民法院关于审理侵犯专利权纠纷案件应用法律若干问题的解释（二）》（法释〔2016〕1号）。

对待：第一，当事人之间就申请专利的技术成果所订立的许可使用合同，专利申请公开以前，应适用技术秘密合同的有关规定；第二，发明专利申请公开以后、授权以前，则参照适用专利实施许可合同的有关规定进行处理；第三，在专利授权以后，原合同即视为专利实施许可合同，适用专利实施许可合同的有关规定。同时，人民法院不以当事人就已经申请专利但尚未授权的技术订立专利实施许可合同为由，认定合同无效。❶

按照被许可人所获得的权利内容，技术许可又可以分为独占许可、排他许可和普通许可。独占许可，是指在合同约定的技术使用范围内，将该技术仅许可一个被许可人实施，技术所有者依约定既不得自己实施该技术，也不得再许可第三人实施该技术。排他许可，是指在合同约定的技术使用范围内，技术所有者将该技术仅许可一个被许可人实施，并约定不得再许可第三人实施该技术，但技术所有者自己可以实施该技术。普通许可，是指技术所有者将技术许可给被许可人实施，同时，技术所有者不仅有权自己实施该技术，还有权再许可第三人实施该技术。由独占许可、排他许可和普通许可的上述含义可见，对于被许可人而言，独占许可获得的有关技术的权益最多，在一定程度上相当于在许可期间内获得了有关该技术的所有权利。

当然，权利和义务是对等的，被许可人要获得独占许可，通常也需要向技术所有者支付比普通许可、排他许可更高的对价。根据笔者对业界人士的调查，一般而言，同一技术的独占许可价格是排他许可价格的 2～3 倍，是普通许可价格的 5～10 倍。特别是对专利实施许可合同而言，由于专利独占实施许可的被许可几乎相当于获得在许可期间的所有专利权，因此，专利独占实施许可价格与普通实施许可价格的差距会更大一些。

技术许可合同双方当事人应当在合同中明确约定该许可是独占许可、排他许可还是普通许可。如果技术许可合同中没有对此问题进行约定或者约定不明确，那么在发生争议时，根据司法解释的规定，该许可应该被认定为普通实施许可合同。❷ 技术许可合同对许可方式没有约定而直接认定为普通实施许可，

---

❶❷《最高人民法院关于审理技术合同纠纷案件适用法律若干问题的解释》（法释〔2004〕20号）。

比较容易理解，而且一般也不会引起争议。但是，如果技术许可合同对许可方式有约定，如果仅仅因为约定不明确，就一概地认定为普通实施许可，在某些特殊案例中可能会有所不妥。比如，由于当事人对法律上的"独占""排他"具体含义不清晰，在合同中约定是"排他许可"，而对"排他许可"进行具体解释时，有约定技术所有者不得自己实施，也不得再许可第三人实施，那么在这种情况下就以双方当事人对许可方式约定不明确为由而认定许可方式是普通许可，显然不合情理。笔者认为，在这种情况下，如果能够根据合同条款明确推论出双方当事人所约定的具体权利和义务，即使"名""实"不符，也应按照双方的约定进行认定。而如果根据合同约定，能够确定双方约定的肯定不是普通许可，但确实不能确定合同约定的是独占许可还是排他许可，在这种情况下就可以按照排他许可来认定，但不能认定为普通许可。

根据排他许可合同的含义，技术所有者除了允许被许可人实施该技术之外，技术所有者自己也有权实施该技术。对于自然人或科研机构、高等院校而言，排他许可存在一个特别的问题，就是这些主体通常不具有商业性地实施技术的能力，这样技术所有者在排他许可中所拥有的自己实施的权利可能没有实际的意义。《最高人民法院关于审理技术合同纠纷案件适用法律若干问题的解释》（法释〔2004〕20号）第27条针对此问题做了一个专门规定："排他实施许可合同让与人不具备独立实施其专利的条件，以一个普通许可的方式许可他人实施专利的，人民法院可以认定为让与人自己实施专利，但当事人另有约定的除外。"根据该条规定，作为技术所有者的科研机构、高等院校或自然人，如果自己没有亲自实施的能力，即使在技术许可合同中约定了排他许可，他们仍然有权再向第三方发放一个普通许可。这样的规定有利于技术所有者，而对排他许可的被许可人而言就需要加以特别关注，如果被许可人不希望签订排他许可合同后仍然发放普通许可，就应在排他许可合同中对此问题作出明确约定。

我国《专利法实施细则》第14条第2款规定："专利权人与他人订立的专利实施许可合同，应当自合同生效之日起3个月内向国务院专利行政部门备案。"但是该行政法规并未规定专利许可不备案或不在3个月之内备案的法律效力。

　　2011 年，国家知识产权局颁布了《专利实施许可合同备案办法》，该办法主要规定了专利实施许可合同的备案程序。该办法规定：申请备案的专利实施许可合同应当以书面形式订立，订立专利实施许可合同可以使用国家知识产权局统一制订的合同范本；采用其他合同文本的，应当符合《合同法》的规定；当事人应当自专利实施许可合同生效之日起 3 个月内办理备案手续。申请专利实施许可合同备案的，应当提交下列文件，许可人或者其委托的专利代理机构签字或者盖章的专利实施许可合同备案申请表专利实施许可合同双方当事人的身份证明；注明委托权限的委托书（委托代理机构代理备案的情况适用）；国家知识产权局自收到备案申请之日起七个工作日内进行审查并决定是否予以备案。该办法还规定，专利实施许可合同备案的有关内容由国家知识产权局在专利登记簿上登记，并在专利公报上公告以下内容：许可人、被许可人、主分类号、专利号、申请日、授权公告日、实施许可的种类和期限、备案日期。专利实施许可合同备案后变更、注销以及撤销的，国家知识产权局予以相应登记和公告。国家知识产权局建立专利实施许可合同备案数据库，公众可以查询专利实施许可合同备案的法律状态。当事人延长实施许可期限的，应当在原实施许可的期限届满前两个月内，持变更协议、备案证明和其他有关文件向国家知识产权局办理备案变更手续。关于专利实施许可合同备案的效力，该办法主要规定了一点，即"经备案的专利实施许可合同的种类、期限、许可使用费计算方法或者数额等，可以作为管理专利工作的部门对侵权赔偿数额进行调解的参照"。

　　由上可见，我国法律、行政法规和部门规章均未对专利实施许可合同备案或不备案的效力作出明确规定。因此，我们至少可以认为专利实施许可合同备案不影响专利实施许可合同的成立和生效，也就是说，只要当事人之间签订了专利实施许可合同并且双方当事人没有特别的相反约定，那么该合同就可以成立或生效。由于专利实施许可合同备案并非合同成立或生效的必要条件，同时，不备案也不会对双方当事人产生显著的影响，因此，专利许可合同双方当事人进行备案的积极性并不高。这种情况长期积累，社会公众（特别是潜在的被许可人）就难以从备案信息中获得完整权威的在先的专利许可信息，被许可人在签订专利许可合同时就会面临较大风险而犹豫不决，特别是对独占被许可人和排他被许可人而言，由于他们并不希望第三方拥有使用该技术的权利，所以，他们更希望确保其所签的合同是真正"独占"或"排他"的。当然，对于普通被许可人而言，他们也有获得全面、准确的在先许可信息的需要，因此，他们可以据此判断其所获得的普通许可的权利的价值；同时，如果专利权人在先已经签订了独占许可合同或排他许可合同，而在后潜在的被许可人在签订在后合同之前如果能够获得该信息，那么在后潜在被许可人就可以要求在先独占被许可人或在先排他被许可人出具同意在后许可的承诺，从而避免纠纷。但是，由于我国尚未建立起完善的有关技术许可登记备案的相关制度，因此，我国在这方面的纠纷也较多，法院裁判时亦困难重重。

仪征市佳和土工材料有限公司与张振某等实用新型专利实施许可合同纠纷❶，就是一个比较典型的体现我国有关技术许可信息公示制度供给不足的事例，并且引起了一系列诉讼案件。该案中，原告是仪征市佳和土工材料有限公司（简称"佳和公司"），为专利技术被许可人；被告张振某，专利权人；该案第三人兰州德科工程材料有限公司（简称"德科公司"），也是专利技术被许可人。甘肃省兰州市中级人民法院曾对该案作出（2015）兰民三初字第41号民事判决，佳和公司不服，向甘肃省高级人民法院提起上诉。经审理后，以（2017）甘民终507号民事裁定发回重审。重审后，兰州中院作出（2018）甘01民初299号民事判决，佳和公司仍不服，再次上诉至甘肃高院。

该案一审法院认定事实如下：张振某于2010年10月6日获得专利号为ZL201020130562.5的"整体式土工格室"实用新型专利权。落款日期为2011年1月1日的专利实施许可合同（简称"佳和许可合同"）记载：张振某将案涉专利以独占实施许可方式许可佳和公司在全国范围内制造、使用、销售专利产品，使用费根据该产品年销售总量按0.5元/m² 的价格于每年1月31日前一次性支付上一年度费用，期限为专利有效期内。2011年4月1日，佳和公司、张振某签订合作协议书，约定佳和公司享有专利产品的生产销售权；双方

❶ 仪征市佳和土工材料有限公司与张振武实用新型专利实施许可合同纠纷二审民事判决书，（2019）甘民终43号［EB/OL］．［2020-03-15］．http：//wenshu. court. gov. cn/website/wenshu/181107ANFZ0BXSK4/index. html？docId＝6c01e34fcbab4399a587ab38007f6f67.

享有对方对该产品销售的知情权；张振某不得再授权任何第三方生产加工该产品
但保留自己生产的权利；佳和公司向张振某支付专利使用费（含税）0.5 元/m²
（不含张振某自己销售及双方共同销售部分），每年年终结算一次，佳和公司
保证张振某销售供应按同期最低出厂价执行；佳和公司需扩大产能另行成立生
产企业，由股东王某担任法定代表人，享有同等权利义务；需双方合作完成的
项目，双方应共同讲明各自所发生的费用及未来预计费用，原则上谁负责完成
的部分其费用由谁支付，销售各半，利润各半，成本各半。双方另对销售合作
及其他权利义务进行了约定。协议书尾部由佳和公司法定代表人姜圣某及张振
某签字。落款日期为 2010 年 10 月 10 日的专利实施许可合同（简称"德科许
可合同"）约定张振某将涉案专利以独占实施许可方式许可德科公司在全国范
围内制造（使用、销售）专利产品或者使用其专利方法，期限为专利有效期
内，使用费为 20 万元/年，合同尾部由张振某签字盖章，德科公司加盖其公
章。落款日期为 2013 年 9 月 10 日并加盖佳和公司印章的《承诺书》记载：佳
和公司向德科公司承诺，鉴于张振某与德科公司的许可，于 2011 年 4 月 1 日
起对案涉专利进行生产及销售，将继续仅在江苏省范围内生产、销售该专利产
品，保证不将该专利再许可任何第三方加工、销售，自 2014 年 2 月 1 日退出
合作，不再以任何方式生产、销售实施专利技术；其与张振某签订的专利实施
许可合同仅用于安徽省合肥市中级人民法院诉讼之用，不具有真实性；若发生
侵害德科公司与张振某权利事宜，自愿承担责任并自愿接受兰州市中级人民法
院诉讼管辖。落款之处无负责人签字，仅加盖佳和公司印章。根据佳和公司申
请，一审法院依法委托司法鉴定科学技术研究所司法鉴定中心对案涉相关合
同、承诺书、协议书上的签名字迹与印文形成的先后顺序进行司法鉴定。该中
心出具司法鉴定意见认为：①检材 3（德科许可合同）的印文形成于 2012 年 9
月 28 日之后而非标称日期 2010 年 10 月 10 日，但无法判断检材 1（佳和许可
合同）上打印字迹和落款"张振某"签名字迹与德科许可合同上打印字迹和
落款"张振某"签名字迹及德科公司印文形成的先后顺序；②无法判断佳和
许可合同上打印字迹和落款"张振某"签名字迹与检材 4（落款日期为 2013
年 9 月 10 日的承诺书）上打印字迹和佳和公司印文形成的先后顺序；③无法
判断检材 2（落款日期为 2011 年 4 月 1 日的合作协议书）上打印字迹和落款

"张振某"签名字迹与德科许可合同上打印字迹和落款"张振某"签名字迹形成的先后顺序。

一审法院另查明，德科公司法定代表人郗晓某与张振某系夫妻关系，张振某系德科公司实际控制人。张振某、佳和公司作为共同原告起诉路桥公司侵害实用新型专利权纠纷案，安徽省合肥市中级人民法院于 2013 年 11 月 29 日作出（2013）合民三初字第 00189 号民事判决，在"本院认为"部分认定专利权人张振某及独占许可人佳和公司作为案件原告的诉讼主体适格。2014 年 10 月 30 日，一审法院受理德科公司起诉佳和公司、第三人张振某专利实施许可合同纠纷一案，佳和公司提出管辖权异议被裁定驳回，佳和公司不服提出上诉，二审期间佳和公司撤回上诉，德科公司撤回起诉。2015 年 7 月 20 日，德科公司再次向该院起诉张振某、佳和公司专利实施许可合同纠纷并于同年 9 月 28 日再次申请撤诉被准许。

该案一审主要争议焦点是：佳和公司是否自 2011 年 1 月 1 日起享有张振某"一种整体式土工格室"实用新型专利的独占实施许可权，其独占实施许可要求是否有证据支持。独占实施许可是指被许可方在合同约定的期限和地域范围内，独占性拥有许可方专利使用权，许可方或任何第三方都不得同时在该范围内具有对该项专利技术使用权的一种许可。该案中，佳和许可合同虽载明许可类型为独占实施许可，但 2011 年 4 月 1 日佳和公司与张振某签订的合作协议书第 1 条第（三）项又有"张振某不得在（再）授权任何第三方生产加工该产品但保留自己生产的权利"的内容，该内容与前述许可合同约定的许可类型相互矛盾且有悖于专利独占实施许可的法律规定。即便佳和公司提交相应证据证明其在签订许可合同后购买设备、投入资金组织生产、制造和销售案涉专利产品并与德科公司存在银行交易流水明细和购销专利产品行为，但该行为仅能证明佳和公司事实上进行了与案涉专利相应的生产销售行为，并不能证明其已取得案涉专利的独占实施许可权。佳和公司、张振某所签系列协议之间与德科公司和张振某所签专利实施许可合同反映案涉专利许可性质混乱，加之佳和公司于 2013 年 9 月 10 日出具的承诺书内容中既有认可德科公司取得专利独占实施许可权，也有否定佳和公司独占实施许可权的内容，司法鉴定意见并不能得出承诺书中印文时间与标称日期的先后顺序，即在不能否定佳和公司与张振某签订的合作协议书，2012 年 3 月 11 日姜圣某、佳和公司、许维某、徽风公司及张振某签订的合作协议，佳和公司出具的承诺书及张振某与德科公司所签专利实施许可合同的真实性以及不能确定佳和公司与张振某签订的专利实施许可合同实际履行的情形下，根据《最高人民法院关于适用〈中华人民共和国民事诉讼法〉的解释》第 90 条"当事人对自己提出的诉讼请求所依据的事实或者反驳对方诉讼请求所依据的事实，应当提供证据加以证明，但法律另有规定的除外。在作出判决前，当事人未能提供证据或者证据不足以证明其事实主张的，由负有举证证明责任的当事人承担不利后果"的规定，在佳和公司不能充分提供其对案涉专利享有独占实施许可权证据的情形下，应由佳和公司对其诉请承担举证不能的不利后果。因此，一审法院认为佳和公司要求确认其自 2011 年 1 月 1 日起对张振某专利号为 ZL201020130562.5 的"一种整体式土工格室"实用新型专利享有独占实施许可权的诉讼请求证据不足，不予支持。

二审审理中，张振某及德科公司未提交证据，佳和公司提交证据两份。①张振某在其与佳和公司诉路桥公司侵犯实用新型专利权纠纷一案中提交佳和许可合同复印件，拟证明：张振某在该案中举证该合同用于证明佳和公司为案涉专利独占实施许可权人，此事实已作为该案定案依据。该合同与佳和公司提交的内容一致，只是落款处签名不同。②前述路桥公司案 2013 年 11 月 4 日开庭笔录复印件一份，拟证明：经张振某特别授权的代理律师陈长某当庭陈述佳和公司享有案涉专利独占实施许可权，该陈述代表张振某本人且经其认可，应属其自认。该笔录可覆盖在先形成的承诺书。经质证，张振某认为，该两份证据不属新证据，佳和公司在重审一审时即可提交，对其真实性不予认可。路桥公司案留存的专利实施许可合同中"乙方"处空白，但佳和公司在案涉专利其他诉讼中提交的该合同均加盖其印章。此次二审提交的无印章的合同恰好印证该合同当时只是为了赋予佳和公司原告资格而签；陈长某律师仅是为了证明佳和公司主体适格而非确认其享有独占实施许可权；承诺书由姜圣某于 2014 年交付张振某，系双方真实意思表示。经审查，该两份证据在本案历次一审卷宗中均已记录在卷，不属新证据。

佳和公司另申请案外人×××出庭作证，该院予以准许。该证人出庭陈述：其为佳和公司财务管理人员。2013 年 9 月至 2014 年 1 月 24 日，佳和公司陆续将销售款打入其银行卡并分七次由该卡向张振某支付 1 330 万元专利许可使用费，张振某收款后仅作口头回复而未出具收据。但对于佳和公司向其交付该 1 330 万元的事实，×××称无证据证明。

二审查明的事实与一审一致，甘肃省高级人民法院予以确认。甘肃省高级人民法院另查明，佳和公司与张振某、德科公司或其他案外人曾就案涉专利在全国多省市进行诉讼，除一审判决所述路桥公司案以及其他尚未审结案件外，本案另涉及如下诉讼：2015 年，杰奥玛克公司以张振某为被告，以德科公司、佳和公司为第三人诉请要求确认其享有案涉专利普通实施许可权。该案经安徽省合肥市中级人民法院、安徽省高级人民法院审理并经最高人民法院再审，最终以（2017）最高法民申 4812 号民事裁定对其诉请权利予以确认。

同时，甘肃省高级人民法院还查明，佳和公司曾分别以杰奥玛克公司和徽风公司以及杰奥玛克公司和路桥公司为被告向安徽省合肥市中级人民法院提起侵害实用新型专利权纠纷诉讼。在该两案诉讼以及该案重审中，佳和公司提交佳和许可合同与其在前述路桥公司案及此次二审中提交的专利实施许可合同相比，合同主文内容相同，但文本格式与尾部落款不同，差别在于：路桥公司案留存法院及此次二审提交的合同文本字号较小，纸张错位处未骑缝加盖佳和公司印章，落款"乙方"处空白，而前述两案留存法院及该案重审时提交的合同文本字号则较大，纸张错位处骑缝加盖佳和公司印章，落款处亦加盖印章并有"王某"签名。

根据双方诉辩情况及庭审查明的事实，甘肃省高级人民法院总结该案二审争议焦点为：佳和公司是否自 2011 年 1 月 1 日起享有张振某"一种整体式土工格室"实用新型专利的独占实施许可权。

甘肃省高级人民法院认为，该案中，佳和公司诉请其依法享有案涉专利独占实施许可权的主要依据为其与张振某于 2011 年 4 月 1 日签订的合作协议书、佳和许可合同以及案外人张宇某向张振某支付 1 330 万元的银行明细等。对于合作协议书的真实性，佳和公司和张振某均予认可。该合作协议书约定"张振某不得再授权任何第三方生产加工该产品但保留自己生产的权利"。根据《最高人民法院关于审理技术合同纠纷案件适用法律若干问题的解释》第 25

条的规定，该合作协议书因其条款中"但保留自己生产的权利"的约定而应归属于排他实施许可合同，佳和公司依据该合作协议书主张其享有案涉专利独占实施许可权的上诉理由不能成立，法院不予支持。

对于佳和许可合同，佳和公司和张振某均认可该合同实际签订于 2013 年 9 月 10 日。合同载明案涉专利许可方式为独占实施许可，有效期为专利有效期内。但张振某认为该合同仅为便于路桥公司案诉讼所用，从而否认其真实性。佳和公司认为经张振某特别授权的律师陈长某在路桥公司案中的陈述应视为张振某对佳和公司享有案涉专利独占实施许可权的自认，并据此向法院提交免除举证责任申请书。经查，该案判决虽在"本院认为"部分认定"专利权人张振某及独占许可人佳和公司作为案件原告的诉讼主体适格"，但并未支持佳和公司的诉讼请求，且佳和公司是在路桥公司对其原告资格提出异议的情形下才补充提交了该专利实施许可合同。如前所述，该合同与佳和公司在安徽省合肥市中级人民法院在后提起诉讼的两案以及该案重审中所提交的专利实施许可合同内容相同，但文本格式和尾部落款并不一致；从形成时间来看，该合同晚于前述双方在先形成的合作协议书，且内容与协议书相互冲突。

为证明其以独占实施许可人身份实际履行前述专利实施许可合同，佳和公司一审提交了设备购置发票、厂房设备照片和德科公司买受佳和公司所产专利产品的送货单等。但上述证据仅能证明佳和公司进行了与案涉专利相关的生产销售行为，不能证明其已取得案涉专利独占实施许可权。佳和公司另提交其向张振某支付 1 330 万元的银行明细，拟证明其已支付案涉专利许可使用费。对此问题，已生效的安徽省合肥市蜀山区人民法院（2015）蜀民二初字第 00042 号民事判决、兰州市中级人民法院（2017）甘 01 民终 3773 号民事判决及一审法院依职权调取的东铁公司企业状态信息及准予变更登记通知书均可确认张振某所述东铁公司已实际成立，×××为该公司财务总监。×××此次二审中对其在东铁公司产品定价、报价及排产实施办法、东铁公司资产负债表等文件中的签字亦当庭予以确认；佳和公司虽提交经由×××账户向张振某支付 1 330 万元的银行明细，但其对于该 1 330 万元由佳和公司向×××账户支付的证据未能举证，×××此次二审亦当庭陈述对此不能提交相应证据，而张振某账户则反映其与×××之间亦存在其他款项往来；佳和公司认为实际签订于 2013

年 9 月 10 日的专利实施许可合同落款为 2011 年 1 月 1 日系双方对其独占实施许可权利的追溯，但其提交的 1330 万元的银行支付明细起始于 2013 年 9 月，此与该专利实施许可合同约定的 "乙方根据全年该产品的销售数量，按 0.5 元/m² 于每年的 1 月 31 日前一次性支付上一年度的专利使用费" 的许可费支付办法不相一致；按照该许可费支付方法，需年销售量达到 2 660 万平方米时张振武方能获得 1 330 万元专利许可费，佳和公司对此未予举证，×××亦当庭陈述其对案涉专利产品具体销量不知；对于该 1 330 万元巨额款项，佳和公司并未提交张振某出具的收据，而×××所作 "张振某每次收到款项后仅作口头答复而未出具收据" 的陈述亦有悖情理，有违财务管理制度。因此，在无其他证据予以印证的情形下，本院对于佳和公司关于该 1330 万元系其向张振某支付的专利许可使用费的主张不予支持。

为反驳佳和公司诉讼请求，张振某提交落款时间为 2013 年 9 月 10 并加盖佳和公司印章的承诺书。该承诺书载明佳和公司认可其与张振某订立佳和许可合同并非真实有效，而是为便于双方起诉路桥公司所用，且自 2014 年 2 月 1 日起退出与张振某的合作，不再实施案涉专利。上述内容与案涉相关事实吻合：第一，佳和公司与张振某确于 2013 年 9 月 9 日作为共同原告提起路桥公司案诉讼，佳和公司在路桥公司对其诉讼主体资格提出异议时才补充了该专利实施许可合同，该案留存案卷的专利实施许可合同与前述佳和公司在后提起诉讼的两案中以及本案重审中所提交的合同文本格式和尾部落款不相一致；第二，前述佳和公司与张振某于 2011 年 4 月 1 日所签合作协议书并未约定合作期限，在该协议未终止或予以解除的情形下，并无就案涉专利再行订立独占实施许可合同的必要；第三，作为案涉专利权人和德科公司实际控制人，张振某在明知承诺书相对方为德科公司的情形下并未就此提出异议；第四，为赋予佳和公司在路桥公司案中的适格原告资格，张振某向其出具落款日为 2011 年 1 月 1 日的专利实施许可合同，作为自身权利保障，张振某要求佳和公司出具与该许可合同实际签订日期相同但内容截然相反的承诺书亦符合常理；甘肃政法学院司法鉴定中心（2015）甘政司（文）鉴字第 006 号鉴定书载明承诺书中佳和公司印章真实，司法鉴定科学技术研究所司法鉴定中心的鉴定意见亦不能证明该承诺书系伪造；前述杰奥玛克公司案一审至再审三级法院生效法律文书均对杰奥玛克公司享有案涉专利普通实施许可权予以确认。

佳和公司对承诺书落款处其公司印章的真实性并不否认，但其认为该承诺书的内容系张振某在以投标经办之名获取佳和公司寄送的加盖其印章的空白A4纸后填写内容伪造而成。为证明其主张，佳和公司提交了德科公司员工雷建某2013年8月28日的短信、邮政回执以及路桥公司案中陈长某律师和佳和公司股东王某的电脑文档界面并在重审一审时申请证人×××出庭作证。经查，雷剑某的短信仅记载"寄河北省邢台市××街203－2彦霖商务酒店，雷剑某"字样，邮政回执亦未反映所寄文件内容，该短信和邮政回执与本案关联性不足；×××系佳和公司员工，与该公司具有利害关系，且其"向德科公司邮寄了加盖佳和公司印章的空白A4纸"的证言与雷剑某短信内容及佳和公司所主张的投标经办用途未能相互印证；陈长某律师和王某的电脑文档界面未经公证，且该文档界面仅留存有专利实施许可合同文稿的事实并不能直接证明双方未于当日签订承诺书，即与该承诺书是否实际出具并无关联；公司印章代表公司对其所签文件内容法律效力的确认。在无相反证据足以推翻文件内容的情形下，应认定印章确认的内容系公司真实意思表示。作为运作多年的企业主体，佳和公司及其法定代表人理应预见到向相对人出具加盖印章的空白A4纸张可能产生的商业风险，即便其应德科公司要求寄送加盖印章的空白A4纸张，亦应履行相应的监管义务；司法鉴定科学技术研究所司法鉴定中心鉴定意见认为对该承诺书上的打印字迹与佳和公司印文的先后顺序无法判断，即该承诺书印文与内容形成的先后顺序无法鉴定。根据前述分析与认定，佳和公司提交的证据不足以推翻和否定该承诺书内容。因此，甘肃省高级人民法院终审判决佳和公司的上诉理由不能成立，应予驳回。

根据许可人是否为技术所有者的判断标准，技术许可还可以分为一手许可和分许可（Sub－license）。一手许可是指由技术所有者直接向被许可人颁发的许可，前面谈到的绝大多数技术许可均是一手许可。分许可也被称为再许可，是指被许可人从获得使用技术的许可之后再向第三方颁发的技术使用许可。通常而言，被许可人根据技术许可合同只能获得自己使用该技术的权利，即使是独占许可或排他许可的被许可人，如果没有明确的约定，他们也没有向第三方颁发分许可的权利。只有在技术所有者明确授权的前提下，被许可人才可以向他人颁发分许可。

分许可主要存在于以下两种情况：一是被许可人获得的是独占许可或排他许可权利。在这种情况下，由于技术所有者不能再向第三方颁发许可，而被许可人又可以独占有关该技术使用的权益，因此，被许可人可能一并要求获得进行分许可的权利。二是被许可人是大型公司。在这种情况下，如果许可人是科研机构、高等院校和自然人，由于这些技术所有者本身通常没有技术实施能力，而这些大型公司又通常有数量众多的母公司、子公司、孙公司等关联公司，这些大型公司通常希望在获得技术许可之后，其关联公司亦可以使用该技术，因此，在大型公司与科研机构或高等院校之间签订的技术许可合同中通常包括分许可条款。科研机构或高等院校在签订这类技术许可合同时要特别注意这些条款，确定被许可人到底在什么范围、什么程度内使用该技术，进而合理评估技术许可的价格，获得公平的合同对价。

第五节　技术咨询合同

在社会生活中，我们需要时时刻刻进行决策。决策是一个复杂的思维操作过程，是信息搜集、加工，并最终作出判断、得出结论的过程。正确的决策对于事业成功具有重要、甚至决定性的作用。因此，市场主体在进行重要决策之前，必须进行大量的调查、分析，获得全面、准确的信息。在很多场合，市场主体需要借助外部智力资源为其决策提供咨询性建议。一类重要的咨询就是技术咨询。技术咨询是指对特定技术项目提供的可行性论证、技术预测、专题技术调查、分析评价等咨询活动。

技术咨询合同就是指当事人一方以技术知识为对象就特定技术项目提供可行性论证、技术预测、专题技术调查、分析评价报告等所订立的合同。可行性论证指对项目的技术先进性和经济合理性进行综合分析和论证，以期达到最佳经济效果的工作方法。一般分为机会研究、初步可行性研究和技术经济可行性研究三个阶段。现代可行性论证的关键问题往往在于技术的成熟性、经济的合理性以及技术应用范围、条件和预期的经济效益、社会效益作出正确的分析和评价。技术预测是为了实现某种技术目的，根据已有技术知识，对如何实施和控制事件过程进行的预先计算或断定。在一项技术产品的实现过程中，包含着这样一个逻辑过程：技术目标—技术预测—技术手段。技术预测是技术实现过程中的隐含推动者。❶ 专题技术调查，就是指对某项特定技术从技术、经济等方面进行的检索、调研和分析活动。分析评价，是指利用技术知识对某一事项进行的分析和评价活动。

在技术咨询合同中，委托方的义务主要包括如下内容：第一，阐明需要咨询的问题。需要咨询的问题应当具体、明确。在签订技术咨询合同时，委托方可能对要咨询的问题仅有一个宏观的或概括性的认识，在这种情况下，当事人双方就应约定在合同履行过程中进一步明确要咨询问题的程序和方法；同时，还应约定在最终确定的需要咨询问题的工作量远远超出双方预测的情况下，解决问题的方式，比如增加咨询费或解除合同等。第二，提供技术背景材料及有关技术资料、数据等相关资料。委托方提供全面的、可靠的相关资料和信息，对于提升技术咨询的准确性、可信性具有重要作用，与受托方完成工作成果的质量密切相关。委托方迟延提供合同约定的数据和资料，或者所提供的数据资料有严重缺陷，影响工作进度和质量的，支付的报酬不得追回，未支付的报酬应当支付；委托方逾期不提供或者补充有关技术资料和数据、不提供必要的工作条件，导致受托方无法开展工作的，受托方有权解除合同，委托方应当支付违约金或赔偿损失。第三，接受受托人的工作成果并支付合同约定的报酬。委托人不接受或者逾期接受工作成果的，支付的报酬不得追回，未支付的报酬应当支付。

技术咨询合同中受托方义务主要包括如下内容：第一，技术咨询合同的受托人应当按照约定的期限完成咨询报告或者解答问题，受托方应该根据合同约定准确地立题。面对纷繁复杂的事实，受托方应在系统全面考虑的基础上，抓住问题的实质和核心。在技术咨询的立题方面，受托方既不能主题过于宏大，使人摸不着边际，缺乏实用性，又不能过于狭窄，使咨询方案缺乏血肉而难以

---

❶ 吴国林，程文. 技术预测的哲学分析 [J]. 自然辩证法研究，2020，36（2）：114－118.

获得支撑。同时，委托方在立题时，应特别注意与委托方的密切沟通，即使合同中没有明确约定与委托方沟通的频率和具体要求，委托方在立题阶段也必须勤勉地与委托方进行交流，以确保咨询工作方向真正地按照委托方的实际、真实的需求开展，进而避免双方不必要的损失。第二，在技术咨询工作中，受托人应当保持独立性、客观性和公正性，遵循实事求是、尊重科学、服从真理的原则，遵守行业公认的工作规范和职业道德，勤勉尽责地向受托人提供技术咨询服务。第三，按照合同约定的期限向委托人提交咨询报告，并达到约定的要求。技术咨询合同的受托人未按期提出咨询报告或者提出的咨询报告不符合约定的，应当承担减收或者免收报酬等违约责任。技术咨询不符合约定，主要是指如下情况：受托方在咨询活动中弄虚作假，欺骗委托方；受托方敷衍塞责、草率从事，导致咨询报告质量低劣；由于受托方自身科学技术水平有限，作出的咨询报告在研究方法、研究路径、计算方法等方面存在明显的失误；受托方受到他人的干扰，作出的咨询报告缺乏应有的客观性和公正性；受托方在工作中，与他人恶意串通，损害委托方利益，等等。❶

如果对委托方而言，其支付了咨询费用，而咨询报告却没有在决策过程中起到重要参考作用，那么，委托方可能就会认为该咨询报告没有价值。由于技术咨询合同的工作成果——咨询报告具有很强的主观性，通常难以准确评价其质量或价值，因此，委托方可能就会对技术咨询项目举棋不定。为了解除委托方的顾虑，也为了避免双方当事人对咨询报告的评价问题产生不必要的纠纷，有的技术咨询合同将委托方支付咨询费的条件约定为与技术咨询有关的其他事项成立条件。

在江苏新世界信息科技有限公司（简称"新世界公司"）与北京瑞华赢科技发展有限公司（简称"瑞华赢公司"）技术咨询合同纠纷一案❷中，原告新世界公司诉称：2010 年 4 月 12 日，双方签订了《苏州轨道交通项目技术咨询服务合同书》，约定由新世界公司提供苏州轨道交通项目中标前有关信息、技术及资源的咨询服务，并努力促成瑞华赢公司中标。新世界公司在瑞华赢公司

---

❶ 周大伟. 试论技术咨询合同［J］. 法学研究，1989（1）：29－33.

❷ 江苏新世界信息科技有限公司与北京瑞华赢科技发展有限公司技术咨询合同纠纷二审民事判决书，（2014）苏知民终字第 0139 号。

中标后，成为瑞华赢公司 EIIS 交换产品的唯一供货商。合同约定瑞华赢公司应在项目实施完毕通过验收后完成利润决算，并按其所得利润的 40% 向新世界公司支付技术咨询费，如瑞华赢公司逾期未完成决算的，则按中标价 15% 向新世界公司支付技术咨询费。合同签订后，新世界公司履行了合同义务，协助瑞华赢公司于 2011 年在苏州市轨道交通一号线项目中顺利中标，中标价格为 1 887 万元，但被告瑞华赢公司并没有按照合同的约定向新世界公司支付技术咨询费。

被告瑞华赢公司辩称，虽然双方签订了合同，但是新世界公司并未为瑞华赢公司方提供咨询服务，双方之间实为居间合同关系。瑞华赢公司中标并签订合同的项目与涉案技术咨询合同不存在关联性。即便新世界公司向瑞华赢公司提供了相关的技术咨询服务，根据双方合同约定，瑞华赢公司应在项目实施完毕后拿到验收报告进行利润结算后，再向新世界公司支付所得利润 40% 的技术咨询费用，但根据瑞华赢公司与业主签订的采购项目合同，业主尚未出具验收报告，没有达到技术咨询合同中约定的付款条件，新世界公司不能按照中标价的 15% 向瑞华赢公司主张技术咨询费。

该案经过苏州市中级人民法院和江苏省高级人民法院两审终审后认为：涉案技术咨询合同约定，如果瑞华赢公司中标，其应当按所得利润的 40% 向新世界公司支付技术咨询费用。如果逾期未完成决算，新世界公司有权直接按中标价的 15% 向瑞华赢公司主张技术咨询费用。因此，在新世界公司依约完成技术咨询义务后，瑞华赢公司是按中标价的 15% 还是按所得利润的 40% 支付技术咨询费，关键在于瑞华赢公司是否按期完成决算。根据合同约定，瑞华赢公司应当在项目实施完毕通过验收后完成所得利润决算，向新世界公司出具双方认可的决算报告（10 日内）。瑞华赢公司上诉认为这里的 10 日是指决算后 10 日内出具报告，并非验收后 10 日内完成决算。一般而言，由于项目费用早已产生，有关单据和凭证业已存在，因此项目通过验收后，有关主体能够在 10 日内完成决算。瑞华赢公司认为验收后 10 日内完成决算不符合惯例和通行做法，但未提供相关证据证实。而且，更为重要的，苏州市轨道交通集团公司向一审法院回复称涉案项目于 2011 年 12 月 27 日已通过验收并通知了瑞华赢公司。但此后，尽管新世界公司发函催促瑞华赢公司及时决算并出具决算报告，瑞华赢公司却一直未积极组织决算工作，直至一审诉讼中才委托有关机构对涉案中标项目审计，并于 2013 年 3 月 15 日出具报告书。因此，即便无法在验收后 10 日内完成决算，瑞华赢公司也远远超出了进行决算并出具决算报告的合理期间以及新世界公司给予的宽限期。被告理当依约向新世界公司支付中标价 15% 的技术咨询费。

第六节　技术服务合同

《合同法》所定义的技术服务合同，是当事人一方以技术知识为对方解决特定技术问题所订立的合同，但不包括承揽合同和建设工程合同。因此，《合同法》中的技术服务的主要内容包括设计或改进产品结构、工艺流程、进行工程计算、产品或材料鉴定、理化或生物测试与分析、情报收集、检索、整理等。❶ 所要解决的技术问题包括：需要运用专业技术知识、经验和信息解决的有关改进产品结构、改良工艺流程、提高产品质量、降低产品成本、节约资源能耗、保护资源环境、实现安全操作、提高经济效益和社会效益等专业技术问题。因此，技术服务合同的主要目的在于通过技术服务，使委托人获得相关技术产品、生产设备，提高产品质量和生产效率，降低产品成本，节约资源能耗，保护环境，实现安全操作，提高经济效益和社会效益等。

技术服务合同与技术开发合同和技术咨询合同有着密切的联系。技术开发是以发明新技术、新产品、新工艺、新品种或者新材料及其系统为目标的研究开发活动，技术开发合同的受托方当事人本质上是以自身的技术知识为委托方当事人提供上述研究开发服务活动。技术咨询是指就特定技术项目提供可行性论证、技术预测、专题技术调查、分析评价报告的智力活动。技术咨询合同的受托方本质上是以自身技术知识为委托方提供可行性论证、技术预测、专题技术调查、分析评价的服务活动。

因此，从概念逻辑上来讲，技术开发合同和技术咨询合同，在本质上应属

---

❶ 周大伟. 再论技术服务合同的法律特征 [J]. 科学管理研究，1989（1）：33 - 37.

于广义的技术服务范畴。但是，考虑到技术开发的目标在于获得新的发明创造，技术咨询的目标在于获得具有参考价值的咨询性意见，二者在合同目标和权利义务等方面均有一定特殊性和重要性，因此，《合同法》才将二者单独列出，作为不同的有名合同。所以，为了使法律上技术合同的分类能够达到自洽，《合同法》中技术服务合同的外延就需要进行限缩，将技术开发合同、技术咨询合同扣除出去，这样《合同法》意义上的技术服务合同就是狭义上的、范围较小的一类技术服务合同。

之所以要对技术服务合同与技术咨询合同、技术开发合同进行上述概念逻辑分析，主要是因为技术服务合同、技术咨询合同、技术开发合同均涉及科研能力转化，或者说，这几类合同都是科研能力转化的法律形式。技术开发合同、技术咨询合同、技术服务合同均是作为受托方的市场主体利用自身的科研能力为委托方提供智力服务，并分别向委托方提供新的发明创造、咨询报告或其他无形的服务及成果。如果受托方在利用自身科研能力进行技术开发、技术咨询或技术服务时，并没有利用其已有的科技成果或者其在提供智力服务之初就没有智力成果，那么受托方的行为就是单纯的科研能力转化，而不涉及科技成果转化。如果受托方在进行技术开发、技术咨询或技术服务时，不仅利用了自身的科研能力，而且还利用了自身已有的科技成果，那么，受托方的行为既属于科研能力转化，也属于科技成果转化。

而在单纯的技术转让合同和技术许可合同中，由于技术所有者除了向受让人或被许可人提供技术或授权之外，并不涉及运用自身科研能力问题，所以，单纯的技术转让合同或技术许可合同就仅涉及科技成果转化，不涉及科研能力转化。当然，在实践中，单纯的技术转让合同、技术服务合同相对来说比较少见，因为有很多受让人或被许可人为了有效地使用或实施合同技术，还需要技术所有者提供技术咨询、技术培训、技术服务，甚至进一步的技术开发服务。《最高人民法院关于审理技术合同纠纷案件适用法律若干问题的解释》（法释〔2004〕20号）第34条规定："当事人一方以技术转让的名义提供已进入公有领域的技术，或者在技术转让合同履行过程中合同标的技术进入公有领域，但是技术提供方进行技术指导、传授技术知识，为对方解决特定技术问题符合约定条件的，按照技术服务合同处理，约定的技术转让费可以视为提供技术服务的报酬和费用，但是法律、行政法规另有规定的除外。依照前款规定，技术转让费视为提供技术服务的报酬和费用明显不合理的，人民法院可以根据当事人的请求合理确定。"该规定也在一定程度上说明了技术转让合同与技术服务之间的密切关系。

与技术咨询合同类似，双方当事人都会感觉难以撰写的技术服务合同条款是所要解决的技术问题条款。在相当一部分案件中，在签订技术服务合同时，双方当事人对所要解决的技术问题可能都难以进行具体、清楚的描述。在这种情况下，就需要双方当事人在合同中约定分阶段确定要解决的技术问题，甚至按阶段和工作量确定技术服务费。比如，一台大型仪器设备停止运转了，那么让受托方进行检测和修复，需要受托方检测出该仪器设备哪个部件出现了问题、出现了什么问题、应如何修复并加以修复。如果该仪器设备有成千上万个部件，各个部件的价格也存在巨大差别，如果技术服务合同仅约定一个单一价格，有可能导致价格畸高，也可能导致价格畸低。这样，双方当事人都可能存在很多风险。在双方对所要解决的技术问题都没有把握的情况下，双方通过技术服务合同约定不同阶段的目标和服务费用计算方式，可以有效降低双方当事人的潜在风险，达到互利双赢。

在技术服务合同中，委托人的主要义务是按照约定提供工作条件，完成配合事项；接受工作成果并支付报酬。技术服务合同的委托人不履行合同义务或者履行合同义务不符合约定，影响工作进度和质量，不接受或者逾期接受工作成果的，支付的报酬不得追回，未支付的报酬应当支付。受托人的主要义务是按照约定完成服务项目，解决技术问题，保证工作质量，并传授解决技术问题的知识。受托人未按照约定完成服务工作的，应当承担免收报酬等违约责任。同时，技术服务合同对受托人正常开展工作所需费用的负担没有约定或者约定不明确的，则由受托人负担。

需要注意的是，无论是技术服务合同，还是技术咨询合同，委托方提供相关技术资料或经营信息和受托方提交的技术服务成果或咨询报告，都有可能对委托方的生产经营具有重要作用，一旦泄露可能导致委托方遭受重大损失，因此，委托方通常会格外重视其相关技术资料、经营信息或技术服务成果、咨询报告的保密责任，并且会在合同中对受托方约定较重的保密义务和违约责任。

客观地说，委托方的上述关切是必要的，也是合理的，受托方在履行合同过程中尤其要重视保密工作。上海耶里夏丽餐饮管理有限公司（简称"耶里夏丽公司"）与北京北大纵横管理咨询有限责任公司（简称"北大纵横公司"）等技术服务合同纠纷一案，就是一起受托方违反保密义务而导致重大损失的案例。该案中，原告耶里夏丽公司（甲方）在 2013 年 11 月，就其餐饮连锁经营管理体系咨询项目与北大纵横公司（乙方）签订了《技术服务合同书》一份，约定合同总价款 112.5 万元，并约定乙方如违反本合同保密义务，甲方有权要求乙方按照本合同总金额的两倍向甲方支付违约金等。之后，钱某某（本案第三人），即上述合同约定的乙方项目总监之一，按约参与了涉案技术服务项目。甲方按合同约定向乙方支付了合同价款。

2014 年 9 月，北大纵横公司通过电子邮件向耶里夏丽公司提交了合同约定的全部"最终成果"。耶里夏丽公司在此期间发现钱某某参与投资的某公司在涉案合同履行期间已由原来经营铁板面转型主营新疆菜，且其经营的新疆菜以及相关的经营方式也与耶里夏丽公司及北大纵横公司提供的"最终成果"中建议耶里夏丽公司调整发展的经营方式基本相同。因此，原告向法院起诉，要求被告按照合同约定承担违反保密义务的违约责任。被告辩称，钱某某在西安等地经营的新疆菜馆，其经营方式等均是由市场公开信息及自身阅历经验等所形成，并非是北大纵横公司透露了耶里夏丽公司内部情况及合同约定的"最终成果"，故被告无任何违约行为。

该案经上海市黄浦区人民法院审理后认为，被告北大纵横公司违反了涉案合同第 8 条的约定，构成违约，按约应当承担相应的违约责任。鉴于耶里夏丽公司未提供其因北大纵横公司违约造成的实际损失以及相应的预期利益损失，而合同约定的违约金数额又系合同总金额的两倍，明显高于正常商业风险的合理范围，对北大纵横公司违约行为的惩罚来说过于严厉。故根据公平原则和诚实信用原则，综合涉案合同的履行情况、当事人的过错程度、双方缔约地位的强弱，并考虑到涉案被"透露"成果部分在整个咨询报告中的占比情况等因素，酌情予以调整，判令北大纵横公司承担违约责任 30 万元。一审判决后，原告耶里夏丽公司认为违约金调整不当，提起上诉。上海知识产权法院经审理后认为，综合考虑涉案合同、约定违约金的性质、合同双方的地位、当事人过错程度、违约行为造成的损害以及市场预期利益等因素，涉案合同约定的违约金不应予以调整，故改判北大纵横公司承担违约金 225 万元。❶

❶ 凌宗亮. 合同约定两倍违约金是否过高——上海耶里夏丽餐饮管理有限公司与北京北大纵横管理咨询有限责任公司等技术服务合同纠纷案 ［C］. 上海市第三中级人民法院（上海知识产权法院）文集上海市法学会，2019，16：581－586.

第四章 科技成果转化与国有资产管理

2015 年修改《促进科技成果转化法》的一项重要内容就是解决科研机构或大学转化科技成果或运用知识产权过程中的国有资产管理问题。国有企业的科技成果及其知识产权权属、运营等管理问题，可以通过《中华人民共和国企业国有资产法》（简称《企业国有资产法》）解决。关于国有科研事业单位和高校的科技成果及其知识产权管理权限问题，由于在《促进科技成果转化法》修改之前财政部国有资产相关管理办法未将有形财产（包括其他货币性资产）和科技成果及其知识产权进行区别对待，严重阻滞了国有科研单位和高校科技成果转化工作。因此，2015 年《促进科技成果转化法》的一大亮点就是打破科研事业单位科技成果转化和知识产权运用的主要体制障碍，以促进科技成果及其知识产权更顺畅地向市场转化。

第一节 国有企业财产法律性质辨析

我国科研机构科技成果转化和知识产权运用之所以存在制度性障碍，与我国尚未形成清晰的科研机构财产权理论密切相关。《科技进步法》第 20 条第 1 款规定："利用财政性资金设立的科学技术基金项目或者科学技术计划项目所形成的发明专利权、计算机软件著作权、集成电路布图设计专有权和植物新品种权，除涉及国家安全、国家利益和重大社会公共利益的外，授权项目承担者依法取得。"因此，一些科研机构的负责人经常会问：既然《科技进步法》已经规定科研机构研发成果的知识产权由科研机构取得，那么科研机构转化运用知识产权为何还要层层审批，科研机构对其科技成果知识产权所拥有的到底是所有权，还是仅仅拥有占有使用权？其实，对于科研机构知识产权是所有权还是占有使用权相类似的问题，早在 20 世纪 80 年代国有企业的经营者就一直在思考和追问。同时，20 世纪八九十年代，我国理论界对于国有企业对其财产所享有的是使用权、经营权还是所有权，国家对国有企业财产是否拥有所有权等问题也一直在进行激烈争论。梳理国有企业财产权理论发展脉络，对于解决科研机构知识产权法律性质问题具有借鉴意义。

20 世纪 80 年代，由于我国社会主义市场经济体制尚未形成，计划经济思想仍然根深蒂固，所以我国法律学者对国有企业财产法律性质的认识仍带有计划经济色彩。李开国认为国家应对国有企业财产拥有所有权，国有企业对企业财产享有用益权，包括依法占有、使用、处分的权利。❶ 崔勤之认为国营企业对其财产享有经营管理权，而这种经营管理权是一种类似物权性质的新型财产权。"财产权是指具有经济内容的权利。经营管理权是国营企业对其财产所享有的权利，它具有经济内容，因而国营企业的经营管理权是财产权。这种财产权又具有物权的某些特征。物权是对物直接管理并排除他人干涉的权利。国营企业的经营管理权具有类似物权的性质主要表现在：国营企业经营管理权的标的是国家拨给的一部分国家财产，也就是说这种权利的标的是物，是财产，国营企业享有经营管理权，可以在法定范围内对其财产直接行使占有、使用、处分的权利，并可以向第三人直接主张这种权利。"❷ 可见，在 20 世纪 80 年代，我国学者普遍认为国家对国有企业财产享有所有权，而企业对其财产享有占有、使用和依法处分的所谓"两项半"权利。❸

随着我国改革开放的深入，我国对社会主义市场经济从理论到实践都有了更清晰的认识。为了建立现代企业制度，我国理论界思想进一步开放，在总结经济实践做法的基础上，经过深入反思，逐渐认识到在社会主义市场经济中，国有企业对其财产就应该拥有包括占有、使用、处分、收益全部权能的所有权，而国家对国有企业所享有的是出资者权利。孔祥俊认为我国企业财产权理

❶ 李开国. 国营企业财产性质探讨 [J]. 法学研究, 1982 (2)：34 - 38.

❷ 崔勤之. 国营企业经营管理权是新型的财产权 [J]. 现代法学, 1984 (1)：53 - 55.

❸ 熊继宁. 走出企业"法人财产权的认识误区"——兼评"法人所有权"和"企业经营权"[J]. 中国法学, 1995 (2)：68 - 75.

论的走向从企业经营权、法人财产权最终到法人所有权是我国市场经济发展的必然选择，并认为肯定法人所有权理论的意义主要有三：能够实现法律关系明晰化，国有企业对其财产享有所有权，能够保障企业处分财产的行为不再受种种不透明的和不必要的约束，消除经营权让渡上的种种模糊性，确保市场交易安全；使出资者（股东）的有限责任和法人的独立人格立于坚实的财产基础之上，国家不必对企业经营行为承担无限责任；使企业财产权的性质名实相符，名至实归，使法律概念和制度科学化。❶

在制度实践上，全国人大常委会于 2008 年通过的《企业国有资产法》充分吸收了学界关于国有企业财产权理论的研究成果，明确了国家对企业的权利和企业对其财产所享有的权利。《企业国有资产法》第 2 条规定，企业国有资产是指"国家对企业各种形式的出资所形成的权益"。由此可见，所谓"企业国有资产"并非指国家对企业所投入具体财产的所有权，而是指由于国家投入给企业具体财产所形成的对企业的权益，这种对企业的权益实质上就是出资者权利。所以，国家对企业国有资产所拥有的权利本质上是一种出资者权利。同时，《企业国有资产法》第 16 条规定："国家出资企业对其动产、不动产和其他财产依照法律、行政法规以及企业章程享有占有、使用、收益和处分的权利。"而根据《中华人民共和国民法通则》第 71 条的规定，"财产所有权是指所有人依法对自己的财产享有占有、使用、收益和处分的权利"。《中华人民共和国物权法》（简称《物权法》）第 39 条亦规定，所有权就是所有权人对自己的不动产或者动产，依法享有的占有、使用、收益和处分的权利。由此可见，《企业国有资产法》第 16 条规定国有出资企业对其财产享有占有、使用、收益和处分的权利，就是规定国有出资企业对其财产享有所有权。

当然，由于国有企业，特别是国有独资企业与国家的紧密联系，国家亦有可能需要通过有偿或无偿形式将其他国有资产划归国有企业使用，但并不将该部分国有资产作为企业本身所有的财产。那么，在这种情况下，企业对该部分国有资产仅享有占有、使用权，但并无所有权，如企业要对该部分资产进行处

---

❶　孔祥俊. 企业法人财产权研究——从经营权、法人财产权到法人所有权的必然走向 [J]. 中国人民大学学报. 1996（2）：52－60.

置，需要获得出资者的授权。但是，无论如何，作为企业所有的、由国家出资的资产与企业仅享有占有使用权的国有资产，二者是能够在企业中清楚划分的，处置时也不会产生操作上的困难。

第二节　科研事业机构财产的法律性质

我国理论界尚未对科研事业单位财产的法律性质进行深入讨论。我们在中国知网以"企业"和"财产权"作为篇名检索词进行检索，共检索到相关文献 261 篇，而分别以"事业单位"和"财产权"、"科研机构"和"财产权"作为篇名检索词进行检索，检索到的相关文献均为零篇，可见我国科研机构财产权问题研究的匮乏。

在法律制度方面，《中华人民共和国教育法》第 31 条："学校及其他教育机构具备法人条件的，自批准设立或者登记注册之日起取得法人资格。学校及其他教育机构在民事活动中依法享有民事权利，承担民事责任。学校及其他教育机构中的国有资产属于国家所有。"《中华人民共和国高等教育法》第 38 条规定："高等学校对举办者提供的财产、国家财政性资助、受捐赠财产依法自主管理和使用。高等学校不得将用于教学和科学研究活动的财产挪作他用。"由此可见，高等学校对国家配置给其的国有资产只享有管理权和使用权，国家对该资产享有所有权；而高等学校对国家财政性资助、受捐助所得财产以及通过运用上述财产所获得的其他财产，是享有所有权，还是仅享有占有、使用权，没有进行明确规定，因此，对这部分财产的权属问题，尚存争议。

当然，上述规定仅是对高等学校而言的。由于我国目前并无科研事业单位组织法或其他相关法律，所以很难从法律这一层次对科研事业单位财产属性进行讨论。在法律缺失的情况下，财政部通过部门规章对事业单位国有财产的性质进行了界定。财政部《事业单位国有资产管理暂行办法》第 3 条规定："本办法所称的事业单位国有资产，是指事业单位占有、使用的，依法确认为国家所有，能以货币计量的各种经济资源的总称，即事业单位的国有（公共）财产。事业单位国有资产包括国家拨给事业单位的资产，事业单位按照国家规定运用国有资产组织收入形成的资产，以及接受捐赠和其他经法律确认为国家所有的资产，其表现形式为流动资产、固定资产、无形资产和对外投资等。"该办法第5条规定："事业单位国有资产实行国家统一所有，政府分级监管，单位占有、使用的管理体制。"由此，根据财政部的该暂行办法，不仅国家配置给事业单位的国有资产应属"国家统一所有"，而且事业单位受捐助的和通过运营所获得的财产也属"国家统一所有"，事业单位对这些财产仅享有占有、使用权。

综合上述分析可以看出，法律及有关部门规章对科研机构和高等院校财产权问题的基本态度是：国家对科研机构和高等院校的财产直接拥有所有权，而科研机构和高等院校对该财产仅享有占有、使用权。客观而言，对有形财产来说，上述法律和部门规章的规定是合理且必要的。这是因为包括科研机构和高等院校在内的事业单位的有形财产，是事业单位完成其事业目标的物质基础，这些有形财产的自然存在，如土地、房屋、仪器、设备的存在，通常能自动地实现其应有的使用价值，进而帮助事业单位完成其事业目标。因此，一般而言，国家对事业单位有形财产设定的管理制度越严格、严密，就越能防止事业单位有形财产的流失。所以，国家对配置给事业单位的有形财产仅授予其占有、使用之权，而保留所有权，并对该财产的转让、作价投资和对外出租等行为设置极为严格的审批管理程序，对于防止国有资产流失，确保事业单位达到其事业目标，均具有重要意义。

另外，还需注意的是，目前无论是科研机构有形财产，还是专利权、软件著作权等知识产权，其权利证书上权利人一栏登记的通常是科研机构，而并未将权利人登记为"国家"，或代表国家的"政府"或"财政部门"。这一情况也说明了我国理论界和实务界对科研机构财产法律性质的认识确实存在混乱现象。

第三节　科研机构知识产权与有形财产的区别

虽然知识产权和有形财产同属科研机构的重要资产，但由于二者之间固有属性不同，因而存在本质差别。因此，无论在法律属性上还是在具体管理上，均不宜将科研机构的知识产权与有形财产同等对待。从知识产权转移运用角度而言，科研机构知识产权与有形财产的区别主要有以下几点。

第一，科研机构知识产权与有形财产的来源不同。科研机构的有形财产，大部分是国家根据该事业单位的事业目标性质而由国家配置的，也就是说科研机构的大部分有形财产来自国家。所以，从这一点而言，由国家享有对该有形财产的所有权，而科研机构对该有形财产仅享有占有、使用权，是合理的。而科研机构的知识产权，则绝大部分是由科研机构的干部职工创造的，属于单位的职务发明创造。因此，让科研机构对该知识产权拥有所有权或更大、更灵活的处置权，符合我们一般的财产法理念。

第二，科研机构知识产权与有形财产的价值实现方式不同。如前所述，科研机构的有形财产，是事业单位完成其事业目标的物质基础，该有形财产本身的存在，通常就能够自动地帮助科研机构完成其事业目标。反之，如果该有形财产被转移给其他市场主体或者灭失，往往会妨碍科研机构事业目标的实现。所以，需要对科研机构有形财产设定极为严格的管理制度，原则上要禁止科研机构对外转让、出租或作价投资其有形财产。如果规定国家对配置给科研机构的有形财产仍享有所有权，就能从法律上防止科研机构任意处分其有形财产，从根本上避免国有资产流失，确保科研机构完成其事业目标。但是，对知识产权而言，科研机构与企业不同，企业可以自己生产制造并销售知识产权产品，并依靠其知识产权在法定期限内禁止其他市场主体经营同样的产品，从而能够从其知识产权中直接获得竞争优势和市场利益；而科研机构本身通常不具备生产、制造或市场经营能力，虽然科研机构可以根据其知识产权禁止其他市场主体生产、制造或经营该知识产权产品，但由于科研机构在市场上没有相关产品，所以科研机构并不能从中直接获得市场利益。因此，科研机构的知识产权只能以许可使用、转让、作价投资等形式实现其市场价值。所以，科研机构仅仅确保其知识产权有效存在，并无助于其事业目标的实现。科研机构只有积极而灵活地利用或处置其知识产权，才能真正实现其知识产权的价值，并从知识产权中获得经济回报，反哺其科研机构事业的发展；反之，如果科研机构知识产权未以许可使用、转让、作价投资等形式进行利用，那么科研机构的知识产权就是一堆废纸，甚至是负资产，因为还要按期缴纳专利年费等费用。

第三，科研机构知识产权与有形财产的价格形成机制不同。目前，对有形财产的价格已经有成熟的理论和方法进行比较准确的评估，并且有形财产的价格在较长一段时期内针对不同的购买者能够保持基本不变。比如一栋房屋，2013 年的评估价格为 100 万元，那么无论是甲在 2013 年购买，还是乙在 2014 年购买，其购买价格通常不会有太大出入，若无极端情况，购买价格一般不会有超过一倍以上的变化幅度。而对知识产权价格的评估，在国际上亦无比较公认的基本准确的评估理论和评估方法。客观地说，由于知识产权自身的特性，知识产权的价格根本不能被准确评估。因此，在实践上，同样一项知识产权同时被不同的专业人员评估，其价格就有可能相差几十倍甚至几百倍。另外，知识产权的价格针对不同的购买者和不同的时期均有可能发生巨大改变。例如，对于一件甲愿意出价 100 万元购买的专利，我们普通人可能 10 万元都不愿意购买，而对于一件甲愿意出价 100 万元购买的房屋，如果 80 万卖给我们普通人，我们则通常会购买；同时，对于同一件专利，甲在 2013 年可能愿意出价 100 万元，但到了 2014 年可能 10 万元都不会购买，当然，也有可能愿意将购买价格调高到 1000 万元。因此，知识产权的价格通常是权利人与使用者或购买者根据交易时的各种情况而确定的，其价值主要体现在市场谈判和诉讼之中，故此，为了最大化地实现知识产权的价值，知识产权权利人需要根据与对方的谈判情况适时作出有效的市场决策。

第四节　科研机构知识产权运用的制度障碍

由于在理论上，我国对科研机构财产法律性质的认识尚不清晰，实践中我国有关部门也未充分考虑知识产权的特殊性而未对科研机构知识产权与有形财产进行区别对待，导致科研机构在转化运用知识产权时面临巨大制度障碍。这些制度障碍主要表现在以下三个方面。

第一，复杂的知识产权转化运用审批制度使科研机构丧失市场机会。当前我国科研机构进行资产管理的制度依据主要是《事业单位国有资产管理暂行办法》《中央级事业单位国有资产管理暂行办法》《中央级事业单位国有资产处置管理暂行办法》《中央级事业单位国有资产使用管理暂行办法》等四部规章。根据上述规章，科研机构转化运用知识产权，在与受让方或使用方达成一致后，还需经过以下步骤才能与对方当事人签订合作协议：一是科研机构准备相关申请材料，并向其主管部门申报；二是主管部门对科研机构的申请材料进行合规性、真实性等审核后，报财政部门审批；三是财政部门对主管部门报送的审核材料进行审查，并作出批复；四是科研机构根据财政部门的批复，委托具有资产评估资质的评估机构对国有资产进行评估，评估结果报财政部门或主管部门备案，且评估结果按照国家有关规定须经核准的，还须报财政部门核准。上述每个步骤均需要一定的时间，几个步骤加在一起至少需要几个月，实践中有的审批案例甚至用了数年时间。在科技发展日新月异、科技产品更新频繁的今天，即使科研机构有耐心走完上述审批步骤，但知识产权的受让方或使用方则很难对这样漫长、复杂且结果难以预料的审批程序进行等待，进而使科研机构丧失有利的市场机会。同时，由于上述审批程序的存在，也会使科研机构在知识产权转化运用谈判中心存顾虑，不利于科研机构在谈判中实现知识产权的最大价值。

第二，不科学的知识产权评估制度无端增加了科研机构知识产权转化运用的成本。《事业单位国有资产管理暂行办法》和有关规章规定，事业单位转让、拍卖其资产或以非货币性资产对外投资，应当委托具有资产评估资质的评估机构进行资产评估，且评估结果需报主管部门和财政部门备案或核准。主管部门和财政部门备案或核准的评估价格应作为拟转让、拍卖资产的市场竞价的参考依据，如果意向交易价格低于评估结果 90% 的，应当按规定权限报财政部门或主管部门重新确认后才能交易。显然，上述资产评估制度，对于有效避免事业单位有形财产流失具有重要意义。但由于该资产评估制度也被用于科研机构知识产权转化运用活动之中，因而产生了较大问题。如前所述，知识产权的价格在不同的时间针对不同的购买者均有可能发生巨大变化，知识产权的价格根本就不能被准确评估，在实践中，资产评估机构通常通过参考知识产权的意向交易价格来确定知识产权的评估价格。所以，在科研机构知识产权转化运用活动中，资产评估机构的知识产权评估，无论对于科研机构的市场交易而言，还是对于财政部门或主管部门的监督而言，基本上是没有任何实际意义的。而资产评估机构的评估费用却不菲，每件知识产权评估费用的起步价通常在 1 万元左右。这样，这种没有实际意义的知识产权评估就有可能给科研机构转化运用知识产权造成沉重经济负担。例如，某科研机构曾拟集中上市拍卖300 件专利，为此需要在正式拍卖前向资产评估机构支付 300 余万元知识产权评估费用，但拍卖会只拍卖出了十余件专利，交易金额不足 200 万元，该科研机构拍卖专利实际所得尚不足以弥补其所支出的评估成本。

　　第三，利益分享制度不利于发挥科研机构知识产权转化运用的积极性。科研机构的绝大部分有形财产是国家财政出资购置或配置的，因此，科研机构在处置、变卖其有形财产后所形成的收入，自然应该上交国库，归国家所有，而不应归属科研机构。同时，由于我国现行事业财产管理制度将科研机构的知识产权等同于有形财产进行管理，因此，按照上述思路，亦认为科研机构知识产权的处置收益应属国家所有，而不应留归科研机构所有。例如，《中央级事业单位国有资产处置管理暂行办法》第 33 条规定："中央级事业单位国有资产处置收入，在扣除相关税金、评估费、拍卖佣金等费用后，按照政府非税收入管理和财政国库收缴管理的规定上缴中央国库，实行'收支两条线'管理。土地使用权转让收益，按照《财政部关于将中央单位土地收益纳入预算管理的通知》规定，上缴中央国库，实行'收支两条线'管理。出售实物资产和无形资产收入、置换差价收入、报废报损残值变价收入、保险理赔收入等上缴中央国库，实行'收支两条线'管理。科技成果转化（转让）收入，按照《国务院办公厅转发科技部等部门关于促进科技成果转化若干规定的通知》（国发〔1999〕20 号）的有关规定，在扣除奖励资金后上缴中央国库。"而如上述分析，科研机构有形财产和知识产权的来源是有本质区别的，科研机构的绝大部分有形财产来自国家购置或配置，而其知识产权则是单位的科研人员创造的，属于职务发明创造。国家购置或配置的有形财产在处置后，其收入属于国家所有，自然无可厚非；而科研机构或大学职工所作出的发明创造及其知识产权在处置后所获得收益如果全部归属国家，则会严重打击科研机构、大学及其科研人员处置其知识产权的积极性。同时，由于《促进科技成果转化法》和《专利法》所规定的奖励仅限于职务科技成果的发明人和为转化做出重要贡献的人，而科研机构为了进行知识产权处置需要进行复杂的审批，科研机构负责人需要为此承担较大的政治风险，且本人和单位均不能从中获得经济利益，在这种情况下，科研机构负责人就很难有积极性进行知识产权处置运用，有的科研机构负责人甚至会阻碍本单位知识产权的处置运用。

第五节　处置权、收益权下放试点及影响

为了促进中关村自主创新示范区事业单位的科技成果转化，2011 年财政部颁布了《关于在中关村国家自主创新示范区进行中央级事业单位科技成果处置权改革试点的通知》（财教〔2011〕18 号）。根据该通知，一次性处置单位价值或批量价值在 800 万元以下的国有资产，其审批程序由主管部门审批，变为由所在单位按照有关规定自主进行处置，并于一个月内将处置结果报财政部备案。在收益权方面，按照《关于在中关村国家自主创新示范区开展中央级事业单位科技成果收益权管理改革试点的意见》（财教〔2011〕127 号）的规定，试点单位的科技成果产权转让收益、利用科技成果对外投资形成的股权（权益）进行初次处置产生的收益，应上缴中央国库的资金，不再全部上缴国库，而调整为分段按比例留归单位和上缴中央国库，留归单位的纳入单位预算统筹，用于科研及相关技术转移工作。在前期试点基础上，经国务院同意，2013 年将科技成果处置权、收益权改革试点范围进一步扩大到武汉东湖、上海张江国家自主创新示范区和安徽合芜蚌自主创新综合试验区，试点时间也延长至 2015 年年底。2014 年 10 月，为了进一步迸发科研事业单位转化科技成果的积极性，财政部、科技部、国家知识产权局下发了《关于开展深化中央级事业单位科技成果使用、处置和收益管理改革试点的通知》，该通知规定："试点单位可以自主决定对其持有的科技成果采取转让、许可、作价入股等方式开展转移转化活动，试点单位主管部门和财政部门对科技成果的使用、处置和收益分配不再审批或备案。""试点单位科技成果转移转化所获得的收入全部留归单位，纳入单位预算，实行统一管理，处置收入不上缴国库。"

需要说明的是，虽然国家有关部门做了上述试点，但与我国转化科技成果

的现实需要相比，仍然做得还很不到位。笔者认为，至少还应从以下四个方面做起。

第一，加强理论研究，正确认识科研机构知识产权运用与国有资产流失的关系，完善科研机构财产权法律制度。要做好科研机构知识产权转化运用工作，一方面，需要认真研究科研机构财产权理论，对科研机构财产的法律性质形成合理且统一的认识，进而着手建立和完善我国科研机构财产管理的相关法律制度。另一方面，需要正确认识知识产权转化运用与国有财产流失之间的关系。"意识决定行动。"当前有关部门之所以仍然希望对科研机构转化运用知识产权设置层层审批程序，实际上并非因为部门利益或个人利益，而主要是担心国有资产流失。对于该问题，我们需要认识到：知识产权放在科研机构手里，并不能自动地创造市场价值；科研机构只有将知识产权真正转化运用出去，国有资产的价值才能真正实现；如果科研机构的知识产权在合适的时机本来可以卖到一个高价，但由于复杂审批机制的延宕而仅能低价卖出甚至无人问津，这种结果实际上是国有资产的变相流失。

第二，对科研机构知识产权与有形财产区别对待，授予科研机构运用知识产权的自主权。与有形财产不同，知识产权转化运用具有极强的技术性、专业性和复杂性，财政部门或主管部门很难对科研机构知识产权转化运用的行为进行实质审查，实践中财政部门或主管部门所进行的审查通常也仅仅是简单的形式审查，因此，保留财政部门或主管部门对科研机构知识产权转化运用的审批程序，其必要性、合理性确实值得商榷。所以，为了促进科研机构转化运用知识产权，首先需要废除知识产权转化运用的审批制度。目前一些地方已经充分意识到科技成果转化的体制性问题，并颁布了一些规章制度力图打破这个障碍。当然，给予科研机构知识产权转化运用的自主权，并不意味着财政部门和主管部门就对科研机构完全放手不管。财政部门和主管部门还可以通过备案审查等形式对科研机构知识产权转化运用行为进行事后监督，以防止国有资产流失。

第三，建立合理的科研机构知识产权运用的利益分享机制。科研机构知识产权转化运用的利益分享机制分为两个层次：一是国家、科研机构、单位职工（研发人员和转化人员）三方面对知识产权转化运用总收益的利益分配问题。根据相关法律规章，对知识产权转化运用的总收益，应首先对单位职工进行奖励，剩余收益再在国家与科研机构之间进行分配。而如上所述，根据相关部门规章，科研机构只能获得小部分转化收益，有的情况下甚至不能获得转化收益，这样就会严重挫伤科研机构转化运用知识产权的积极性。因此，需要重新调整国家、科研机构和单位职工三者之间的利益分享方式，明确科研机构有权获得转化收益，并应在利益分配时适当向科研机构倾斜，以增强科研机构的知识产权创造与运用能力，形成良性循环。二是单位职工之间的利益分配。《促进科技成果转化法》规定单位在转化科技成果后，应对科技成果完成人和为转化做出重要贡献的人给予奖励。而无论是国家有关部门制定的有关规章，还是科研机构制定的相关奖励规定，均有意无意地忽视了转化人员应得的奖励。其实，做好知识产权转化运用工作，不仅需要大量复杂、琐碎的工作投入，而且也需要转化人员具有宽广丰富的相关工作知识、技能和经验。目前科研机构转化人员数量通常很少，甚至有很多是属于兼职工作，在这种情况下，做好转化工作就需要转化人员极大的额外付出。如果不对转化工作的价值给予应有的认可，不给予转化人员应有的经济激励，那么转化人员往往会丧失工作动力。因此，为了有效促进科研机构知识产权转化运用工作，亦需建立合理的转化利益分配机制，确保科研人员和转化人员能够根据其实际贡献分别获得合理的经济回报。

第四，对处置权和收益权下放试点反馈情况应做全面、清醒的分析。客观而言，处置权和收益权下放试点表现了国家有关部门进行改革的决心，但是，更应该清醒地认识到该试点的结果可能并不能收到所预想的非常明显的效果。之所以会出现这种问题，并非是因为试点措施有问题，而是因为试点选择的对象有偏差。由于挑选的试点单位均是科技成果转化做得很好的单位，在这种情况下，要求这些试点单位做得"好上加好"，本身难度就非常大。另外，更主要的原因是，这些先前转化工作做得比较好的单位，其实在试点前就已经由于单位领导意识的超前和解放，而通过各种变通途径突破了财政部的制度性障碍，因此，该试点办法对这些试点单位而言也就失去了应有的解放作用，试点的效果当然不会特别明显。相反，我们认为，对于那些单位领导思想保守的、先前转化工作做得不好的单位，处置权和收益权下放反而会释放巨大的政策红利，会收到明显的积极效果。

第六节　2015 年《促进科技成果转化法》的新规定

关于科技成果转化中涉及国有资产管理的问题，2015 年《促进科技成果转化法》主要利用四个条款进行解决。这四个条款充分尊重了科技成果转化和知识产权运用的规律，对科研机构和高等院校科技成果转化工作从法律层面进行了简政放权，同时，也对科研机构和高等院校转化科技成果规定了必要的监督措施。具体内容如下。

第一，允许科研机构和高等院校自主决定科技成果转化。2015 年《促进科技成果转化法》第 18 条规定："国家设立的研究开发机构、高等院校对其持有的科技成果，可以自主决定转让、许可或者作价投资，但应当通过协议定价、在技术交易市场挂牌交易、拍卖等方式确定价格。通过协议定价的，应当在本单位公示科技成果名称和拟交易价格。"根据该条规定，国家设立的科研机构或高等院校进行科技成果转化活动，不必再由上级主管部门和财政部门审批，仅需自身根据市场规律自主进行决定即可。同时，为了防止国有资产流失，避免暗箱操作，该条还规定了科研机构或高等院校自主决定科技成果转化的限制性条件。具体限制性条件有二：一是转化的方式限于转让、许可和作价投资，即国家设立的科研机构或高等院校如果是以转让、许可或作价投资的方式进行科技成果转化，可以自主进行决定，不需审批；而如果以上述三种方式之外的其他方式进行转化，比如"自行投资实施""以该科技成果作为合作条件，与他人共同实施转化"或"其他协商确定"等方式的转化，是否可以自主决定，或是否需要进行审批，2015 年《促进科技成果转化法》没有明确作出规定。但考虑到这几种方式有可能需要科研机构或高等院校投入现金或其他有形资产，而这样的投资行为并非这些事业单位的主要事业目标，故如果以2015 年《促进科技成果转化法》明确规定之外的其他方式的转化行为，应需要一定的审批。二是确定价格的方式应以在技术交易市场挂牌交易、拍卖或协议定价等方式进行，同时，如果是通过协议定价的，则应当在本单位公示科技成果名称和拟交易价格，以便接受监督。

　　另外，需要注意的是，2015 年 3 月，《中共中央 国务院关于深化体制机制改革加快实施创新驱动发展战略的若干意见》，其第（二十）项规定："逐步实现高等学校和科研院所与下属公司剥离，原则上高等学校、科研院所不再新办企业，强化科技成果以许可方式对外扩散。"很多科研机构和高校据此认为，国家已经在原则上禁止科研事业单位以知识产权作价出资入股，科研事业单位的科技成果只能以许可或转让的方式向外转移转化。笔者认为，上述理解是对该意见精神的错误解读，同时，随着促进科技成果转化法的修改，科研机构不仅可以以知识产权作价出资入股，而且还拥有了相应的自主权。其理由如下：一是，该意见所称"新办企业"主要是指以货币或实物出资方式新办企业。"新办企业"的出资方式主要有货币、实物资产和知识产权。由于科研机构的货币主要是为了保障该科研机构的运转，其实物资产通常为国家配置，因此，科研机构以其货币或实物新办企业，显然与科研事业单位的事业目标不符，所以被禁止。但是，对科研机构以知识产权作价投资入股，该意见的态度则完全不同。该意见第（十五）项为了促进科技成果转化，加大科研人员股权激励力度，明确规定："对高等学校和科研院所等事业单位以科技成果作价入股的企业，放宽股权奖励、股权出售对企业设立年限和盈利水平的限制。"如果该意见第（二十）项意在禁止科研机构以知识产权作价出资入股，何来"事业单位以科技成果作价入股的企业"，更谈不上放宽股权奖励、股权出售等方面的限制。因此，从该意见的相关条文的逻辑关系来看，第（二十）项仅是原则上禁止科研机构以货币或实物出资方式"新办企业"，而非禁止科研机构以知识产权作价出资"新办企业"。二是，修改后的《促进科技成果转化法》明确赋予了科研机构以知识产权作价出资的自主权。在我国，政策是党和国家为实现一定政治目标、完成一定任务而作出的政治决策。《中共中央 国务院关于深化体制机制改革加快实施创新驱动发展战略的若干意见》本质上属于党和国家实施创新驱动发展战略的主要政策，上述政策要获得贯彻落实，还需要制定相应的法律、法规。2015 年 8 月 29 日全国人大常委会对《促进科技成果转化法》的修改，就是对上述政策进行落实的一个重要体现。2015 年《促进科技成果转化法》第 18 条规定："国家设立的研究开发机构、高等院校对其持有的科技成果，可以自主决定转让、许可或者作价投资。"根据上述法律条文可以进一步得出结论：上述意见并非禁止科研机构以知识产权作价出资入股；科研机构拥有以知识产权作价出资的自主权。当然，从尽可能扩大科技成果使用者范围的角度，在转让、许可和作价出资三种转化科技成果的方式中，国家政策是鼓励科研机构以许可的方式转化科技成果；但是，考虑到科技成果转化的多样性，国家政策亦不禁止以转让或作价出资的方式转化科技成果。至于科研机构具体使用何种方式转化科技成果，则应由科研机构根据具体情况而自主决定。

第二，科技成果转化收益留归单位。2015 年《促进科技成果转化法》第 43 条规定："国家设立的研究开发机构、高等院校转化科技成果所获得的收入全部留归本单位，在对完成、转化职务科技成果做出重要贡献的人员给予奖励和报酬后，主要用于科学技术研究开发与成果转化等相关工作。"该条规定重点在于解决国家设立的科研机构或高等院校进行科技成果转化的动力问题。根据先前有关规章制度的规定，科研机构或高等院校转化科技成果的收益在扣除给予科研人员和转化人员的奖励之后应全部上缴国库，这样科研机构或高等院校在科技成果转化过程中就没有任何利益而言，故此，科研机构或高等院校转化科技成果的积极性也就不高。2015 年《促进科技成果转化法》第 43 条则着重在于给予科研机构和高等院校转化动力，明确规定科技成果转化收入全部留归科研机构或高等院校。同时，需要说明的是，2015 年《促进科技成果转化法》第 43 条的雏形是《中华人民共和国促进科技成果转化法修正案（草案）》（一审稿）第 18 条。"一审稿"第 18 条规定："国家设立的研究开发机构、高等院校转化科技成果所获得的收入全部留归本单位，在对完成、转化职务科技成果做出重要贡献的人员给予奖励和报酬后，纳入本单位预算，用于科学技术研究开发与成果转化工作。"对比 2015 年《促进科技成果转化法》第 43 条和"一审稿"第 18 条可见，2015 年《促进科技成果转化法》对于科研机构或高等院校的科技成果转化收入的用途范围有所放宽，即根据 2015 年《促进科技成果转化法》第 43 条的规定，科技成果转化收入在扣除对科研人员和转化人员的奖励之后固然应"主要"用于科学技术研究开发与成果转化工作，但该法也暗示科研机构或高等院校也可以将部分转化收入用于其他工作支出。2015 年《促进科技成果转化法》第 43 条和"一审稿"第 18 条之所以有这样一个

变化，其实也是考虑到科研机构或高等院校工作的实际，这样更能激励他们转
化科技成果。

第三，建立科技成果转化情况年度报告制度。2015 年《促进科技成果转
化法》第 21 条规定："国家设立的研究开发机构、高等院校应当向其主管部
门提交科技成果转化情况年度报告，说明本单位依法取得的科技成果数量、实
施转化情况以及相关收入分配情况，该主管部门应当按照规定将科技成果转化
情况年度报告报送财政、科学技术等相关行政部门。"之所以要求科研机构和
高等院校提交科技成果转化情况年度报告，主要是考虑到 2015 年《促进科技
成果转化法》已经取消了科研机构或高等院校转化科技成果的事前审批制度，
而为了掌握和监督科研机构和高等院校科技成果转化工作情况，就需要从事后
监督的角度要求其报告相关情况。科技成果转化情况年度报告的程序主要分为
两个层面：一是科研机构或高等院校将说明本单位依法取得的科技成果数量、
实施转化情况以及相关收入分配情况的年度报告报送给其主管部门，接受监
督；二是主管部门应将下属科研机构或高等院校的科技成果转化情况年度报告
报送给财政部门和科学技术行政部门，接受监督。同时，为了确保科技成果转化
年度报告制度得到真正的贯彻落实，2015 年《促进科技成果转化法》第 46 条第
2 款还规定了未报送或未按规定报送科技成果转化年度报告的法律责任，该款规
定："国家设立的研究开发机构、高等院校未依照本法规定提交科技成果转化情
况年度报告的，由其主管部门责令改正；情节严重的，予以通报批评。"

第七节　科技成果转化国有资产管理操作实务

科技成果转化国有资产管理操作实务主要包括四个环节：经济行为决策审
批、资产评估与备案、公开进场交易、国有产权登记。

一、经济行为决策审批

经济行为决策审批解决的是可不可以实施经济行为的问题，是科研机构依

据本单位或主管部门的规定，由不同层级国有资产监管部门或其授权单位依据不同权限对该单位实施某项经济行为的审批决策。经济行为应该按照规定得到相关部门的决策审批后方可实施。经济行为决策审批的输出文件为经济行为决策审批批复或决议。具体确定审批单位的标准有"单位层级＋经济行为＋经济行为涉及的额度"三个维度。例如，中国科学院某研究所科技成果作价对外投资，与合作伙伴共同设立项目公司，经评估后科技成果拟作价金额为1 000万元，依据2015年《促进科技成果转化法》第18条的规定，国家设立的研究开发机构、高等院校对其持有的科技成果，可以自主决定转让、许可或者作价投资，因此该经济行为应为科技成果所属单位审批，即由该研究所进行审批。输出文件为经该研究所集体决策同意实施该经济行为的审批文件或所务会纪要。确定审批单位的方法即通过"单位层级（科研院所）＋经济行为（科技成果转化）＋经济行为涉及的额度（作价1 000万元）"来确定审批单位为科技成果持有单位。

当然，根据2015年《促进科技成果转化法》的规定，无论涉及金额大小，国家设立的研究开发机构、高等院校对其持有的科技成果均可自主决定转让、许可或者作价投资，故经济行为的审批均可由该科研机构或高等院校自主决定。值得注意的是，虽然科研机构科技成果转化的经济行为审批可以由该科研机构自身审批，但是，根据国家、上级领导机构和科研机构的相关规定，不同金额、不同类型的科技成果转化经济行为在科研机构内部的审批流程和层级会有所不同。一般而言，涉及金额越大、转化事项越重要，科研机构内部审批流程涉及的层级就会越高。例如，如果科技成果转化涉及的金额只有几十万元，那么一般科研机构中层领导或主管领导就可以作出审批决定；但是，如果转化金额涉及几千万元、几个亿甚至更高，可能就需要由科研机构所务会进行集体决策。

同时，还需注意的是，2015年《促进科技成果转化法》仅是赋予科研机构或高等院校对单纯的科技成果转化经济行为的决策自主权，而对于科技成果转化之后形成的国有资产（如股权、货币或实物等）再次进行处置的经济行为则需按照原有的国有资产审批程序进行审批。例如，中国科学院某研究所转让其通过科技成果转化而获得的公司股权，该股权的账面原值是750万元，依据《中国科学院对外投资管理办法》（科发条财字〔2017〕101 号），该经济行为应为中科院条财局负责审批，输出文件为中科院条财局关于同意实施该经济行为的批复文件。确定审批单位的方法即通过"单位层级（研究所）+ 经济行为（转让股权）+ 经济行为涉及的额度（账面原值 750 万）"来确定审批部门为中科院条财局。

二、资产评估与备案

资产评估备案是实施经济行为的定价依据，是指科研机构依据《国有资产评估管理办法》（国务院第 91 号令）、《企业国有资产评估管理暂行办法》（国资委第 12 号令）等，对相关的经济行为进行资产评估并依法上报国有资产监管部门备案。根据上述规定，这里的"备案"实质也是"审批"，国资监管部门会对申报的资产评估材料进行审核。另外，值得注意的是，评估结果如未经过国资监管部门备案，其作为经济行为定价依据的作用实质是无效的。资产评估备案的输出文件为经国资监管部门盖章的评估备案表。在具体操作过程中，根据国家、上级主管部门关于国有资产评估的有关规定，按照"单位层级 + 经济行为 + 评估值"三个维度来确定备案审批单位。

考虑到科技成果转化的实效性，为了确保科研机构或大学不因评估备案的时间成本和经济成本而阻碍科技成果转化的顺利进行，财政部在 2019 年 3 月作出《关于修改〈事业单位国有资产管理暂行办法〉的决定》（财政部第 100号令），对科研机构科技成果转化评估活动进行简化。根据修改后的《事业单位国有资产管理暂行办法》第 39 条、第 40 条规定，国家设立的研究开发机构、高等院校将其持有的科技成果转让、许可或者作价投资给国有全资企业的，可以不进行资产评估；国家设立的研究开发机构、高等院校将其持有的科技成果转让、许可或者作价投资给非国有全资企业的，由单位自主决定是否进行资产评估。因此，科研机构和大学在财政部修改《事业单位国有资产管理暂行办法》之后，在进行科技成果转让、许可、作价投资时，就可以自主决定采取以下哪种方法进行科技成果定价：一是科研机构自己对科技成果进行估值，并在谈判过程中形成最终定价；二是科研机构聘请相关专家，组成专家评估委员会对科技成果进行价值评估，并以该估值为基础与相对方进行谈判形成最终定价；三是科研机构根据《国有资产评估管理办法》等规定，聘请具有资产评估资质的评估机构进行评估，并以其评估价格为基础与相对方进行谈判形成最终定价。

在涉及科技成果国有资产评估问题上，还需要注意两点。

第一，财政部《关于修改〈事业单位国有资产管理暂行办法〉的决定》仅是给了科研机构在科技成果评估问题上的选择权，如果科研机构认为有必要聘请第三方评估机构进行评估，那么还应按照相关规定走评估备案流程；如果科研机构认为没有必要聘请第三方评估机构进行评估，那么自己对科技成果进行定价即可，由于这个过程本身并不存在第三方评估问题，故则可以豁免评估备案流程。例如，中国科学院某研究所科技成果作价对外投资，与合作伙伴共同设立项目公司，经评估后拟作价金额为 1 000 万元，依据《财政部关于〈修改事业单位国有资产管理暂行办法〉的决定》，研究所可以自行决策是否进行资产评估，如果研究所决定委托第三方开展资产评估，须按照相关规定开展资产评估备案。此项资产评估应为国科控股（中国科学院全资资产公司）备案，输出文件为加盖中国科学院资产评估专用章的资产评估备案表。确定国有资产评估备案部门的方法即通过"单位层级（评估对象为一级单位研究所占有的科技成果）＋经济行为（作价投资）＋资产评估值（1 000 万元）"来确定备案部门为国科控股。由此可见，不聘请第三方评估机构进行评估，就不需进行评估备案；而如果聘请第三方评估机构进行评估，则需要进行评估备案。那么在这种情况下，科研机构为了提高科技成果转化的时间效率，就有可能尽量走内部评估程序，而不聘请第三方评估机构进行评估。其实，这样的结果似乎与评估备案制度设计初衷不尽吻合，因为评估备案的目的在于使上级主管部门获得相关国有资产的价值信息，而在《事业单位国有资产管理暂行办法》修改后，很多科研机构科技成果价值可能就不需要备案了，这样上级主管部门就会很难全面地获取科技成果价值信息。因此，建议国家有关部门考虑将科技成果评估备案与其他国有资产评估备案区别对待，其他国有资产评估备案仍然按照以前的办法，实行名"备案"、实"审批"的管理流程；对科技成果评估备案，则应一方面扩大备案范围，不仅第三方评估机构的评估结果要进行备案，而且科研机构内部或组织专家组对科技成果的估值结果也应进行备案。同时，为了避免因为评估备案流程而导致科技成果转化阻滞问题，建议将目前的科技成果评估备案流程改变为一个真正的"备案"流程，即科技成果评估备案不需要审批，科研机构仅向评估备案主管单位提供科技成果评估信息即可，即科研机构在向评估备案主管单位提交科技成果评估信息之后，不需要等待评估备案结果，更不宜以评估备案结果作为科技成果转化下一步工作的前置条件。

第二，财政部《关于修改〈事业单位国有资产管理暂行办法〉的决定》给科研机构在科技成果评估问题上的选择权仅限于该科技成果转让、许可或作价出资环节，科研机构如果要处置科技成果转让、许可或作价出资后所形成的实物、股权或其他资产，仍需按照规定由第三方评估机构进行资产评估，并向评估备案主管单位进行评估备案。例如，中国科学院某研究所转让其通过科技成果作价所获得的企业股权，应依法对持股企业的价值进行评估，假设评估值为 2 000 万元。依据中科院关于国有资产评估的相关规定，此项资产评估应为国科控股（中国科学院全资资产公司）备案，输出文件为加盖中国科学院资产评估专用章的资产评估备案表。确定国有资产评估备案主管单位的方法即通过"单位层级（评估对象为研究所二级持股企业）+ 经济行为（转让股权）+ 资产评估值（2 000 万元）"来确定备案部门为国科控股。

三、公开进场交易

公开进场交易是指依据《企业国有资产交易监督管理办法》（财政部国资委第 32 号令），国有及国有控股企业、国有实际控制企业产权转让、增资、重大资产转让应依法到产权交易所进行公开交易。公开交易的输出文件为企业国有资产交易凭证、产权交易合同。需要进场交易的具体情况主要有：①股权转让。例如，某研究所全资资产公司持有某公司股权比例为 20%，拟转让其中的 5% 给外部投资者，此种情况下需要进场交易。②增资。例如，某研究所 A 直接持股公司 B，研究所 A 持有公司 B 的股权比例为 60%，此时 B 公司拟通过增资的形式引进新投资者，且研究所 A 在本轮融资中放弃增资权利，此种情况下需要进场交易。③重大资产转让。例如，某央企集团规定，下属子公司转让资产账面原值超过 2 000 万元须进场交易，那么下属子公司应按照集团规定在转让账面原值超过 2 000 万元的资产时进场交易。

另外，需要注意是，对于科研机构直接进行科技成果转化而言，亦需要进行一定程度的公示。国务院《关于印发实施〈中华人民共和国促进科技成果转化法〉若干规定的通知》（国发〔2016〕16 号）规定："国家设立的研究开发机构、高等院校对其持有的科技成果，应当通过协议定价、在技术交易市场挂牌交易、拍卖等市场化方式确定价格。协议定价的，科技成果持有单位应当在本单位公示科技成果名称和拟交易价格，公示时间不少于 15 日。单位应当明确并公开异议处理程序和办法。"科研机构或高等院校通过在技术市场挂牌交易或拍卖等形式确定科技成果价格，本身就具有公示意义。由于协议定价过程不向社会公开，因此，为了保证科技成果交易的公开公平，对于科技成果协议定价情况，应当在一定范围内公开科技成果名称和拟交易价格。科研机构或高等院校对于通过科技成果转化获得股权再次进行交易，则应按照前述规定走公开市场交易流程。

四、国有产权登记

国有产权登记是财政部门或国资委代表同级政府对占有国有资产的各级各类企业的资产、负债、所有者权益等产权状况进行登记，依法确认产权归属关系的行为。产权登记证或经财政部门、国资委盖章的产权登记表是该项行政审核的输出文件。产权登记分为占有、变更、注销三种。国有产权登记是国有产权确权的依据，办理国有产权划转、含国有股东企业上市的必备文件。

第八节 科研机构科技成果作价投资

科研机构科技成果作价投资由于涉及国有资产管理问题，因此，需要特别注意以下事项。

一、经济行为审批

科技成果作价入股即高校、科研院所以科技成果出资与其他主体共同成立公司，由新成立的公司开展成果后续试验、开发、应用、推广。科技成果作价入股的国有资产管理牵扯的内容比科技成果许可、转让要更广泛。从经济行为审批角度来看，在 2015 年修订《促进科技成果转化法》之前，科技成果作价投资的审批权限不在科研机构。以中国科学院为例，单位价值或批量价值 800 万元以下的科技成果作价入股，由中国科学院审批；800 万元（含）以上的，经中国科学院审核后报财政部审批。由此可见，彼时的科技成果作价入股，科技成果持有单位完全不具有审批权，所有的科技成果作价入股行为全部要上级部门或财政部审批。2015 年修订《促进科技成果转化法》之后，审批权限完全下放到科研机构。与科技成果转让"一锤子"买卖不同的是，入股成立公司，高校或科研院所将成为新设公司的国有股东，在公司今后的经营管理中要承担国有股东的保值、增值责任。因此，在决策成立公司的过程中应做好项目的可行性研究分析，应对所投资项目进行市场调研和可行性分析，对行业风险、政策风险、资源风险、技术风险、市场风险、财务风险等进行充分评估。对于投资额度、风险、社会影响较大的项目，可召开专项论证会进行论证，聘请相关经营管理专家、技术人员和财务人员参与论证并形成论证结论。选择合作伙伴时应开展必要的尽职调查，优先选择有信誉、懂经营、善管理并可优势互补的投资合作伙伴，吸收技术和经营骨干投资，以建立合适的股权结构和现代企业制度，实现股权多元化并形成规范的企业法人治理结构，充分发挥各类生产要素的作用，促进投资企业持续、健康发展。

二、定价机制及依据

从定价方面来看，科技成果作价入股与科技成果许可、转让类似，财政部修改《事业单位国有资产管理暂行办法》同样取消了作价入股强制要求资产评估的规定，明确要求，国家设立的研究开发机构、高等院校将其持有的科技成果转让、许可或者作价投资给国有全资企业的可不进行资产评估，国家设立的研究开发机构、高等院校将其持有的科技成果转让、许可或者作价投资给非国有全资企业的，由单位自主决定是否进行资产评估。但介于某些地区工商部门，在注册公司时仍要求出示资产评估报告，所以仍建议高校、科研院所可与当地工商部门沟通了解注册公司要求后，再来判断是否进行资产评估。另外，由于财政部授权由各单位自行决定是否进行资产评估，单位应该通过民主决策、信息公示等确定科技成果作价入股价值的方式，形成一套规则制度，按照规则制度来履行定价程序。同样，若成果持有单位选择进行资产评估，则必须进行资产评估备案。

三、科技成果作价投资的特殊情况分析——非专利技术出资

根据各地的实践，非专利技术通常可以作价出资设立公司。非专利技术符合公司法关于非货币财产出资的相关条件要求，即可以用货币估价、依法转让，且法律、行政法规没有对非专利技术出资的禁止性规定。但考虑到非专利技术的特殊性，使用非专利技术出资应注意：①明确出资技术标的，在出资协议中明确技术包含哪些内容，明确标的内涵和外延，而不是用一个非常简单的名称笼统的概括为某某技术，为今后确认交付打下基础。②明确出资技术权属。国有科研机构的非专利技术一般情况下为职务发明，所以出资行为应由技术权利人即国有科研机构进行决策。关于如何证明出资技术权属，可参考深圳市出台的《深圳市企业非专利技术出资登记办法（试行）》中的要求，技术权利人除须提交《公司登记管理条例》和国家工商行政总局规定的材料外，还应当提交非专利技术出资承诺书，并承诺该非专利技术为投资人所有、未授予专利、未设置担保等事实。③关于出资到位的界定，概括来讲是交付与权利转移并重，交付优先。非专利技术以技术秘密形式存在，不具有专利技术的公开性，也没有专门部门进行登记，所以非专利技术的交付与权利转移与专利技术不同。

根据《合同法》第 327 条规定，技术秘密转让合同的让与人应按照约定提供技术资料，进行指导，保证技术的实用性、可靠性，承担保密义务。因

此，出资者转移、交付技术权利需要与受让公司（拟入股的公司）签订书面转让技术协议，协议应附技术资料、向出资者的承诺等书面文件。签订协议后，出资方按照协议要求提供技术成果的有关资料，进行技术指导，传授技术诀窍，就某个具体项目而言，技术方可能承担以上一项或几项出资义务。究竟承担哪些义务，承担程度如何，都需要由当事人在协议中约定。约定不同，承担的义务和验收标准也就不同。当完成以上转移和交付的程序后，应进行书面验收确认，作为履行出资义务的证据。如有条件，非专利技术出资可引入验资程序，由独立第三方证明出资到位情况。

另外，合作各方还应约定技术价值变动后的利益调整。技术不同于其他财产，它的价值变化很大，在不同的时间和地区，不同的配套条件下，同样的技术带来的收益不同，因此需要交易各方事先就技术价值变动约定好处理办法。

关于专利申请权，其也可用来出资设立公司。从法律角度来看，无论是法律还是行政法规，均未明确排除专利使用权出资的可能性，在地方工商部门的政策性文件中总体导向也是要拓宽非货币出资的方式和种类，只要可以货币估价、可依法转让且法律、法规不禁止的非货币性资产都可以作价出资。上海市工商局 2016 年出台的《关于积极支持企业创新驱动、转型发展的若干意见》中明确提出要扩大知识产权出资范围，开展专利使用权、域名权等新类型知识产权出资试点工作。在实践中，2003 年北京市第一中级人民法院判决[（2003）一中民初字第 9658 号] 认定万钧开发部作为氧立得公司出资方将"氧气发生器和氧气发生剂的配方、专利使用权和商标使用权进行出资"的行为有效；2011 年在中小板上市的罗普斯金（002333），在第四次增资时采取的是专利使用权出资的方式。

同样，关于衡量专利使用权出资到位的标准是交付与权利转移并重，交付优先。专利使用权转让协议是交付与权利转移的基础。依照协议安排，完成出资行为后，应进行书面验收确认，以此作为履行出资义务的证据。

第五章 科技人员与转化人员激励制度

科技人员❶既是科技成果的创造者，又是科技成果转化的积极推动者和重要实施者。建立和完善激励科技人员和转化人员转化科技成果的法律制度和措施，对于深化我国科研事业单位机构改革、促进科技成果的转移转化、实现科技成果的市场价值具有极为重要的意义。

第一节 国外激励科技人员转化科技成果的法律制度

国外激励科技人员转化科技成果的法律制度主要分为两个方面：一是科技成果的知识产权权属方面；二是职务科技成果转化的奖励报酬方面。

一、科技成果知识产权权属的法律制度

如果科技成果的知识产权属于科技人员，其自然有充分的动力促进科技成果的转移转化，从而实现该科技成果的最大经济价值。科技人员在未受雇佣情况下完成的科技成果自然属于该科技人员，这一点各国规定均无差异。而对于科技人员在受雇佣情况下完成的科技成果，即职务科技成果，由于世界各国发

---

❶ 《促进科技成果转化法》未对科技人员作出明确界定。根据惯常理解，科技人员是指从事科学研究、技术开发以及技术服务的人员，单纯的科技成果转移转化人员一般不被认为属于科技人员。但考虑到科技成果转移转化机构和人员在科技成果转化过程中的重要作用，并且有相当一部分科技成果转移转化人员来自科技人员，因此，本书在讨论科技成果转化激励制度时也涉及科技成果转移转化机构和人员。

展水平的不同，以及各自的文化传统和法律制度的差异，对职务科技成果权利归属的制度设计上存在较大差别。主要国家的职务科技成果归属可以概括为三种模式：以美国和日本为代表的雇员优先模式；以英国、法国和俄罗斯等国为代表的雇主优先模式；德国则采取不同于上述模式的一种折中式模式。

以美国和日本为代表的"雇员优先"模式，尊重科技成果原始权利人的利益保护，在权利获取的形式上表现为雇员拥有发明专利的申请权。但是，拥有申请权并不代表获得了发明的完整权利。根据美国和日本相关司法实践，雇主对雇员的发明享有很大的支配权。雇员对职务科技成果的专利申请权往往通过雇主和雇员之间的"入职协议"或其他形式的内部管理制度，变相地成为雇主的权利。当然，雇主在申请权变更的同时要承诺给予雇员一定的奖励报酬。如果雇主没有将雇员的发明转化成雇主发明的需求或者认为发明的价值不大，雇员可以自行对该职务科技成果申请专利。这一制度既体现了对雇员权利的尊重，也为雇主提供了一种选择权。

"雇主优先"模式，即不管双方是否有约定，职务科技成果的原始权利归雇主所有。英国法律明文规定雇员发明属于雇主所有，非职务发明创造属于雇员，但可以协议转让给雇主。当雇员发明属于雇主时，雇主应支付报酬给雇员。而在法国，则特别强调雇主和雇员的约定。即如果没有约定，一般职务发明创造属于雇主，但雇主需要支付给雇员一定的报酬。这些国家的法律规定体现了雇员对雇主的依附关系以及雇主对雇员的创造提供一定的保障，同时强调雇员对雇主工作的尽职程度。在这种模式下，如果雇主不能为雇员提出硬性的考核指标或较充分的奖励，对雇员发明的积极性会有一定的影响。另外，英国1999年后颁布的《专利局指南》确定了公共资助研究的知识产权应当归于研究机构所有，除非有相反的有效且强有力的理由。对权利人而言，应该有效地确定、保护和管理知识产权，并努力进行商业化利用。

在雇员职务科技成果的权属上，德国则采取了一种较为折中的模式。首先，《德国雇员发明法》界定了职务发明创造和非职务发明创造的界限，防止雇主对雇员非职务发明创造的侵占。《德国雇员发明法》规定，源于私人企业或者公共机构雇员的工作任务，或者在本质上基于企业或者政府机构的经验或活动就属于职务发明创造，而雇员的其他发明为非职务发明创造。其次，最大程度地维护了雇主的利益，雇主拥有选择权。对于职务发明创造，发明完成后，职务发明创造人负有立即书面向雇主汇报的义务。这有利于雇主随时掌控雇员的研究进展。雇主可以对职务发明创造提出无限制的权利主张或者有限制的权利主张。如果雇主提出无限制的权利主张，职务发明创造人就必须将职务发明创造的所有权利转让给雇主；如果提出的是有限制的权利主张，则雇主享有非独占许可使用权，专利申请权和专利权依然归职务发明创造人所有。这要求雇主要对职务发明创造有深入了解，也必将促进雇主加强职务发明创造的制度建设，否则难以在优先的时间内对职务发明创造的价值作出评判。最后，充分保护了职务发明创造人的利益。表现在两个方面：一方面，充分尊重发明创造原始权利人的法律地位。另一方面，如果雇主选择保留职务发明创造权，就需要对雇员的报酬和奖励进行落实。《德国雇员发明法》比较详细地规定了发明人的报酬计算方式及数额。该法规定，在雇主作出职务发明创造权利主张之后，雇员有权取得合理的报酬，在无限制权利主张下确定报酬数额时，应考虑这项发明的商业适用性、雇员在公司中的职责和所处的位置、企业为发明作出的贡献等因素。如果雇主选择有限制的主张，雇员也可以获得一定的报酬，计算报酬的方式参照无限制权利主张的规定。❶

二、职务科技成果的奖励报酬制度

如果法律规定或科技人员与雇主约定，科技人员职务科技成果的知识产权属于雇主所有，那么激励科研人员转化科技成果的经济措施主要是雇主对该科研人员的奖励。

美国法律并未明确规定普通雇主与雇员之间转化科技成果奖励报酬的措施。在美国，职务科技成果转化的奖励报酬政策通常规定于公司与雇员的劳动合同之中，或者规定于公司的章程、规章制度之中。如果公司章程、规章制度或与雇员的合同中没有关于职务科技成果转化奖励报酬的规定，那么职务科技

---

❶ 郭禾，钱孟姗，唐素琴，等. 国家知识产权局软科学研究项目（SS11 - B - 16）"职务发明制度研究"研究报告。

成果即使在商业实践中被转移转化了，相关科研人员也不能获得经济激励。当然，美国的很多公司，特别是高科技创新公司，为了激励雇员的创新积极性和转移转化积极性，通常会在公司规章制度中规定比较明确的科技成果及其转移转化的激励措施。根据美国相关理论，由于财政收入来自于民众赋税，因此，财政资助科研项目的主要目的在于促进科技创新和科技成果的有效利用，从而使社会成员能够分享科技进步所带来的惠益。所以，美国法律特别重视采取各种手段促进科技成果的商业应用。为了鼓励科研人员转移转化受财政资助的科技成果，《拜杜法》规定，政府机构与受资助的非营利性机构（包括科研机构和大学）签订的研发资助协议中必须包括受资助单位与发明人之间分享有关知识产权许可或转让费用的条款。美国大学和科研机构的知识产权收益分配模式有利于对各方的激励，扣除约 15% 的必要成本（包括行政管理费、专利费等）后，知识产权许可收益的分配一般是发明人、发明者所在的系和发明者所在的学院各 1/3。❶

日本现行法律对职务发明者的报酬只做了原则上的规定，即雇主要给予"相当对价"的报酬。报酬的计算标准由各个公司根据日本特许厅的《职务发明规程》来制定。各公司对作出职务发明的雇员所给予报酬的方式主要有两种：一种是发明授权补偿（在取得发明专利时支付，而无论发明是否能够付诸实施），另一种是收益补偿（在专利产生效益后才支付，其中有的在本公司实施获得收益，有的是通过许可公司实施获取专利使用费）。报酬数额可以规定在雇佣合同和有关雇员规则中，或者视雇主从发明中获取的利益以及雇主对于发明的贡献以及雇员从发明获得的利益等因素而定。❷

根据德国的相关规定，雇主在向雇员作出职务发明要求之后，雇员有权取得合理的报酬。在无限要求下确定报酬额时，应考虑这项发明的商业适用性，雇员在公司中的职责和所处的位置，企业为发明作出的贡献等。有限要求下计算报酬额的方式参照无限要求的规定，并在此基础上做必要的修改。德国职务

---

❶ 宋河发．"十二五中国科学院知识产权工作推进计划"研究报告之"主要国家科研机构知识产权管理比较研究及加强我院知识产权管理的建议"。

❷ 郭禾，钱盂姗，唐素琴，等．国家知识产权局软科学研究项目（SS11 - B - 16）"职务发明制度研究"研究报告。

发明报酬的计算方法主要有三种：第一种方法是许可费计提法，雇主把专利许可给第三方使用，并获得许可费，雇员取得一定比例的许可净收入。这种方法是目前为止德国使用最多的一种。第二种方法是雇主在公司内部使用了发明，从而节约了成本，雇员可得到所节约成本的一定比例作为报酬。这种方法通常用于和制造有关的发明，这种发明不改变最终的产品，但可以在公司内部改进产品的生产方式。第三种方法是在交叉许可等没有实际许可收入或销售收入时，发明者和雇主共同估计发明的价值，雇员取得估计价值的一定比例。另外，德国将大学教师的发明区分为职务发明和非职务发明，教师拥有非职务发明的专利权，学校则拥有职务发明的专利权，同时以产权人的身份负责发明创造的保护、管理和推广应用。至于职务发明人的权益，根据有关法律的规定，大学教师作为发明人可以从发明实施的净收益中获得30%的奖励。❶

第二节　我国科技人员转化科技成果的现状与问题

一、我国科技人员转化科技成果的现状

在实践中，我国科技人员转化科技成果的方式主要有以下四种：一是其科技成果作为职务发明创造，由本单位的专业机构或人员进行科技成果转移转化；二是其科技成果作为职务发明创造，但本单位授权该科技人员进行科技成果的转移转化；三是科技人员与其单位就科技成果的归属问题作出明确约定，科技人员对约定属于其自身的科技成果自行进行转移转化或委托专业机构进行转移转化；四是科技人员的科技成果不属于职务发明创造，科技人员自行转移转化或委托专业机构进行转移转化。

科技人员虽然是科技成果的创造者，但由于科技人员的职能分工，其通常

---

❶　刘向妹，刘群英. 职务发明报酬制度的国际比较及建议 [J]. 知识产权，2006，2. 本部分对职务发明奖励报酬的比较法研究对该文多有引用，特此说明。

仅是科技成果转化的参与者，而非科技成果转化的主导者或组织者。中国科学院在 2011 年对全院知识产权管理工作的调查显示，在受访的 104 个研究所中有 62.5% 的研究所表示本单位科技成果转化的主要困难之一是"科技人员的主要精力用于项目研发，而无暇顾及科技成果转化"；同时，在受访的 385 位课题组负责人中，有 59.57% 的课题组负责人认为"研究所设立专门机构全权进行转移转化和合同谈判"是最有效的转移转化方式，有 18.35% 的课题组负责人认为"委托专业机构进行转移转化和合同谈判"是最有效的转移转化方式，有 19.41% 的课题组负责人认为"科技人员自行进行转移转化和合同谈判"是最有效的转移转化方式。上述两个问题的调查结果说明：（1）科技成果的转化需要科技人员积极参与；（2）由专业机构或人员进行科技成果转化通常会更有效率，但科研机构普遍缺乏专业的转移转化部门或人员；（3）科研机构中的部分科技人员具有转移转化科技成果的意愿和相应的能力。

二、我国科技人员转化科技成果制度性障碍分析

随着我国总体科学技术能力的增强和市场经济的发展，科技成果转化的形式和路径越来越多样化，我国科技人员转化科技成果的主要制度障碍是：1996 年《促进科技成果转化法》规定的转移转化形式和路径有限，且扩展空间不大，制约和妨害了科技人员参与或主导科技成果转化的积极性。具体表现在以下几个方面。

1. 法律未考虑到营利性公司与非营利性机构的本质区别

营利性公司和非营利性科研机构、大学在经费来源、研究目的、转化方式等方面具有明显差别。营利性公司的研究经费通常来自自有资金或其他有偿资金，研究目的是提高本公司自身产品或服务市场竞争力，科技成果转化方式通常是自身实施，并通过专利、商业秘密保护、著作权、商标等形式阻止其他竞争者使用该技术。而非营利性的科研机构或大学，其科技人员的薪金和研发经费大部分来自于国家财政拨款和科研资助。由于其经费来源于纳税人，因此，其研究主要在于就某个领域实现技术突破从而提升整个国家的技术实力，并使社会公众从中受益。所以，科研机构或大学的科技成果在形成之后，就必须尽

快使尽可能多的用户使用其科技成果。综上所述，公司由于其自身的营利性质，主要追求经济利益的最大化，其科技成果的转化必须服务于公司的根本目的。换言之，如其科技成果不被转化更符合公司利益，则公司将其科技成果束之高阁亦应许可；而国立科研机构或大学则不同，其科技人员在作出科技成果之后，通常就有义务向社会公众传播其知识，并尽快应用。

营利性公司和非营利性科研机构、大学的科技成果的表现形式亦有所差别，从而导致对科技人员转化科技成果激励措施的不同。中国科学院大学唐素琴教授在参加国家知识产权局"职务发明研究"课题过程中，对一些大型的营利性公司进行了调研。调研结果显示，由于公司特点，科技人员必须按照公司确定的方向进行研发，产品中一般包括众多专利或技术成果，而在专利的实施或许可转让过程中也往往采取打包而非逐一认定的方式，所以相对应地，就发明的激励而言，公司不太可能按照每个专利来计算其价值，只能打包综合评价。绝大多数公司对研发人员有一套完整的激励机制，不限于专利，同时要考虑研发、销售、绩效等多个方面。而科研机构和高校的科技人员，由于其本身具有很大的学术自由，研究人员的科技成果彼此关联性不强，且科研机构和高校自身通常不直接实施其科技成果，科研机构或大学科技人员的科技成果主要以单独的形式向外许可、转让或以其他方式进行利用。因此，科研机构或大学容易就某个科技成果本身的转移转化情况给予发明人单独的物质激励。❶

正是因为营利性公司和非营利性科研机构、大学具有上述明显差别，所以在激励或促进科技人员转化科技成果的法律规定方面亦应根据具体情况区别对待。我国大多数相关法律法规规定对二者作出相同规范，而未考虑到二者的区别和特点，显然不利于我国科技成果合法、有效、充分地转移转化。因此，在制定科技成果转化相关制度时，应充分考虑到营利性公司和非营利性科研机构、大学之间的差别，尤其应特别关注非营利性科研机构、大学的科技成果转移转化问题。

2. 法律法规的相关规定僵化未考虑实践的丰富性

在科技成果的知识产权归属、科技成果转移转化的形式与程序等方面，相

---

❶ 唐素琴. 国家知识产权局软科学研究项目（SS11 - B - 16）"职务发明制度研究"研究报告之附件二：职务发明制度实施情况及立法调研。

关法律法规和政策规定比较僵化，缺乏灵活性，不能满足日益丰富的科技成果转移转化实践的需求。

明确科技成果的知识产权归属是转移转化科技成果的必要前提。只有明确科技成果知识产权的归属，各方当事人才能形成合力、各司其责地共同做好科技成果的转移转化工作。而我国相关法律法规和政策在科技成果知识产权归属问题上的规定较为僵化，没有充分贯彻合同优先原则，导致了一些不利于科技成果转移转化现象的产生。例如，我国《科技进步法》第 20 条规定："利用财政性资金设立的科学技术基金项目或者科学技术计划项目所形成的发明专利权、计算机软件著作权、集成电路布图设计专有权和植物新品种权，除涉及国家安全、国家利益和重大社会公共利益的外，授权项目承担者依法取得。"该条立法本意是为了鼓励受资助单位和科技人员充分转移转化其科技成果。而在目前市场经济环境下，产—研结合越来越紧密，科研单位的一个研究项目可能既受到国家财政资金的资助，又受到外部公司的资助，并且外部公司的资助力度在很多情况下还大于国家财政资助的力度。外部公司资助该研究项目的目的通常是取得相关科技成果，并由该公司进行市场化运作，因此，该公司通常希望获得该项目研究成果的知识产权，至少是希望与科研单位共有或分享该项目研究成果的知识产权。而根据我国《科技进步法》第 20 条，由于该研究项目获得了财政资金的资助，那么就应该由科研机构取得该项目研究成果的知识产权。这样，显然会降低外部公司与科研单位的合作研发意愿，也会阻碍科技成果的转移转化工作。

科技成果转移转化的形式与程序方面的僵化规定，亦会影响科研单位和科技人员转移转化科技成果的积极性。比如，我国《公司法》第 27 条规定："股东可以用货币出资，也可以用实物、知识产权、土地使用权等可以用货币估价并可以依法转让的非货币财产作价出资。"根据该条规定，科研机构和科技人员以专利权出资入股自然没有问题，但关键是在许多情况下科研机构和科技人员希望以专利使用权或非专利技术出资入股，并与外部公司合作，转移转化其科技成果。由于专利使用权出资入股和非专利技术出资入股属于公司法中的一个灰色地带，有的地方工商机关允许以专利使用权或非专利技术出资入股进行公司注册登记，而有的则不予准许。这在一定程度上阻碍了科研机构和科技人员与外部公司进行合作的途径，甚至会因此而引发严重的且没有必要的经济纠纷。如中国科学院山西煤炭化学研究所与陕西华美新时代工程设备有限公司之间的法律纠纷就是因专利使用权能否投资入股问题而产生，该案分别经过了陕西、天津两地中级人民法院和高级人民法院的审理，最终历时五年才在最高法院的调解下结案，无论是作为科研单位的山西煤炭化学研究所，还是作为技术转移转化单位的陕西华美新时代工程设备有限公司，均因为专利使用权投资入股问题而两败俱伤。再如，根据财政部《事业单位国有资产管理暂行办法》规定，事业单位拍卖、转让、置换或以非货币性资产向外投资等形式处置国有资产，应当委托具有资产评估资质的评估机构进行资产评估。根据相关规定，事业单位国有资产的范围包括专利权、非专利技术等无形资产。因此，国有科研事业单位或大学拍卖、转让专利或非专利技术就需要事先进行资产评估。受知识产权保护现状所限，中国专利或非专利技术的总体价格水平很低，而无形资产评估的费用又相对较高，科研单位或大学在大批量拍卖或转让专利的情况下，如果需要事先由资产评估机构进行资产评估，则很有可能发生专利拍卖或转让收益不足以弥补支付给资产评估机构评估费用的情况。更有甚者，科研机构或大学在向资产评估机构支付巨额评估费用之后，专利或非专利技术可能由于各种原因没有被拍卖或转让出去，那么科研机构或大学则更加血本无归，同时会造成国有资产的特殊损失。

3. 对科技成果转化人员的具体激励措施较匮乏

在科技成果转移转化过程中，科技成果转化人员至关重要，在国有科研单位或大学中的表现尤为明显。相关调研表明，科技成果转化工作做得比较好的科研单位或大学通常都有一支过硬的科技成果转化队伍。在科研单位或大学从事科技成果转移转化工作本身风险较大，而法律对科技成果转化人员激励措施的缺乏，更挫伤了科技成果转化人员转移转化科技成果的积极性。

1996 年《促进科技成果转化法》虽然规定单位转让或实施科技成果后，应对完成科技成果及其转化作出贡献的人员给予奖励，但是国家相关的配套政策或科研单位及大学的相关制度通常仅仅重视给予发明人相应的奖励，而未对科技成果转化人员的奖励问题作出明确规定或给予重视。中国科学院在 2011 年对全院知识产权管理工作的调查结果显示，在受访的 104 个研究所中，仅有

52 个研究所已经制定并实施知识产权转移转化激励办法，占受访总数的 50%；有 19 个研究所已经制定但尚未实施知识产权转移转化激励办法，占受访总数的 18.27%；有 15 个研究所的知识产权转移转化激励办法正在制定中，占受访总数 14.42%；有 5 个研究所尚无制定知识产权转移转化激励办法的计划，占受访总数的 4.81%；有 14 个研究所尚等待科学院制定指导性意见，占受访总数的 12.5%。整体来看，现行立法及相关政策对于在科技成果转移转化过程中作出贡献人员的激励措施仍然流于表面，即使立法或相关政策中涉及相关内容，但也普遍存在原则性强、可操作性差、落实难等现实问题。

4. 科技人员转化科技成果的人事政策不明确

根据调研，在科研事业单位科技成果转化过程中，科技人员起到了重要的技术支撑作用，很多转化合作单位希望科研事业单位的科技人员参与科技成果的转化，相当一部分科研事业单位的科技人员也有离岗参与科技成果转化或直接创业的意愿。科技人员离岗参与科技成果转化或直接创业，对于保障科技成果的顺利转化具有重要意义，也有助于我国科研事业单位改革的深化。考虑到科技成果转移转化风险较高，相关人事政策不明朗，科研事业单位科技人员担心创业失败后回流困难，因此，我国科研事业单位科技人员明显缺乏离岗参与科技成果转化或直接创业的积极性。目前，我国有些科研事业单位为了鼓励科技人员参与转移转化或进行自主创业，允许科技人员在离岗后一定期限内回流，对促进科技成果转化起到了积极作用，收到了较好成效。所以，建议借鉴相关经验，将科研事业单位科技人员离岗创业或参与转化后的回流问题写入法律或行政法规之中，解除科技人员转化科技成果的后顾之忧。

三、1996 年《促进科技成果转化法》奖酬规定的实施效果分析

《促进科技成果转化法》自 1996 年实施以来，虽然对于促进我国科技成果面向市场转移转化起到了一定的作用，但总体而言，《促进科技成果转化法》及其国务院配套政策《促进科技成果转化的若干规定》在科技人员中的影响及其对科技人员转移转化科技成果的激励作用并不大。中国科学院在 2011 年对全院知识产权管理工作的调查结果显示，在受访的 836 位普通科技

人员中，有 474 位，即 56.7% 的科技人员表示没有听说过《促进科技成果转化的若干规定》；有 31.8% 的科技人员表示听说过该规定，但是不了解具体情况；有 7.3% 的科技人员表示知道该规定，但认为由于种种原因相关激励措施不能兑现，法律规定流于形式；仅有 4.2% 的科技人员表示知道也学习过该规定。由此可见，1996 年《促进科技成果转化法》自制定颁布以来，并没有完全达到当初预期的立法效果。

1. 立法目的与定位不清晰

1996 年《促进科技成果转化法》第 1 条规定："为了促进科技成果转化为现实生产力，规范科技成果转化活动，加速科学技术进步，推动经济建设和社会发展，制定本法。"该条阐明了 1996 年《促进科技成果转化法》的立法目的，但是如上文所分析，由于非营利性的科研机构和大学与营利性的公司之间在科技研发、科技成果转移转化等方面存在巨大差异，因此，《促进科技成果转化法》的立法目的必须有重点，至少应该有所差异。

从现实情况来看，虽然跨国公司和大型公司是利用和实施科技成果的主要市场主体，但由于他们本身具备强大的自主利用科技成果的能力和资源，同时也具备专业的科技成果转移转化的部门、人才和经验，有自己的科技成果转移转化办法和措施，亦有符合其公司特点的对科技人员和技术转移转化人员的相关激励措施，因此，只要法律能够保障他们的合同自由，并不需要法律对其科技成果转移转化问题给予特别关注。国家知识产权局起草的《职务发明条例》，拟对职务发明的管理和激励问题作出一刀切的规定，受到了很多跨国公司和大公司的特别关注和强烈质疑，最终导致该条例悬而未决。未来《促进科技成果转化法》修法工作应该充分借鉴《职务发明条例》的起草经验，准确定位立法目的。

从国外经验来看，为了促进科技创新和科技成果转移转化，美国在 20 世纪八十年代先后制定了具有深远影响的《拜杜法》《史蒂文森－怀特勒技术创新法》和《联邦技术转移法》等法律。美国这些法律的立法目的和定位很明确，从科研机构、大学及相关小微企业的角度，创设或规定了促进这些主体及其科技人员科技成果转移转化的激励措施，特别是对国立科研机构、大学科技人员受财政资助科技成果的知识产权归属、转移转化激励措施、转移转化机构设立等问题作出了明确规定。我国亦应借鉴国外的相关经验，将促进我国科研事业单位和大学的科技成果转化工作作为该法律的主要立法目标，并在具体法律条文中加以体现。

当前，我国正处于全面建设小康社会的关键时期，改革开放也已进入深水区。在此期间，稳妥推进科研事业单位改革是提高事业单位公益服务水平，加快各项社会事业发展的客观需要。进行科研事业单位改革，必然会导致科研事业单位发展路径的变化，必然会打破现有利益格局。在这种情况下，如果科研事业单位改革不考虑科研事业单位和科技人员的合理利益，就会受到科技人员的抵制或忽视，甚至无功而返。科研事业单位和科技人员最大的财富莫过于其科技成果的知识产权，而知识产权是一种动态的财产，只有在科技成果的利用过程中，知识产权的价值和经济利益才能够在市场中体现出来。因此，从现实可能性而言，科技成果转移转化能够为科研事业单位和科技人员提供一个巨大的利益出口。如果具备科技成果转移转化的有利条件和良好环境，科研事业单位和科技人员能够真正实现科技成果的市场价值，那么科研机构改革亦是水到渠成之事。

2. 激励科技人员转化科技成果的规定缺乏操作性

1996 年《促进科技成果转化法》中激励科技人员转化科技成果的法律条文主要是第 29 条和第 30 条。该法第 29 条规定："科技成果完成单位将其职务科技成果转让给他人的，单位应当从转让该项职务科技成果所取得的净收入中，提取不低于 20% 的比例，对完成该项科技成果及其转化做出重要贡献的人员给予奖励。"该法第 30 条规定："企业、事业单位独立研究开发或者与其他单位合作研究开发的科技成果实施转化成功投产后，单位应当连续三至五年从实施该科技成果新增留利中提取不低于 5% 的比例，对完成该项科技成果及其转化做出重要贡献的人员给予奖励。""采用股份形式的企业，可以把在科技成果的研究开发、实施转化中做出重要贡献的有关人员的报酬或者奖励，按照国家有关规定将其折算为股份或者出资比例。该持股人依据其所持股份或者出资比例分享收益。"

上述条文中有两个重要概念：一是"净收入"，二是"新增留利"。而何为"净收入"和"新增留利"，法律没有明确的解释，相关配套措施中也没有明确的说明，从而导致该条文在适用上存在困难。特别是对"净收入"这个概念，实践中争议很大。有观点认为，"净收入"是指科技成果受让方支付给单位的转让费；有的观点则认为"净收入"是指转让费减去该科技成果相关成本（如研发成本、管理成本等）后所余的金额。显然，后一观点更符合公众对"净收入"的惯常理解，但在实践中执行却有很多困难，对国有科研单位或大学的科技成果而言更是如此。这是因为在我国目前的知识产权保护水平之下，科技成果的知识产权转让费往往低于研发成本，因此，如果按后一观点执行 1996 年《促进科技成果转化法》第 29 条的规定，单位将科技成果转让之后，"净收入"为负数，科研人员往往不能得到任何奖励。因此，要使 1996 年《促进科技成果转化法》起到对科研人员的激励作用，那么就应按照前一观点理解"净收入"。当然，由于国有科研单位或大学科技成果的研发成本主要来自国家财政资助或其他单位的横向资助，其管理成本和科研人员的工资支出亦来自于国家财政拨款，所以，该科技成果的相关成本对于科研单位或大学来说可以视为零。因此，将单位所获得的转让费总额作为"净收入"，对于国有科研单位或大学自身而言，亦有一定合理性。

　　1996 年《促进科技成果转化法》第 29 条和第 30 条对科技人员的激励政策采取了"一刀切"的形式，没有考虑到市场主体对科技人员激励政策的多样性，从而导致这两个法律条文很少在实践中被适用。根据 1996 年《促进科技成果转化法》第 29 条和第 30 条的规定，在转让科技成果的情形下，企事业单位对科技人员的激励措施只能是给予其"净收入"20% 以上的奖励；在自行实施或许可他人实施的情形下，企事业单位给予科技人员激励措施则只能是给予不低于 5% 新增留利的奖励或一定比例的股权奖励。1996 年《促进科技成果转化法》排除了企事业单位与科技人员关于科研激励措施进行其他约定的可能性，与实践不符，特别是不符合营利性公司的相关实践。

　　同时，1996 年《促进科技成果转化法》也与专利法及其实施细则有所冲突。我国《专利法》第 16 条规定："被授予专利权的单位应当对职务发明创造的发明人或者设计人给予奖励；发明创造专利实施后，根据其推广应用的范围和取得的经济效益，对发明人或者设计人给予合理的报酬。"《专利法实施细则》第 76 条规定："被授予专利权的单位可以与发明人、设计人约定或者在其依法制定的规章制度中规定专利法第十六条规定的奖励、报酬的方式和数额。""企业、事业单位给予发明人或者设计人的奖励、报酬，按照国家有关财务、会计制度的规定进行处理。"第77条规定："被授予专利权的单位未与发明人、设计人约定也未在其依法制定的规章制度中规定专利法第十六条规定的奖励的方式和数额的，应当自专利权公告之日起3个月内发给发明人或者设计人奖金。一项发明专利的奖金最低不少于3 000元；一项实用新型专利或者外观设计专利的奖金最低不少于1 000元。""由于发明人或者设计人的建议被其所属单位采纳而完成的发明创造，被授予专利权的单位应当从优发给奖金。"第78条规定："被授予专利权的单位未与发明人、设计人约定也未在其依法制定的规章制度中规定专利法第十六条规定的报酬的方式和数额的，在专利权有效期限内，实施发明创造专利后，每年应当从实施该项发明或者实用新型专利的营业利润中提取不低于2%或者从实施该项外观设计专利的营业利润中提取不低于0.2%，作为报酬给予发明人或者设计人，或者参照上述比例，给予发明人或者设计人一次性报酬；被授予专利权的单位许可其他单位或者个人实施其专利的，应当从收取的使用费中提取不低于10%，作为报酬给予发明人或者设计人。"另外，为了鼓励职务发明的转移转化，2012年国家知识产权局等13部门颁发了《关于进一步加强职务发明人合法权益保护 促进知识产权运用实施的若干意见》，其中四（八）中规定："在未与职务发明人约定也未在单位规章制度中规定报酬的情形下，国有企事业单位和军队单位自行实施其发明专利权的，给予全体职务发明人的报酬总额不低于实施该发明专利的营业利润的3%；转让、许可他人实施发明专利权或者以发明专利权出资入股的，给予全体职务发明人的报酬总额不低于转让费、许可费或者出资比例的20%。国有企事业单位和军队单位拥有的其他知识产权可以参照上述比例办理。"

由此可见，我国《专利法》《专利法实施细则》以及《关于进一步加强职务发明人合法权益保护 促进知识产权运用实施的若干意见》对于科技成果最重要的知识产权形式——专利权的转移转化的激励方式均是采取约定优先、法定补充的办法。另外，我们还应注意到，我国《专利法》及其实施细则对专利权转移转化的激励主要是针对发明创造人而言的，而对转移转化人员的激励则需要《促进科技成果转化法》进行特别规定。

因此，我国《促进科技成果转化法》亦应考虑到市场主体的实践和科技成果转化激励方式的多样性，对发明创造人的激励措施应该优先尊重市场主体与科技人员之间的约定或者企事业单位相关的规章制度；在没有约定或相关规章制度的情形下，才适用法律规定的奖励措施和奖励标准。同时，我国《促进科技成果转化法》还应考虑到营利性公司与非营利性的科研机构、大学之间的差别，对营利性公司放权并尽量少做硬性规定；而对非营利性科研机构或大学，则应给予科技人员更优惠的，且具有一定强制性的激励措施和奖励标准。另外，考虑到转移转化人员的重要作用，也为了便于清晰划分权益，我国在修改完善相关制度时亦应考虑对发明创造人和转移转化人员分别规定激励措施和奖励标准。

3. 保障科技人员转化科技成果的具体措施不足

1996 年《促进科技成果转化法》所规定的保障科技人员和转移转化人员转化科技成果的相关措施比较原则，可操作性不强，甚至对某些重要问题有所遗漏。

1996 年《促进科技成果转化法》未对何为"职务科技成果"作出明确界定，有可能导致科技人员与单位就科技成果的归属问题权责不清，进一步影响到科技成果的转移转化。因此，2015 年修改后的《促进科技成果转化法》比照我国《专利法》的规定，并参考《关于进一步加强职务发明人合法权益保护 促进知识产权运用实施的若干意见》，在法律中对"职务科技成果"这一概念作出了明确界定。

同时，为了保障科技成果能够充分转化，还应对 1996 年《促进科技成果转化法》第 14 条进行完善和修改。1996 年《促进科技成果转化法》第 14 条规定："国家设立的研究开发机构、高等院校所取得的具有实用价值的职务科技成果，本单位未能适时地实施转化的，科技成果完成人和参加人在不变更职务科技成果权属的前提下，可以根据与本单位的协议进行该项科技成果的转化，并享有协议规定的权益。该单位对上述科技成果转化活动应当予以支持。"该条未解决两个问题：一是单位决定放弃职务科技成果的知识产权时，作出该发明的科技人员是否可以获得和利用该知识产权？二是如果单位不转化科技成果并且不适当地阻碍科技人员转化该科技成果，科技人员有何救济措施？

促进科技人员转移转化科技成果还需要良好的金融环境和税收环境。1996年《促进科技成果转化法》虽然对科技成果转移转化中金融融资和税收优惠问题作出了规定，但是这些规定均非常原则，科技人员并不能依据这些法律条文获得实实在在的支持。

国外经验表明，在科研单位和大学转移转化科技成果过程中，专业的技术转移转化人员和技术中介人员往往起着重要的作用。1996年《促进科技成果转化法》未对科研机构和大学的转移转化部门、人员问题作出规定，不利于科技成果的顺利转化。因此，在修改完善促进科技成果转化制度时应考虑科研单位大学科技成果转化人员的现实需求，在科技成果转化人员的机构编制、奖惩激励、岗位豁免、风险豁免和职称评定等方面予以明确规定，以稳定和引进高层次的科研单位或大学科技成果转化人员，真正促进科技成果转移转化工作。另外，1996年《促进科技成果转化法》第18条规定，在中介机构中从事技术交易经纪业务的人员，应按照国家规定取得资格证书。科技成果转移转化人员和技术交易中介主要取决于其从实践可得的综合素养，将取得资格证书作为从事技术交易的前置条件，既不合理，也不符合当前倡导的简政放权的要求。因此，2015年《促进科技成果转化法》删除了关于资格证书的规定。

4. 工资总额的制约

工资总额是指各单位在一定时期内（通常是一个财务年度）直接支付给本单位全部职工的劳动报酬总额。工资总额的计算与管理既有统计意义，也有税收管理和财政管理等方面的意义。工资总额的概念在不同的时期、不同的部门有不同的解释，除了不同时期在工资总额管理上有不同的内容和理解以外，不同部门在工资总额的理解和管理范围上也是不同的。❶

对国有企业和国有科研机构、高等院校而言，工资总额是国家调整这些单位收入水平、确保收入公平的重要管理手段。其中，比较重要的法规和规章制度包括：原人事部1990年发布的《全民所有制机关、事业单位职工人数和工

---

❶ 杨小敏. 工资总额预算管理研究 [J]. 管理论坛，2012，4（30）：157－160.

资总额计划管理暂行办法》（人计发〔1990〕第 17 号）规定：全民所有制企事业单位职工人数和工资总额计划由各级政府人事部门负责编制和管理，实行统一计划、分级管理。每个单位都应当制定年度工资总额计划，经主管部门批准后执行，各单位不得超计划发放工资。国有资产管理委员会（简称"国资委"）2010 年发布的《中央企业工资总额预算管理暂行办法》（国资发分配〔2010〕72 号）规定：中央企业的工资总额预算应经国务院国资委核准或备案后执行。在国资委核定的工资总额外，不得再以其他形式在成本（费用）中列支任何工资性项目。工资总额预算经国资委核准或者备案后，由中央企业根据生产经营特点与内部绩效考核制度、薪酬分配制度，自行决定所属企业工资总额调控方式、内部收入分配结构和水平。国资委按照提高企业核心竞争力和调节行业收入分配关系的总体要求，依据中央企业经济效益增长预测情况，参考国民经济发展宏观指标、社会平均工资、劳动力市场价位等因素，分行业制定和发布工资增长调控线。在实际操作中，企业工资总额由企业效益预算指标和工资总额预算指标构成，前者以国资委对企业的绩效考核指标为准，后者是由企业根据本单位的实际情况，按照国资委每年度下达的统一的计算公式进行计算和编制，报国资委审核，经本单位权力机构批准后形成工资总额预算指标。人事部、财政部《事业单位工作人员收入分配制度改革方案》（国人部发〔2006〕56 号）规定：事业单位实行岗位绩效工资制度。岗位绩效工资由岗位工资、薪级工资、绩效工资和津贴补贴四部分组成，其中岗位工资和薪级工资为基本工资。绩效工资主要体现工作人员的实绩和贡献。国家对事业单位绩效工资分配进行总量调控和政策指导。中共中央、国务院《关于深化事业单位工作人员收入分配制度改革的意见》（国办发〔2011〕37 号）规定各地综合考虑经济发展、财力状况、物价消费水平、城镇单位在岗职工年平均工资水平、公务员规范后的津贴补贴水平等因素，合理确定本地绩效工资总体水平。根据合理调控事业单位收入水平差距的需要，确定当地事业单位本年度绩效工资水平控制线，各事业单位绩效工资水平原则上不得高于控制线。事业单位发放绩效工资不得突破核定的总量。❶ 另外，2013 年《国务院批转发展改革委等部门关于深化收入分配制度改革若干意见的通知》（国发〔2013〕6 号）亦要求，对部分过高收入行业的国有及国有控股企业，严格实行企业工资总额和工资水平双重调控政策，逐步缩小行业工资收入差距。由上述法规和规章可以看出，国家主要是通过控制国有企业和事业单位工资总额预算，确保各国有单位人员收入的均衡和公平。

由于单位给予职务科技成果发明人和转化人员的奖励和报酬属于非常规性的工资支出，且时多时少，每个年度差别较大，因此，如果将科技成果转化奖励和报酬纳入到工资总额控制范围之内，那么国有企业或国有科研机构、高等院校在发放科技成果转化奖励和报酬时就会顾虑重重。这是因为年度工资总额指标是一定的，给予部分员工发放转化奖励和报酬，就意味着要降低其他员工正常的工资收入，就有可能引起本单位大多数员工的不满。例如，对于全额拨款和差额拨款的事业单位，能够自行调节的绩效奖励工资仅占其工资总额的 30% ~ 40%，当科技成果转化奖励和报酬数额较大的时候就无法落实。❷ 因此，确实有必要从科技成果转化角度对国家对国有企业和科研事业单位工资总额预算管理制度进行必要调整，以确保法律所规定的科技成果转化奖励和报酬制度的落实。

第三节　2015 年《促进科技成果转化法》奖酬问题新规定

2015 年《促进科技成果转化法》第 44 条和第 45 条重点规定了科技人员和转化人员在科技成果转化后获得的奖励报酬问题。第 44 条规定："职务科技成果转化后，由科技成果完成单位对完成、转化该项科技成果做出重要贡献的人员给予奖励和报酬。科技成果完成单位可以规定或者与科技人员约定奖励和报酬的方式、数额和时限。单位制定相关规定，应当充分听取本单位科技人员

---

❶ 丁明磊，侯琼华，张炜熙. 奖励科技成果转化人员要突破工资总额限制 [J]. 中国科技论坛，2014，12：115.
❷ 同上：116.

的意见，并在本单位公开相关规定。"第 45 条规定："科技成果完成单位未规定、也未与科技人员约定奖励和报酬的方式和数额的，按照下列标准对完成、转化职务科技成果做出重要贡献的人员给予奖励和报酬：（一）将该项职务科技成果转让、许可给他人实施的，从该项科技成果转让净收入或者许可净收入中提取不低于百分之五十的比例；（二）利用该项职务科技成果作价投资的，从该项科技成果形成的股份或者出资比例中提取不低于百分之五十的比例；（三）将该项职务科技成果自行实施或者与他人合作实施的，应当在实施转化成功投产后连续三至五年，每年从实施该项科技成果的营业利润中提取不低于百分之五的比例。国家设立的研究开发机构、高等院校规定或者与科技人员约定奖励和报酬的方式和数额应当符合前款第一项至第三项规定的标准。国有企业、事业单位依照本法规定对完成、转化职务科技成果做出重要贡献的人员给予奖励和报酬的支出计入当年本单位工资总额，但不受当年本单位工资总额限制、不纳入本单位工资总额基数。"由上述两个条文可以看出，2015 年《促进科技成果转化法》主要从以下几个方面规定科技人员和转化人员的奖酬问题。

第一，对奖酬的提法与《专利法》进行了协调。1996 年《促进科技成果转化法》将单位职务科技成果转化后给予科研人员和转化人员的物质激励称为"奖励"，而《专利法》将单位在职务发明创造授予专利权后给予发明创造人的物质激励称为"奖励"，将单位在专利权实施后给予发明创造人的物质激励称为"报酬"。可见，1996 年《促进科技成果转化法》中的"奖励"与《专利法》中"奖励"的概念具有本质的不同。职务发明创造人在职务发明创造被授予专利后，发明创造人即可依据《专利法》获得专利法意义上的"奖励"，换言之，发明创造人获得专利法意义上的"奖励"并不需要专利已被实施这个前提；而职务科技成果的发明人要获得 1996 年《促进科技成果转化法》所规定的"奖励"，则必须以职务科技成果被转化或利用为前提。当然，1996 年《促进科技成果转化法》所规定的"奖励"与《专利法》所规定的"报酬"相类似，均是单位在转化科技成果或实施专利获得收益后给予相关人员的物质激励，但是，二者也有细微区别。1996 年《促进科技成果转化法》"奖励"的对象是职务科技成果的完成人和转化人员，而《专利法》所规定的"报酬"面向的对象则只有职务发明创造的发明人。同时，由前文分析，职务科技成果与职务发明创造具有大致相似的意义，故 1996 年《促进科技成果转化法》中的"奖励"和《专利法》中的"奖励""报酬"的概念经常引起人们的混淆和误解。因此，2015 年《促进科技成果转化法》为了与《专利法》相协调，将 1996 年《促进科技成果转化法》中的"奖励"修改为"奖励和报酬"。但是，需要注意的是，2015 年《促进科技成果转化法》使用的"奖励和报酬"概念指称职务科技成果转化后给予发明人和转化人员的收益。当然，2015 年《促进科技成果转化法》的这一变化也容易让发明人和转化人员从字面上进行理解，将其所获得的"奖励和报酬"分成两个部分，一是"奖励"，二是"报酬"。那么在这种理解之下，何为"奖励"，何为"报酬"？所以，笔者认为 2015 年《促进科技成果转化法》"奖励和报酬"概念应该是一个内容，不宜再区分为"奖励"和"报酬"两个概念。

第二，采取约定优先原则。1996 年《促进科技成果转化法》对职务科技成果的发明人和转化人员的奖酬标准采取的是法定原则，不仅僵化，而且也与市场经济的发展实际不相吻合，因此，2015 年《促进科技成果转化法》对 1996 年《促进科技成果转化法》的相关规定进行了优化，引入了约定优先原则。根据 2015 年《促进科技成果转化法》第 40 条的规定，单位可以在本单位规章制度中事先规定给予职务科技成果发明人和转化人员的奖励和报酬的方式、数额和时限等事项，也可以在职务科技成果转化前或转化后与发明人和转化人员约定奖励和报酬事项。同时，考虑到单位相对于员工的强势地位，以及国有科研机构、高等院校的特殊性，2015 年《促进科技成果转化法》还从两个方面对约定优先原则进行了限制：一是单位制定奖励和报酬的相关规定，应当充分听取本单位科技人员的意见，并在本单位公开相关规定，以便接受监督；二是国有科研机构、高等院校制定的奖励和报酬规定或与发明人、转化人员约定的奖励和报酬标准不得低于第 45 条第 1 款规定的法定标准。

第三，提高奖励和报酬的法定标准。1996 年《促进科技成果转化法》第 29 条和第 30 条规定的科技成果转化奖励最低标准是转让净收入的 20% 或 3～5 年实施科技成果新增留利的 5%，而对于以许可方式或作价投资方式转化科技成果的奖励标准则未作出明确规定。2015 年《促进科技成果转化法》

则采取了约定优先原则，原则上允许单位与其员工协商确定科技成果转化奖励和报酬的标准和数额，而如果单位未与员工进行相关约定，单位也无相关规章制度规定奖励和报酬的标准，那么就需要按照法定的标准给予科技人员和转化人员奖励和报酬。根据 2015 年《促进科技成果转化法》第 45 条第 1 款的规定，奖励和报酬的法定标准分为两种情况：一是在以转让、许可和作价投资的方式转化科技成果的情况下，奖励和报酬的最低限是转让净收入、许可净收入或作价出资获得的股份、出资比例的 50%；二是在以自行实施或与他人合作实施科技成果的情况下，奖励和报酬的最低限是转化成功投产后连续 3 ~ 5 年，每年实施该项科技成果营业利润的 5%。由上可见，2015 年《促进科技成果转化法》与 1996 年《促进科技成果转化法》相比，最显著的修改就是大幅度提高了给予科技人员和转化人员奖励和报酬的法定标准。

2015 年 7 月 27 日，李克强总理在国家科技战略座谈会上提出，科技人员是科技创新的核心要素，是创造社会财富不可替代的重要力量，应当是社会的中高收入群体。在基础研究收入保障机制外，还要创新收益分配机制，让科技人员以自己的发明创造合理合法富起来，激发他们持久的创新动力。❶ 2015 年《促进科技成果转化法》第 45 条第 1 款有关奖励和报酬法定标准的规定就是让科技人员合理合法富起来的一项重要保障。

在适用 2015 年《促进科技成果转化法》第 45 条第 1 款时需要注意两点：一是如果企事业单位不准备适用第 45 条第 1 款所规定的法定标准，那么就必须事先制定本单位的规章制度，明确规定奖励和报酬的标准。这一点对于非公企业而言非常重要，因为很多非公企业在给予员工的劳动报酬中可能就包含了科技成果转化奖励方面的考虑，而如果这些企业没有相应规章制度，也未与科研人员和转化人员进行约定，那么他们就需要按照第 45 条第 1 款所规定的法定标准给予科研人员和转化人员奖励和报酬，而由于按照法定标准计算的奖酬数额可能非常高昂，那么就有可能给这些企业造成较大的财务影响。二是对于

---

❶ 李克强. 让科技人员合理合法富起来 [EB/OL]. (2015 – 08 – 20) [2020 – 01 – 15]. http：// news. xinhuanet. com/politics/2015 – 07/28/c_1116066020. htm.

国有科研机构、高等院校而言，只能制定或约定与第 45 条第 1 款所规定的法定标准相同或更高的奖励和报酬标准。否则，国有科研机构、高等院校制定的相关规章制度或与员工进行的约定就会被认定为无效，那么最终仍应按照 2015 年《促进科技成果转化法》第 45 条第 1 款执行奖励和报酬的法定标准。2015 年《促进科技成果转化法》之所以对国有科研机构、高等院校的奖励和报酬标准作出特别规定，主要是考虑到国有科研机构、高等院校的科技成果与企业科技成果转化方式和转化原理不同，从大力推动国有科研机构、高等院校科技成果向企业转移转化角度出发才作出了上述规定。

第四，突破工资总额限制。为了消除工资总额限制对国有企业、科研事业单位激励科技成果转化的不利影响，2015 年《促进科技成果转化法》第 45 条第 3 款明确规定：国有企业、事业单位科技成果转化的奖励和报酬支出计入当年本单位工资总额，但不受当年本单位工资总额限制，不纳入本单位工资总额基数。对 2015 年《促进科技成果转化法》第 45 条第 3 款应重点从以下四个方面理解。

一是该款适用的范围是国有企业和国有事业单位。在实践中，国家出资设立的企业（包括公司，下同）主要有三种情况，即国家全资设立的企业、国家控股企业和国家参股企业。根据《财政部关于国有企业认定问题有关意见的函》（财企函〔2003〕9 号）的规定："从企业资本构成角度看，'国有公司、企业'应包括企业的所有者权益全部归国家所有、属《企业法》调整的各类全民所有制企业、公司（指《公司法》颁布前注册登记的非规范公司）以及《公司法》颁布后注册成立的国有独资公司、由多个国有单位出资组建的有限责任公司和股份有限公司"；"从企业控制力的角度看，'国有公司、企业'还应涵盖国有控股企业，其中，对国有股权超过 50% 的绝对控股企业，因国有股权处于绝对控股地位，应属'国有公司、企业'范畴；对国有股权处于相对控股的企业，因股权结构、控制力的组合情况复杂，如需纳入'国有公司、企业'范畴，须认真研究提出具体的判断标准。"根据上述内容，国有公司、企业包括国有全资和国有绝对控股的公司、企业，而国有资本相对控股的公司、企业是否归属其范围，需要特别判断。由此可见，对于国家全额出资的企业和国有股权超过 50% 的企业，均属于国有企业；国家参股且未绝对控股的企业，则需要根据具体情况进行确定，但一般不属于国有企业。根据国家事业单位登记管理局《事业单位登记管理暂行条例实施细则》的规定："事业单位，是指国家为了社会公益目的，由国家机关举办或者其他组织利用国有资产举办的，从事教育、科研、文化、卫生、体育、新闻出版、广播电视、社会福利、救助减灾、统计调查、技术推广与实验、公用设施管理、物资仓储、监测、勘探与勘察、测绘、检验检测与鉴定、法律服务、资源管理事务、质量技术监督事务、经济监督事务、知识产权事务、公证与认证、信息与咨询、人才交流、就业服务、机关后勤服务等活动的社会服务组织。"国有事业单位即指由国家机关举办的事业单位。同时，还需注意 2015 年《促进科技成果转化法》第 45 条第 3 款和第 2 款适用范围的区别，第 2 款的适用范围是"国家设立的研究开发机构、高等院校"，第 3 款的适用范围是"国有企业、事业单位"，国有事业单位与国家设立的研究开发机构、高等院校是包含与被包含的关系，即国有事业单位包含国家设立的研究开发机构、高等院校。因此，所有的国有科研机构或高等院校可以依据 2015 年《促进科技成果转化法》第 45 条第 3 款的规定，其科技成果转化的奖励和报酬支出可以不受工资总额的限制。但是，并非所有的国有事业单位的职工均可要求适用 2015 年《促进科技成果转化法》第 45 条第 2 款规定的标准给予其科技成果转化的奖励和报酬。例如，一家国有医院由于属于国有事业单位，故该单位转化的奖励和报酬支出可以不受工资总额的限制，但由于医院不属于"国家设立的研究开发机构、高等院校"，故其医生就不能要求适用 2015 年《促进科技成果转化法》第 45 条第 2 款的规定。

二是国有企业、事业单位对完成、转化职务科技成果作出重要贡献的人员给予奖励和报酬的支出需要计入当年本单位工资总额。之所以这样规定，主要是考虑到这些奖励和报酬确实属于本单位职工的工资性收入，同时，也是为了统计便利。

三是国有企业、事业单位对完成、转化职务科技成果作出重要贡献的人员给予奖励和报酬的支出不受当年本单位工资总额限制。这是 2015 年《促进科技成果转化法》第 45 条第 3 款最关键的规定，同时，也是该《促进科技成果转化法》修改工作的一个重要亮点。

四是国有企业、事业单位对完成、转化职务科技成果作出重要贡献的人员给予奖励和报酬的支出不纳入本单位工资总额基数。工资总额基数是指工资总额同经济效益挂钩方案中确定的工资总额或挂钩浮动的工资起点。根据历史性原则，在确定工资总额基数时通常需要考虑之前年度的工资总额。由于各年度科技成果转化奖励和报酬支出并不固定，变化幅度可能很大，加之法律已经规定了转化的奖励和报酬支出不受工资总额的限制，而工资总额基数主要用于确定一个单位正常的工资总额，故没有必要再将转化的奖励和报酬支出纳入单位工资总额基数。

第四节　股权奖励

一、概述

股权奖励是职务科技成果转化奖励报酬的重要形式。根据 2015 年《促进科技成果转化法》，职务科技成果奖励报酬可以依据主体的不同分为两种情况进行讨论：一是科技成果完成单位为非国家设立的研究开发机构、高等院校的其他类型单位，如民营企业、公司等。该类主体在进行科技成果转化奖励时有约定从约定，无约定应按照法律规定进行奖励和报酬。奖励和报酬可以约定的事项包括奖励的方式、数额、时限等内容，并且上述约定原则上不受法律限制，只要单位和职工同意即可。二是职务科技成果完成单位为国家设立的研究开发机构、高等院校，实施成果转化奖励的方式、数额、时限也是约定优先，但对约定奖励报酬的方式和奖励数额的标准存在法律上的强制性要求，即科研机构、高等院校对科技成果完成人、转化人员的奖励报酬份额不得低于转化收益的 50%。

对于科研机构、高等院校而言，如果职务科技成果转化的形式是作价投资入股，那么给予科学家、转化人员的奖励报酬就是相应的股权奖励。根据《促进科技成果转化法》的规定，股权奖励的对象包含两类：一是为"完成"

科技成果作出重要贡献的科研人员，在实践中，这些科研人员一般属于一个科研团队；二是对"转化"科技成果作出重要贡献的人员，这一部分人员是指在科技成果完成后，在其转化过程中，即后续试验、开发、应用、推广活动中作出重要贡献的人员，既包括科研单位内部对科技成果转化作出重要贡献的技术人员，也包括专职从事科技成果转化服务的人员。奖励对象如果为团队，则奖励方案一般由团队人员协商内部分配比例。在实践中，奖励对象持有股权的方式通常有以下三种。

一是完全权利，即成果完成单位将科技成果作价投资形成的股权按照约定比例奖励成果完成人，并将成果完成人登记为公司股东，成果完成人获得完全股权权利，包括财产收益权、经营决策权、股权处置权等。

二是限制权利，即成果完成单位将科技成果作价投资形成的股权按照约定比例奖励成果完成人，并将成果完成人登记为公司股东，成果完成人获得部分股权权利，通常只赋予成果完成人股权收益权，其他股东权利由科研机构与成果完成人签订协议进行限制，符合相关条件后，成果完成人方才获得全部股权权利。

三是股权代持，即成果完成单位将科技成果作价投资形成的股权按照约定比例奖励成果完成人，成果完成人的股权份额由单位代持，双方的权利义务由代持协议约定，通常情况下成果完成人可获得所持股权份额的收益权。但由于科研机构、高等院校通常为国有单位，如果国有单位为私人主体代持，将来还原股权将按照国有股权处置对待，存在一定的操作风险，因此不建议采取该种方式进行成果转化股权奖励。

科研机构科技成果转化股权奖励，通常涉及如下步骤和环节。

① 奖励方案的制定：由成果完成人或团队与单位共同商议奖励方案，包括奖励时限、奖励模式、单位与成果完成人的股权分配比例。如成果完成人涉及多人团队，则由其团队自行协商团队内部的奖励分配比例。

② 奖励方案决策：根据单位相关管理规定对奖励方案进行审批和决策。

③ 奖励方案公示：根据有关规定，担任领导职务的人员获得股权奖励，应在一定范围内公示奖励方案。

④ 奖励方案确认：由单位及受奖励人签署奖励分配方案确认书及相关协

议，对奖励方案进行最终确认。

⑤ 奖励方案实施：按照奖励方案实施股权奖励，如办理股权登记或转移手续等。

二、先奖后投

先奖后投，即研究所与受奖人事先对科技成果作价投资的股权分配作出约定，直接以单位和受奖励人员的名义作价投资，在公司注册时直接将研究所和受奖励人员登记为公司股东。例如，A 研究所与其他合作伙伴共同设立公司，公司注册资本 1 000 万，A 研究所以科技成果作价入股，作价值为 300 万，持股比例为 30%。A 研究所科技成果转化管理办法规定，利用研究所科技成果作价投资的，从该项科技成果形成的股份或出资比例中提取 60% 奖励给为完成、转化科技成果作出重要贡献的人员（该管理办法经过公开征集意见后发布实施）。具体操作如下：在注册成立公司之前，单位和科研人员约定权益分配比例，在注册公司时，以研究所 A 和科技人员的名义分别登记为公司股东，公司章程出资信息显示，研究所 A 的持股比例为 12%，受奖励科研人员的持股比例为 18%，两方的出资方式均为知识产权。另外，在章程中还应予以说明，主要内容为：依据《促进科技成果转化法》，受奖人获得知识产权出资对应股权的 60%，即受奖人对公司的持股比例为 18%。

目前对于"先奖后投"内在含义存在两种理解，一是在作价入股前，对科技成果在研究所与受奖人之间按照股权奖励比例分割，而后由研究所和受奖人分别出资，进而获得相应比例的股权（简称"第一类先奖后投"）；二是研究所和受奖人按照事先约定分割科技成果对应的股权，而后直接在公司登记注册时将研究所和受奖人登记为公司股东，实质这种方式是下述"先投后奖"的简化版，即将科技成果形成股权、股权分割、工商登记，简化在一个步骤内完成（简称"第二类先奖后投"）。

（一）第一类先奖后投

关于税务处理，从税收角度，第一类先奖后投主要涉及三个方面的财产流转：一是研究所按照规定对科技成果先行在研究所与受奖人之间进行分割，如上述案例，A 研究所获得科技成果 40% 的权利，受奖人获得科技成果 60% 的权利；二是研究所使用其科技成果份额获得相应的公司股权；三是受奖人使用其科技成果份额获得相应公司股权。财政部、国家税务总局《关于完善股权激励和技术入股有关所得税政策的通知》（财税〔2016〕101 号）规定："企业或个人以技术成果投资入股到境内居民企业，被投资企业支付的对价全部为股票（权）的，企业或个人可选择继续按现行有关税收政策执行，也可选择适用递延纳税优惠政策。选择技术成果投资入股递延纳税政策的，经向主管税务机关备案，投资入股当期可暂不纳税，允许递延至转让股权时，按股权转让收入减去技术成果原值和合理税费后的差额计算缴纳所得税。"因此，上述第二、三方面，即研究所、受奖人通过其科技成果作价出资入股，其企业所得税、个人所得税则可以享受递延纳税优惠政策，即可以等到其股权获得收益时再缴纳企业所得税或个人所得税。对于第一方面，科技成果分割确权的税务处理目前尚无明确规定。

关于第一类先奖后投，目前在理论上有一定的讨论和争议。《促进科技成果转化法》第 45 条规定：科研机构通过作价投资方式转化科技成果的，应当从该项科技成果形成的股份或者出资比例中提取不低于 50% 的比例给予科研人员和转化人员奖励和报酬。从该规定字面意思来看，科研机构应先作价投资形成股权然后再给予受奖人奖励股权。第一类先奖后投则需要科研机构将职务科技成果先行分割，然后再由科研机构和受奖人利用各自的科技成果份额去进行股权登记，进而获得股权。而科研机构的职务科技成果属于国有资产，对该职务科技成果在科研机构和受奖人之间进行分割，本质上属于对国有资产进行分割。《促进科技成果转化法》第 45 条仅是规定了科研机构可以将职务科技成果形成的股权的一部分奖励给受奖人，但是并未明确规定可以把职务科技成果的部分份额奖励给受奖人，所以，有学者据此认为"第一类先奖后投"的"先奖"行为（即将职务科技成果的部分份额奖励给受奖人的行为）没有法律依据，故这种"先奖"行为属于国有资产流失。我们认为这种观点值得商榷。《促进科技成果转化法》第 45 条是要求受奖人要获得股权或出资比例，至于如何实现这个结果，《促进科技成果转化法》第 45 条并未作出禁止性规定。而先奖后投过程中"奖"的直接目标就是为了"投"，并且有利于简化工商登记程序。同时，无论是先奖后投还是先投后奖，其实际效果都是一样的，都是科研机构要给予受奖人一定比例的物质激励，故此，这种做法为很多地方的国有资产管理主管部门所接受。另外，2020 年 2 月，中央全面深化改革委员会第十二次会议通过了《赋予科研人员职务科技成果所有权或长期使用权试点实施方案》，允许科研人员可享有职务科技成果所有权或长期使用权。根据该实施方案，即使不是为了通过作价投资转化科技成果，科研人员也有可能享有职务科技成果的所有权或长期使用权。故此，我们认为，为了实现《促进科技成果转化法》立法目的，以直接进行职务科技成果作价投资入股为目的的"先奖后投"的"先奖"行为更应符合中央精神，同时，也是合法的、可行的。

（二）第二类先奖后投

从税收角度看，第二类先奖后投主要涉及两个方面的财产流转，一是研究所作价入股形成股权；二是按照事先约定比例研究所对应形成的股权由受奖人持有，对科研院所而言涉及股权转移行为，对受奖人而言涉及接受奖励股权行为。对于第一方面的财产流转，依据财政部、国家税务总局《关于完善股权激励和技术入股有关所得税政策的通知》（财税〔2016〕101 号）的相关要求，研究所可选择继续按现行有关税收政策执行，也可选择适用递延纳税优惠政策。选择技术成果投资入股递延纳税政策的，经向主管税务机关备案，投资入股当期可暂不纳税，允许递延至转让股权时，按股权转让收入减去技术成果原值和合理税费后的差额计算需缴纳所得税。

对财产流转受奖人接受股权的部分，依据《财政部 国家税务总局关于促进科技成果转化有关税收政策的通知》（财税字〔1999〕45 号）、《国家税务总局关于促进科技成果转化有关个人所得税问题的通知》（国税发〔1999〕125 号）、《国家税务总局关于取消促进科技成果转化暂不征收个人所得税审核权有关问题的通知》（国税函〔2007〕833 号）、《国家税务总局关于 3 项个人所得税事项取消审批实施后续管理的公告》（国家税务总局公告 2016 年第 5 号）的相关要求，科研机构、高等学校转化职务科技成果以股份或出资比例等股份形式给予科技人员个人奖励，暂不征收个人所得税，在获奖人按股份、出资比例获得分红时，对其所得按"利息、股息、红利所得"应税项目征收个人所得税。获奖人转让股权、出资比例，对其所得按"财产转让所得"应税项目征收个人所得税，财产原值为零。研究所或受奖人应在授（获）奖的次月 15 日内向主管税务机关备案，报送《科技成果转化暂不征收个人所得税备案表》。

目前关键的问题是在科技成果正式作价投资之前，研究所和个人事先对股权进行分割，一部分研究所的股权无偿赠予获奖人的部分，部分地区的税务机关认为，这种行为应视同销售，故应缴纳企业所得税。征收依据为《中华人民共和国企业所得税法实施条例》第 25 条："企业发生非货币性资产交换，以及将货物、财产、劳务用于捐赠、偿债、赞助、集资、广告、样品、职工福利或者利润分配等用途的，应当视同销售货物、转让财产或者提供劳务，但国务院财政、税务主管部门另有规定的除外。"

针对以上观点，研究所普遍认为，受奖人获得股权奖励是《促进科技成果转化法》的明确规定，第二类先奖后投流程中研究所没有任何现金流入，而且在股权转移之后，研究所也不可能从受奖人所获得的股权部分获得任何回报。因此，在此种情况下，由研究所对该行为缴纳企业所得税，研究所不仅将面临巨大的现金压力，而且也不合理。相关科研院所正积极与税务机关沟通，争取获得税收豁免。同时，需要注意的是，受奖人使用其科技成果份额所获得的股权奖励，虽然可以享受递延纳税优惠政策，但在受奖人转让其股权或获得分红时，仍需要缴纳个人所得税，这项个人所得税与前述某些地区要求研究所缴纳的企业所得税，在本质上都是对受奖人获得股权所征收的所得税，而对某项财产征收两次所得税，显然与税法原理不尽吻合。

三、先投后奖

先投后奖，即科研单位先以职务科技成果作价投资入股，形成目标企业股权后，再按照约定比例，经产权交易所股权分割鉴证，将奖励的股权无偿转给受奖励人员。具体以上述案例为例，先投后奖的具体操作流程是公司注册成立时，将研究所 A 登记为公司股东，出资方式为知识产权，出资额为 300 万元，持股比例为 30%。完成公司工商注册后，经过产权交易所的分割鉴证程序，A

研究所将 18% 的股权转给受奖励人（通常为无偿转让），而后进行工商注册变更，将受奖励人登记为公司股东，持股比例为 18%。主要涉及两个环节的税务问题。

第一，研究所作价投资入股阶段的税务处理问题。依据财政部、国家税务总局《关于完善股权激励和技术入股有关所得税政策的通知》（财税〔2016〕101 号文），研究所技术入股可以选择递延至转让股权时缴纳企业所得税。依据财政部、国家税务总局《关于全面推开营业税改征增值税试点的通知》（财税〔2016〕36 号）相关规定，转让技术成果属于销售无形资产中的"转让技术"业务活动，免征增值税。

第二，股权分割阶段的税务处理问题。在该阶段涉及两类主体，一是研究所，二是受奖人。研究所既存在增值税问题，也存在企业所得税问题。在增值税方面，股权分割可以视同股权转让，非上市公司股权转让不属于增值税征税范围。在企业所得税方面，转让财产收入列入企业收入总额范围，此时研究所应按照转移股权的公允价值和账面价值之差确认所得，并且应补缴投资入股时递延的部分所得税。值得注意的是，研究所给予科技人员和转化人员股权的奖励是无偿的，研究所并无任何收益，而且研究所是根据《促进科技成果转化法》的明确规定而奖励给科技人员和转化人员的，因此，从企业所得税法角度而言，研究所给予科技人员和转化人员的股权奖励，虽然可以视为股权转让，而且该股权转让收入为零，明显低于股权公允价格，但是，这也是合法合理的。更进一步，我们认为，根据税法原理，研究所补缴投资入股时递延的部分所得税税额应为零。

关于受奖人税收问题，由于受奖人是零对价受让股权，按照税法的一般原理，原则上应以股权的公允价值确认所需缴纳的个人所得税。同时，国家税务总局《股权转让所得个人所得税管理办法（试行）》规定，在下列情况下，即使股权转让价格明显偏低，也认为有正当理由，可以按照股权转让的实际价格确定个人所得税："（1）能出具有效文件，证明被投资企业因国家政策调整，生产经营受到重大影响，导致低价转让股权；（2）继承或将股权转让给其能提供具有法律效力身份关系证明的配偶、父母、子女、祖父母、外祖父母、孙子女、外孙子女、兄弟姐妹以及对转让人承担直接抚养或者赡养义务的抚养人或者赡养人；（3）相关法律、政府文件或企业章程规定，并有相关资料充分证明转让价格合理且真实的本企业员工持有的不能对外转让股权的内部转让；（4）股权转让双方能够提供有效证据证明其合理性的其他合理情形。"我们认为，受奖人无偿从科研单位获得股权奖励，有《促进科技成果转化法》的明确规定，因此，该受让价格为零，是合法合理的。故此，根据《股权转让所得个人所得税管理办法（试行）》的规定，受奖人在获得股权奖励时，可不必缴纳个人所得税。当然，受奖人在转让其所获得的股权时，则应缴纳个人所得税。

同时，"先投后奖"存在的问题是研究所在取得股权后向奖励对象分割股权的行为，本质上属于处置国有股权，而目前尚无明确政策规定应如何办理该类股权分割的程序。当前，在北京产权交易所可以就科技成果转化股权奖励办理国有股权分割鉴证，但若未取得上级部门明确批复，仍存在一定的国有资产管理风险。另外，国有股权分割如果通过公开挂牌转让实施，但却无法确保受奖对象成功摘牌，且原则上受奖对象需支付对价才能获取股权，也违背了《促进科技成果转化法》奖励报酬制度的具体规定。

综合分析以上两种股权奖励操作方式，可以看出目前在制度上均存在一定的争议和风险。至于选择哪种方式操作，我们认为可以从两个方面来考虑：第一，国有资产管理部门认可哪种方式，即国有资产管理部门或主管部门认定何种操作方式符合国有产权登记规定，何种方式具有可行性，即可选择哪种方式。第二，在国有资产管理部门和上级主管部门认可的前提下，可以从享受税收优惠、缩短审批流程等节省经济成本、时间成本的角度来考虑具体选择何种方式。

第五节　科学家创新创业

在科技成果转化和知识产权运用过程中，科学家具有重要作用。享有知识产权的科技成果在企业具体落地、转化过程中要尽快解决相关技术问题，离不开科学家的深度参与。因此，企业在与科研机构合作进行知识产权运用和科技成果转化时，经常会要求科研机构的科学家直接或间接地参与相关项目的创新创业。科学家创新创业涉及科研机构、科学家、合作企业等各方利益错综复杂。因此，通过多种方式促进科学家创新创业对于切实推动我国科研机构的科研能力转化、科技成果转化和知识产权运用具有重要意义。

一、法律与相关政策文件

《促进科技成果转化法》第 27 条规定："国家鼓励研究开发机构、高等院校与企业及其他组织开展科技人员交流，根据专业特点、行业领域技术发展需要，聘请企业及其他组织的科技人员兼职从事教学和科研工作，支持本单位的科技人员到企业及其他组织从事科技成果转化活动。"该条为科学家创新创业提供了法律保障。同时，国务院《关于推动创新创业高质量发展打造"双创"升级版的意见》（国发〔2018〕32 号）明确要求："鼓励和支持科研人员积极投身科技创业。对科教类事业单位实施差异化分类指导，出台鼓励和支持科研人员离岗创业实施细则，完善创新型岗位管理实施细则。"为了落实《促进科技成果转化法》的有关规定，规范和鼓励科学家创新创业，人力资源社会保障部于 2017 年颁布了《关于支持和鼓励事业单位专业技术人员创新创业的指导意见》（人社部规〔2017〕4 号）；之后在 2019 年 12 月，人力资源社会保障部又下发了《关于进一步支持和鼓励事业单位科研人员创新创业的指导意见》（人社部发〔2019〕137 号），分别从科学家离岗创办企业、兼职创新与在职创办企业、企业挂职等方面对科学家创新创业问题进行了明确规定。

二、创新创业类型

1. 科学家离岗创业

科学家离岗创业是指科研机构科学家带着科研项目和成果离岗创办科技型企业或者到企业开展创新工作。科学家离岗创业对于发挥市场在人才资源配置中的决定性作用、提高人才流动性、促进科技成果转化、激发和释放创新创业活力具有重要作用。

科学家离岗创业期间可以依法继续在原单位参加社会保险；工资、医疗等待遇，由科研机构根据国家和地方有关政策结合实际确定；达到国家规定退休条件的，应当及时办理退休手续。创业企业或所工作企业应当依法为离岗创业人员缴纳工伤保险费用，离岗创业人员发生工伤的，依法享受工伤保险待遇。

同时，科研机构的科学家经申请可以离岗创办企业；其职称、年龄、资历、科技成果形式、获奖层次、获得专利与否均不作为限制离岗创办企业的条件。离岗创办企业的期限，一般不得超过三年；期满后创办企业尚未实现盈利的可以申请延长一次，延长期限不超过三年。离岗创办企业期限最长不超过离岗创办企业人员达到国家规定的退休年龄的年限。在同一事业单位申请离岗创办企业的期限累计不超过六年。

科研机构应当与离岗创办企业科学家订立离岗协议，同时变更相应聘用合同。聘用合同变更后，未执行的合同期限应与离岗协议期限一致。离岗创办企业期间空出的岗位，可按国家有关规定用于聘用急需或者紧缺人才。离岗创办企业科学家返回时，如无相应岗位空缺，可暂时突破岗位总量和结构比例，将其聘用至不低于离岗创办企业时原岗位等级的岗位，通过自然消化方式逐步核销。

2. 科学家在职创业

科学家可以通过在职创办企业和兼职创新等方式进行在职创业。科学家在职创业，对于鼓励事业单位专业技术人员合理利用时间、挖掘创新潜力具有重要意义，同时也有助于推动科技成果加快向现实生产力转化。

在职创办企业和兼职创新与离岗创业的主要区别在于是否在创业期间离开原工作岗位。离岗创业的科学家在进行创业过程中需要离开原工作岗位，在创业结束后，涉及返岗问题。对于在职创办企业或兼职创新而言，科学家并不离开现有岗位，应继续履行现有岗位工作职责，完成现有岗位工作任务。因此，科研机构科学家在保证保质保量完成本职工作的基础上，进行兼职创新、在职创办企业，应继续享有参加职称评审、项目申报、岗位竞聘、培训、考核、奖励等各方面权利，工资、社会保险等各项福利待遇均不受影响。

同时，经与科研机构协商一致，兼职创新或在职创办企业的科学家可以实行相对灵活、弹性的工作时间。另外，兼职创新、在职创办企业的科学家还可以在兼职单位或者创办企业申报职称。到企业兼职创新的科学家，与企业职工享有同等的获取报酬、奖金、股权激励的权利，国家另有规定的从其规定。兼职单位或创办企业应当依法为兼职创新、在职创办企业科学家缴纳工伤保险费，其在人事关系所在单位外工作期间发生工伤的，依法享受工伤保险待遇，由相关单位或企业承担工伤保险责任。

3. 科学家企业挂职

科学家企业挂职是指科研机构根据企业需求选派符合条件的科学家到企业从事管理或项目科研工作。科学家企业挂职，是强化科技同经济对接、创新成果同产业对接、创新项目同现实生产力对接的重要举措，有助于实现企业、高校、科研院所协同创新，强化对企业技术创新的源头支持。

科学家企业挂职与科学家离岗创业或科学家在职创业均不相同。科学家离岗创业或科学家在职创业，主要是科学家的自主行为，因此，无论是离岗创业还是在职创业，其创业风险应由科学家自己承担，故其创业收益也应由科学家所享有。而科学家企业挂职，是由科研机构和相关企业合作主导，科学家是受科研机构委派到企业从事管理或科研工作，因此，相关风险和收益应主要由科研机构承担或享有。当然，科研机构或挂职企业可以给予科学家一定的奖励或报酬。

科研机构选派科学家从事管理或科研工作，应与科学家变更聘用合同，约定岗位职责、工作标准和考核、工资待遇等。科研机构、科学家、派驻企业应当签订三方协议，约定选派科学家的工作内容、期限、报酬、奖励等权利义务以及成果转让、开发收益等权益分配内容。合作期满，科学家应当返回派出单位原岗位工作，或者由派出单位安排相应等级的岗位工作；所从事工作确未结束的，三方协商一致可以续签协议。科学家在选派期间执行事业单位人事管理政策规定和派出科研机构的内部人事管理办法，同时应遵守派驻企业的规章制度。

科学家在选派期间，应与派出科研机构在岗同类人员享有同等权益，并与派驻企业职工同等享有获取报酬、奖金的权利，国家另有规定的从其规定。科学家在派驻企业的工作业绩应作为其职称评审、岗位竞聘、考核奖励等的主要依据，派出科研机构可以按照有关规定对业绩突出人员在岗位竞聘时予以倾斜。

三、科学家创新创业中的知识产权问题

科学家进行创新创业应特别重视相关科技成果及知识产权的归属和使用问题。《促进科技成果转化法》和《专利法》均规定：职工执行本单位的任务或主要利用本单位的物质技术条件所作出的科技成果或发明创造属于职务科技成果或职务发明创造，其知识产权应属于单位所有。科学家属于科研机构的职工，因此，科学家无论是离岗创业、在职创业还是企业挂职，均会涉及科技成果及知识产权的归属和使用问题。具体而言，可以分为以下三种情形。

第一，科学家离岗创业所涉及的科技成果及知识产权问题。科学家在离岗创业之前所形成的科技成果，通常是由科学家执行本单位任务或主要利用本单位物质技术条件做出的，因此，这些科技成果及知识产权应属于所在单位。如果科学家要利用这些科技成果及知识产权进行离岗创业，应与单位进行协商，通过转让、许可、作价投资等方式获得相应的权利后再进行创新创业。

同时，还需注意，根据《专利法实施细则》第 12 条的规定，职工"退休、调离原单位后或者劳动、人事关系终止后 1 年内作出的，与其在原单位承担的本职工作或者原单位分配的任务有关的发明创造"亦属于职务发明创造，属于单位所有。虽然科学家离岗创业期间其劳动人事关系仍在科研机构，但亦应与科研机构约定离岗后 1 年内作出的与原岗位工作相关的发明创造的归属问题，以避免纠纷。

第二，科学家在职创业所涉及的科技成果及知识产权问题。与科学家离岗创业类似，科学家在职创业也可能需要利用本单位的已有的科技成果及知识产权，在这种情况下，必须与本单位进行协商，约定利用的方式和利益分享等事宜。同时，如果科学家在其他企业兼职进行科技创新，其所形成的科技成果及知识产权原则上应属于兼职企业。但是，为了避免与所在科研机构发生不必要的纠纷，科学家、兼职企业与科研机构亦应签订协议，对科学家兼职期间所取得的科技成果及知识产权的归属、利益分享等问题作出明确约定。

另外，无论是离岗创业还是在职创业，科学家均应重视关联交易问题。在科学家创业过程中，关联交易主要涉及科研机构与创业企业之间的关系。以中

国科学院《关于加强科研项目关联业务管理的暂行规定》为例，该规定所称关联业务是指课题承担单位（科研机构）委托具有关联关系的企业或单位提供有偿业务的行为，包括委托任务、采购、化验加工、试制改造等。如科研机构向本单位科学家创业企业采购服务或货物等，即可构成关联业务，需要科学家事先申报，并且关联业务原则上应受到禁止。至于科研机构将其持有的职务科技成果转让或许可给科学家在职或离岗创办的企业是否属于关联业务，我们认为，虽然原则上也应属于关联业务，但是应与其他关联业务区别对待，原则上应予批准。这是因为《促进科技成果转化法》多个条文均明确鼓励科学家进行创新创业，而科学家进行创新创业必然要使用科研机构的职务科技成果，故从《促进科技成果转化法》立法目的来看，科学家创业企业正常获得科研机构科技成果所有权或使用权，本来就是立法所鼓励的方向，不应以关联业务为由简单加以禁止。再以中国科学院《关于加强科研项目关联业务管理的暂行规定》为例，该规定明确界定关联业务是科研机构委托具有关联关系的企业提供有偿业务的行为，而科研机构向科学家创业企业转让或许可职务科技成果显然不属于购买企业有偿业务行为，故此，该规定通过对关联业务概念范围进行限缩，将科研机构转让或许可职务科技成果行为加以明确排除，为科学家依法利用科研机构职务科技成果进行创业铺平了道路。

第三，科学家企业挂职所涉及的科技成果及知识产权问题。科学家在受科研机构委派到企业从事管理或科研工作过程中所形成的科技成果及知识产权，其归属和收益问题，应主要由科研机构与企业之间签订的挂职服务协议确定。该科技成果及知识产权无论是属于科研机构，还是属于挂职企业，亦或由双方共享，科学家均有权根据《促进科技成果转化法》第44条、第45条和《专利法》第16条的规定获得奖励和报酬。至于是由科研机构，还是由挂职企业发放奖励和报酬，笔者认为可以由科研机构与挂职企业进行约定，如果没有约定，则应根据科技成果及知识产权的归属情况确定向科学家发放奖励和报酬的义务单位。

第六章　科技成果转化与税收

税收政策是国家财税政策的重要组成部分，对于国家调控各项领域工作具有重要意义。通过发挥经济、社会、政治功能，财税法可以理顺国家与纳税人、立法与行政、中央与地方、政府与市场等基本关系。这三大功能的适配组合能够起到"整体大于部分之和"的最优化效果，在国家治理的诸要素中协同发力、综合施治，共同为实现国家长治久安和社会经济发展提供制度保障。❶ 科技研发和科技成果转化对国民经济健康稳定发展具有重要推动作用，各国政府无不利用税收政策推动和促进科技研发和科技成果转化工作。为了促进科技成果转化和知识产权运用，我国相继出台了多项有关科技研发和科技成果转化的税收政策。

第一节　营业税、增值税优惠政策和"营改增"

一、营业税优惠政策

营业税的基本制度规定在《中华人民共和国营业税暂行条例》（简称《营业税暂行条例》）中，该条例规定在我国境内提供条例规定的劳务、转让无形资产或者销售不动产的单位和个人，应缴纳营业税。其中的应税劳务，在营业税改征增值税（简称"营改增"）之前，包括属于交通运输业、建筑业、金融

---

❶ 刘剑文. 财税法功能的定位及其当代变迁 [J]. 中国法学，2015，4：179.

保险业、邮电通信业、文化体育业、娱乐业、服务业税目征收范围的劳务。按照营业税征收的一般规定，应纳税额的计算为营业额×税率，营业额为纳税人提供应税劳务、转让无形资产或者销售不动产收取的全部价款和价外费用。纳税人营业额未达到营业税起征点的，免征营业税；达到起征点的，应当全额计算缴纳营业税，税率为5%。

对于从事部分"四技"服务的主体，国家在营业税方面给予免征的优惠。根据财政部、国家税务总局《关于贯彻落实〈中共中央　国务院关于加强技术创新，发展高科技，实现产业化的决定〉有关税收问题的通知》（财税〔1999〕273号），对于单位和个人从事技术转让、技术开发业务和与之相关的技术咨询、技术服务业务取得的收入，免征营业税。但是，其中的技术开发、技术转让业务，限于自然科学领域的技术开发和技术转让业务。这一规定广泛包含了技术开发、技术转让、技术咨询、技术服务等方面，涉及知识产权创造和运用的整个流程。同时，这一规定的适用主体亦非常宽泛，不仅包括我国的单位和个人，也包括外商投资企业、外商投资设立的研究开发中心、外国企业和外籍个人。❶

科研机构和高等学校在科技成果转化方面的税收征收，另有特别规定。依据科技部、教育部、人事部、财政部、中国人民银行、国家税务总局、国家工商行政管理局《关于促进科技成果转化的若干规定》，科研机构和高等学校的技术转让收入免征营业税。对于非营利性科研机构而言，不仅从事技术转让免征营业税，根据《国务院办公厅转发科技部等部门关于非营利性科研机构管理的若干意见（试行）的通知》的规定，非营利性科研机构从事技术开发业务和与技术开发、技术转让业务相关的技术咨询、技术服务所得的收入，亦免征营业税。当然，如果非营利性科研机构从事的是与科研业务无关的其他服务而取得收入，应当按照规定缴纳各项税收。

对于企业而言，根据财政部、国家税务总局《关于国家大学科技园税收政策的通知》，在规定的时间内，符合条件的科技园向孵化企业出租场地房屋以及提供孵化服务的收入，免征营业税。其中的"孵化服务"是指为孵化企

---

❶ 纪宏奎. 科技领域涉税优惠政策盘点 [J]. 税政征纳，2010 (7)：10 - 14.

业提供的属于营业税"服务业"税目中"代理业""租赁业"和"其他服务业"中的咨询和技术服务范围内的服务。其中，孵化服务与知识产权创造与运用直接相关，而向科技园租用场地房屋的孵化企业则是创造型企业，也与知识产权创造和运用相关。这一规定向科技园提供了税收优惠，间接惠益了孵化企业。

为了减少重复征税、降低企业税负，2011 年经国务院批准，财政部、国家税务总局联合下发"营改增"试点方案。从 2012 年 1 月 1 日起，在上海交通运输业和部分现代服务业开展"营改增"试点。自 2012 年 8 月 1 日起至年底，国务院将扩大"营改增"试点至 10 省市；2013 年 8 月 1 日，"营改增"范围已推广到全国试行，将广播影视服务业纳入试点范围。2014 年 1 月 1 日起，将铁路运输和邮政服务业纳入"营改增"试点，至此交通运输业已全部纳入营改增范围；2016 年 3 月 18 日召开的国务院常务会议决定，自 2016 年 5 月 1 日起，中国将全面推开"营改增"试点，将建筑业、房地产业、金融业、生活服务业全部纳入"营改增"试点中。2017 年 10 月 30 日，国务院常务会议通过《国务院关于废止〈中华人民共和国营业税暂行条例〉和修改〈中华人民共和国增值税暂行条例〉的决定（草案）》，标志着实施 60 多年的营业税正式退出历史舞台。在"营改增"过程中，符合"营改增"条件的相关范围、行业和主体的营业税优惠政策有所改变，由"营改增"政策另行规定。关于科技成果转化方面的"营改增"优惠政策，具体内容见本节第三部分。

二、增值税优惠政策

增值税的基本政策规定在《中华人民共和国增值税暂行条例》（简称《增值税暂行条例》）中。2017 年修订的《增值税暂行条例》规定，在我国境内销售货物或者加工、修理修配劳务，销售服务、无形资产、不动产以及进口货物的单位和个人，为增值税的纳税人，均应当依照规定缴纳增值税。增值税纳税人分为一般纳税人和小规模纳税人，二者各有其计税方法。一般纳税人增值税征收采用一般计税方法，应纳税额为"当期销项税额－当期进项税额"。其中，销项税额为"销售额×税率"，即按照销售额和税率计算并向购买方收取的增值税额；进项税额是纳税人购进货物或者接受应税劳务支付或者负担的增值税额。根据《增值税暂行条例》，符合规定的进项税额可以从销项税额中抵扣。一般纳税人的税率分为四档，一般税率为17%；纳税人销售交通运输、邮政、基础电信、建筑、不动产租赁服务，销售不动产，转让土地使用权，销售或者进口下列货物，税率为11%；纳税人销售服务、无形资产，除另有规定的外税率为6%；纳税人出口货物，境内单位和个人跨境销售国务院规定范围内的服务、无形资产，税率为零。

从事货物生产或者提供应税劳务的纳税人，以及以从事货物生产或者提供应税劳务为主，并兼营货物批发或者零售的纳税人，年应征增值税销售额在50万元以下的，和上述以外的纳税人年应税销售额在80万元以下的，则是小规模纳税人。另外，年应税销售额超过小规模纳税人标准的其他个人按照小规模纳税人纳税，非企业性单位、不经常发生应税行为的企业亦可选择按照小规模纳税人纳税。小规模纳税人采用的是简易计税方法，应纳税额为"销售额×征收率"，不抵扣进项税额，征收率为3%。

根据《增值税暂行条例》，直接用于科学研究、科学试验和教学的进口仪器、设备，免征增值税。

在软件行业，国家给予即征即退和免征增值税的税收优惠。一般纳税人销售其自行开发生产的软件产品，按17%税率征收增值税后，对其增值税实际税负超过3%的部分实行即征即退政策。一般纳税人将进口软件产品进行本地化改造后对外销售的，销售的软件产品亦可享受上述规定的增值税即征即退政策。对企业引进属于《国家高新技术产品目录》所列的先进技术，按合同规定向境外支付的软件费，免征进口环节增值税。这些政策促进了软件的开发、进口和本地化改造，也通过软件费的增值税优惠促进了企业引进高新技术。

对于符合条件的企业，国家给予免征进口环节增值税的优惠。根据《国务院关于印发实施〈国家中长期科学和技术发展规划纲要（2006—2020年）〉若干配套政策的通知》，在规定时间内，对符合国家规定条件的企业技术中心、国家工程（技术研究）中心等，进口规定范围内的科学研究和技术开发用品，免征进口环节增值税；对承担国家重大科技专项、国家科技计划重点项目、国家重大技术装备研究开发项目和重大引进技术消化吸收再创新项目的企业进口国内不能生产的关键设备、原材料及零部件，免征进口关税和进口环节增值税。

另外，对于高新技术企业，根据《国务院关于批准国家高新技术产业开发区和有关政策规定的通知》，高新技术企业经海关批准，可以在高新技术产业开发区内设立保税仓库、保税工厂。海关按照进料加工的有关规定，以实际加工出口数量，免征进口环节增值税。

三、"营改增"后的优惠政策

营改增，是指对一部分本来征收营业税的应税服务，不再征收营业税，而改为征收增值税。"营改增"改革，是为了改变目前存在的营业税重复征收的问题，以消除产业之间深化分工中的税收障碍，进一步完善税制。在我国加快转变经济发展方式、大力发展第三产业的背景下，"营改增"有利于促进服务业，尤其是现代服务业的发展。[1]

2012 年 1 月 1 日，交通运输业和部分现代服务业"营改增"试点在上海率先启动。与知识产权创造和运用密切相关的、包括研发和技术服务在内的部分现代服务业成为首先纳入试点的行业。2012 年 7 月，"营改增"试点范围由上海分批扩大至北京等 8 个省和直辖市，到 2013 年 8 月 1 日，"营改增"试点在全国范围内推开。2014 年，铁路运输、邮政业、电信业纳入"营改增"试点范围。[2]"十二五"期间，我国将全面完成"营改增"改革。

在现代服务业中，与知识产权创造与运用相关的是研发、技术服务和文化创意服务。其中，研发和技术服务，包括研发服务、技术转让服务、技术咨询服务；文化创意服务，包括商标和著作权转让服务、知识产权服务。商标和著作权转让服务，是指转让商标、商誉和著作权的业务活动。知识产权服务，是指处理知识产权事务的业务活动，包括对专利、商标、著作权、软件、集成电

---

❶ 王波，刘菊芳，龚亚麟．"营改增"政策对知识产权服务业的影响 [J]．知识产权，2014（4）：66 - 69．

❷ 杨多萍，李晓杰．增值税环境下高校科研涉税问题探究 [J]．中国地质大学学报（社会科学版），2014（5）：25 - 27．

路布图设计的代理、登记、鉴定、评估、认证、咨询、检索服务。

"营改增"后的计税方法与一般增值税计税方法相同，一般纳税人适用一般计税方法，小规模纳税人适用简易计税方法。但征税税率有所调整：部分现代服务业（有形动产租赁服务除外）的一般纳税人的税率为6%，相对于"营改增"以前服务业5%的营业税，税率有所升高；小规模纳税人的征收率为3%，相对于从前营业税5%的税率，有所降低。

小规模纳税人的认定标准也与增值税一般政策不同。一般的区分标准为年应税销售额50万元和80万元，而在试点中，区分标准为年应税销售额500万元，超过500万元的纳税人为一般纳税人，未超过500万元的纳税人为小规模纳税人。应税服务年销售额超过500万元但不经常提供应税服务的单位和个体工商户可选择按照小规模纳税人纳税。这提高了一般纳税人的应税标准，增大了小规模纳税人的容纳空间。

"营改增"后，根据试点文件的规定，个人转让著作权，提供技术转让、技术开发和与之相关的技术咨询、技术服务，免征增值税。试点地区试点实施之日前，如果试点纳税人已经按照有关政策的规定享受了营业税税收优惠，在剩余税收优惠政策期限内，继续享受有关增值税优惠。可见，"营改增"在税收优惠方面，不会给纳税人增加负担。

"营改增"后，小规模纳税人增值税税率3%，低于5%的营业税率，具有较为明显的减税作用；一般纳税人的增值税率为6%，高于5%的营业税，但可以实行进项抵扣。可见，"营改增"的影响，取决于纳税人的性质，对于小规模纳税人减税幅度较大；一般规模纳税人税收负担有可能加重，但由于可以抵扣部分进项税，税收并非必然增多。[1]

对于高校而言，其横向科研经费支出大部分由劳务、办公用品等费用构成，很少能够取得增值税专用发票，缺乏进项抵扣的基础，因此，如果高校被认定为一般纳税人，高校的税收负担可能会升高。[2] 但根据增值税一般规定，非企业性单位、不经常发生应税行为的企业可选择按照小规模纳税人纳税；根

---

[1] 王军. "营改增"对高校横向科研社会问题的影响研究 [J]. 华北科技学院学报，2014 (11)：121－124.

[2] 窦静. 高校科研涉税问题的思考 [J]. 会计师，2012 (05)：69－70.

据试点规定，应税服务年销售额超过 500 万元但不经常提供应税服务的单位和个体工商户亦可选择按照小规模纳税人纳税。高校应当争取被认定为小规模纳税人，在采购过程中也应注意取得增值税进项发票。但无论高校是何种性质的纳税人，对于提供技术开发、技术转让和与之相关的技术咨询、技术服务等原属免征营业税范围的应税项目，现在都可以申请免征增值税。❶

根据《关于全面推开营业税改征增值税试点的通知》（财税〔2016〕36 号）的附件 3《营业税改征增值税试点过渡政策的规定》，对于纳税人提供技术转让、技术开发和与之相关的技术咨询、技术服务，予以免征增值税。具体而言，技术转让、技术开发，是指《销售服务、无形资产、不动产注释》中"转让技术""研发服务"范围内的业务活动。技术咨询，是指就特定技术项目提供可行性论证、技术预测、专题技术调查、分析评价报告等业务活动。与技术转让、技术开发相关的技术咨询、技术服务，是指转让方（或者受托方）根据技术转让或者开发合同的规定，为帮助受让方（或者委托方）掌握所转让（或者委托开发）的技术而提供的技术咨询、技术服务业务，且这部分技术咨询、技术服务的价款与技术转让或者技术开发的价款应当在同一张发票上开具。

纳税人申请免征增值税时，须持技术转让、开发的书面合同到纳税人所在地省级科技主管部门进行认定，并持有关的书面合同和科技主管部门审核意见证明文件报主管税务机关备查。

第二节 企业所得税优惠政策

一、企业所得税概述

在我国境内，企业和其他取得收入的组织均为企业所得税的纳税人，按照

---

❶ 李静翠. "营改增"环境下高校横向科研涉税问题思考 [J]. 财会通讯，2013（8）：55－56.

《中华人民共和国企业所得税法》（简称《企业所得税法》）缴纳企业所得税。其中，"企业"包括企业、事业单位、社会团体以及其他取得收入的组织，分为居民企业和非居民企业。居民企业，是指依法在中国境内成立，或者依照外国（地区）法律成立但实际管理机构在中国境内的企业；非居民企业，是指依照外国（地区）法律成立且实际管理机构不在中国境内，但在中国境内设立机构、场所的，或者在中国境内未设立机构、场所，但有来源于中国境内所得的企业。个人独资企业、合伙企业则不适用《企业所得税法》。

企业所得税的应纳税额为"应纳税所得额×适用税率－减免税额－抵免税额"。企业的应纳税所得额，是企业每一纳税年度的收入总额减除不征税收入、免税收入、各项扣除以及允许弥补的以前年度亏损后的余额。企业所得税的税率为25%，符合条件的小型微利企业的税率则为20%。企业按照规定计算的固定资产折旧和无形资产摊销费用准予扣除。企业纳税年度发生的亏损，准予向以后年度结转，用以后年度的所得弥补，结转年限最长不得超过五年。

二、知识产权创造运用企业所得税优惠政策

《企业所得税法》和《中华人民共和国企业所得税法实施条例》（简称《企业所得税法实施条例》）对企业的知识产权创造和运用规定了一系列优惠政策。主要有以下几项。

（1）减免征税。《企业所得税法》第27条规定，企业符合条件的技术转让所得可以免征或减征企业所得税。《企业所得税法实施条例》第90条进一步规定：上述"所称符合条件的技术转让所得免征、减征企业所得税，是指一个纳税年度内，居民企业技术转让所得不超过500万元的部分，免征企业所得税；超过500万元的部分，减半征收企业所得税。"根据财政部、国家税务总局《关于居民企业技术转让有关企业所得税政策问题的通知》（财税〔2010〕111号），关于"技术转让的范围，包括居民企业转让专利技术、计算机软件著作权、集成电路布图设计权、植物新品种、生物医药新品种，以及财政部和国家税务总局确定的其他技术；""其中：专利技术，是指法律授予独占权的发明、实用新型和非简单改变产品图案的外观设计。"关于"技术转

让"的概念，是指居民企业转让其拥有符合上述规定技术的所有权或5年以上（含5年）全球独占许可使用权的行为。同时，技术转让应签订技术转让合同。其中，在我国境内的技术转让须经省级以上（含省级）科技部门认定登记，跨境的技术转让须经省级以上（含省级）商务部门认定登记，涉及财政经费支持产生技术的转让，需省级以上（含省级）科技部门审批。居民企业技术出口应由有关部门按照商务部、科技部发布的《中国禁止出口限制出口技术目录》（商务部、科技部令2008年第12号）进行审查。居民企业取得禁止出口和限制出口技术转让所得，不享受技术转让减免企业所得税优惠政策。另外，居民企业从直接或间接持有股权之和达到100%的关联方取得的技术转让所得，不享受技术转让减免企业所得税优惠政策。另外，根据《关于将国家自主创新示范区有关税收试点政策推广到全国范围实施的通知》（财税〔2015〕116号）的规定，自2015年10月1日起，全国范围内的居民企业转让五年以上非独占许可使用权取得的技术转让所得，也纳入到享受企业所得税优惠的技术转让所得范围。居民企业的年度技术转让所得不超过500万元的部分，免征企业所得税；超过500万元的部分，减半征收企业所得税。

（2）递延纳税。根据财政部、国家税务总局《关于非货币性资产投资企业所得税政策问题的通知》（财税〔2014〕116号）规定，企业以科技成果知识产权等非货币资产对外投资所获得的对价，如股权或出资比例等，应被视为非货币资产转让所得，应当缴纳企业所得税。但是，该非货币性资产转让所得可以在不超过5年期限内，分期均匀计入相应年度的应纳税所得额，递延计算缴纳企业所得税。企业以非货币性资产对外投资，应对非货币性资产进行评估并按评估后的公允价值扣除计税基础后的余额，计算确认非货币性资产转让所得。企业以非货币性资产对外投资，应于投资协议生效并办理股权登记手续时，确认非货币性资产转让收入的实现。同时，企业在对外投资5年内转让上述股权或投资收回的，应停止执行递延纳税政策，并就递延期内尚未确认的非货币性资产转让所得，在转让股权或投资收回当年的企业所得税年度汇算清缴时，一次性计算缴纳企业所得税；企业在计算股权转让所得时，可将股权的计税基础一次调整到位。如果企业在对外投资5年内注销的，应停止执行递延纳税政策，并就递延期内尚未确认的非货币性资产转让所得，在注销当年的企业所得税年度汇算清缴时，一次性计算缴纳企业所得税。

另外，根据财政部、国家税务总局《关于完善股权激励和技术入股有关所得税政策的通知》（财税〔2016〕101号）的规定："企业或个人以技术成果投资入股到境内居民企业，被投资企业支付的对价全部为股票（权）的，企业或个人可选择继续按现行有关税收政策执行，也可选择适用递延纳税优惠政策。选择技术成果投资入股递延纳税政策的，经向主管税务机关备案，投资入股当期可暂不纳税，允许递延至转让股权时，按股权转让收入减去技术成果原值和合理税费后的差额计算缴纳所得税。"因此，根据该通知规定，企业以技术成果作价投资入股的，既可以当期即缴纳企业所得税，也可以按照《关于非货币性资产投资企业所得税政策问题的通知》在5年期限内分期递延缴纳企业所得税，当然，还可以将企业所得税缴纳时间递延至转让股权之时。

（3）加计扣除。根据《企业所得税法》《企业所得税法实施条例》和相关规章制度，企业为开发新技术、新产品、新工艺发生的研究开发费用，未形成无形资产计入当期损益的，在按照规定据实扣除的基础上，按照研究开发费用的50%加计扣除；形成无形资产的，按照无形资产成本150%摊销。对从事文化产业支撑技术等领域的文化企业，开发新技术、新产品、新工艺发生的研究开发费用，允许按照税收法律法规的规定，在计算应纳税所得额时加计扣除。科技型中小企业开展研发活动中实际发生的研发费用，未形成无形资产计入当期损益的，在按规定据实扣除的基础上，再按照实际发生额的75%在税前加计扣除；形成无形资产的，在上述期间按照无形资产成本的175%在税前摊销。

（4）固定资产折旧。由于技术进步，产品更新换代较快的固定资产，可以采取缩短折旧年限或者加速折旧的方法。在规定的时间内，允许企业加速研究开发仪器设备折旧。企业用于研究开发的仪器和设备，单位价值在30万元以下的，可一次或分次摊入管理费，其中达到固定资产标准的单独管理，但不提取折旧；单位价值在30万元以上的，可采取适当缩短固定资产折旧年限或加速折旧的方法。❶ 由于技术进步，产品更新换代较快的固定资产及常年处于

---

❶ 陈永伟，徐冬林. 高新技术产业的创新能力与税收激励［J］. 税务研究，2010（8）：26-28.

强震动、高腐蚀状态的固定资产，企业可以采取缩短折旧年限或者采取加速折旧的方法。集成电路生产企业的生产设备，其折旧年限可以适当缩短，最短可为 3 年（含）。企业外购的软件，凡符合固定资产或无形资产确认条件的，可以按照固定资产或无形资产进行核算，其折旧或摊销年限可以适当缩短，最短可为 2 年（含）。对生物药品制造业，专用设备制造业，铁路、船舶、航空航天和其他运输设备制造业，计算机、通信和其他电子设备制造业，仪器仪表制造业，信息传输、软件和信息技术服务业，轻工、纺织、机械、汽车等行业企业新购进的固定资产，可缩短折旧年限或采取加速折旧的方法。对所有行业企业新购进的专门用于研发的仪器、设备，单位价值不超过 100 万元的，允许一次性计入当期成本费用在计算应纳税所得额时扣除，不再分年度计算折旧；单位价值超过 100 万元的，可缩短折旧年限或采取加速折旧的方法。对所有行业企业持有的单位价值不超过 5000 元的固定资产，允许一次性计入当期成本费用在计算应纳税所得额时扣除，不再分年度计算折旧。

（5）成本分摊。企业与其关联方共同开发、受让无形资产，或者共同提供、接受劳务发生的成本，在计算应纳税所得额时应当按照独立交易原则进行分摊。❶

（6）资助扣除。对企事业单位、社会团体和个人等社会力量通过公益性的社会团体和国家机关向科技部科技型中小企业技术创新基金管理中心用于科技型中小企业技术创新基金的捐赠，可以作为公益性捐赠予以税前扣除。对社会力量，包括企业单位、事业单位、社会团体、个人和个体工商户，资助非关联的科研机构和高等学校研究开发新产品、新技术、新工艺所发生的研究开发经费，经主管税务机关审核确定，资助支出可以全额在当年度应纳税所得额中扣除。上述规定以间接方式促进了企业和个人资助企业、科研机构、高等学校进行技术研发。税收政策发挥了引导投资方向的作用。

在绿色发展方面，环境保护、节能节水、安全生产等的专用设备，该专用设备的投资额的 10% 可以从企业当年的应纳税额中抵免；当年不足抵免的，

---

❶ 陆正华，何宙翔，李其霞. 新企业所得税法实施对高新技术企业的影响［J］. 2008（26）：22－24.

可以在以后 5 个纳税年度结转抵免。

三、特别主体的企业所得税优惠政策

针对不同主体，企业所得税也有相应的特别优惠措施。

对于科研单位和高校，根据科技部、教育部、人事部、财政部、中国人民银行、国家税务总局、国家工商行政管理局《关于促进科技成果转化的若干规定》，科研单位、高等学校服务于各业的技术成果转让、技术培训、技术咨询、技术承包所取得的技术性服务收入免征所得税；根据《国务院批转国家教委等部门关于深化改革鼓励教育科研卫生单位增加社会服务意见的通知》，高等学校进行技术转让、技术咨询、技术服务、技术培训、技术承包、技术出口的收入所得，免征所得税；高等学校以技术入股形式与外单位联营分得的利润，免征所得税；以其他形式与外单位联营分得的利润，给予三年减半征收所得税的照顾。

对于非营利性科研机构而言，根据《国务院办公厅转发科技部等部门关于非营利性科研机构管理的若干意见（试行）的通知》，非营利性科研机构从事技术开发、技术转让业务和与之相关的技术咨询、技术服务所得的收入，免征企业所得税，非营利性科研机构从事上述非主营业务收入用于改善研究开发条件的投资部分，可以抵扣企业所得税应纳税所得额，仅就其应纳税所得额余额部分征收企业所得税。社会力量对非关联的非营利性科研机构的新产品、新技术、新工艺所发生的研究开发经费资助，其资助支出可以全额在当年度企业所得税应纳税所得额中扣除。❶

对国家需要重点扶持的高新技术企业，按照 15% 的税率征收企业所得税，相比于一般 25% 的税率，降低了 10% 。高新技术企业必须拥有核心自主知识产权，并且产品和服务、产品和服务取得的收入、研究开发费用、科技人员占比都达到法律所规定的标准。当前的《企业所得税法》已经将过去对高新技

---

❶ 靳东升，王则斌. 对我国非营利性科研机构的税收政策思考 ［J］. 中国科技产业，2002（1）：51－54.

术企业的区域优惠政策调整为产业优惠为主、区域优惠为辅的政策，全国范围内的高新技术企业都实行 15% 的税率优惠政策。这更有利于促进高新技术企业的发展。●

另外，根据《国务院关于批准国家高新技术产业开发区和有关政策规定的通知》，对内资办的高新技术产业开发区企业，技术转让所得以及在技术转让过程中发生的与技术转让有关的技术咨询、技术服务、技术培训所得，年净收入在 30 万元以下的，免征收所得税；超过 30 万元的部分，按适用税率征收所得税。对属于"火炬"计划开发范围的高新技术产品，凡符合新产品减免税条件并按规定减免产品税、增值税的税款，可专项用于技术开发，不计征所得税。

高新技术企业的研发成本、人力成本占成本比例很高，税收政策允许高新技术企业的合理工资薪金支出予以扣除，即允许税前扣除实际工资、薪金。这一规定对高新技术企业有较大利好。● 高新技术企业的技术发展往往需要长期研发，而长期研发常常由企业的几家子公司联合完成，《企业所得税法》规定无形资产的研发成本和劳务成本可以在关联企业之间合理分摊，有利于高新技术企业合理分摊研发成本，降低个别企业研发的资金需求。

第三节 个人所得税政策

一、个人所得税概述

根据我国《中华人民共和国个人所得税法》（简称《个人所得税法》）的规定，在我国境内有住所、或者无住所而一个纳税年度内在我国境内居住累计满 183 天的居民个人从中国境内和境外取得的所得，应当依照法律规定缴纳个

● 姚军，朱雪忠. 促进我国知识产权发展的税制改革研究 [J]. 经济师，2006（11）：8－9.

● 孙一冰，邢堃. "税眼"扫描，税收政策助力高科技成果产业化 [J]. 中国税务，2006（11）：8－9.

人所得税。另外，在中国境内无住所又不居住、或者无住所而一个纳税年度内在中国境内居住累计不满 183 天的非居民个人从中国境内取得的所得，也应当按法律规定缴纳个人所得税。

个人所得税的应税范围包括：工资、薪金所得；劳务报酬所得；稿酬所得；特许权使用费所得；经营所得；利息、股息、红利所得；财产租赁所得；财产转让所得；偶然所得。居民个人取得的工资、薪金所得、劳务报酬所得、稿酬所得、特许权使用费所得，按纳税年度合并计算个人所得税，适用 3% ~ 45% 的超额累进税率；非居民个人取得的工资、薪金所得、劳务报酬所得、稿酬所得、特许权使用费所得，按月或者按次分项计算个人所得税。纳税人取得经营所得、利息、股息、红利所得、财产租赁所得、财产转让所得、偶然所得，则依照法律规定分别计算个人所得税。

二、劳务报酬、稿酬、特许使用费所得个人所得税政策

根据《中华人民共和国个人所得税法实施条例》（简称《个人所得税法实施条例》）的规定，劳务报酬所得是指个人从事设计、装潢、安装、制图、化验、测试、医疗、法律、会计、咨询、讲学、翻译、审稿、书画、雕刻、影视、录音、录像、演出、表演、广告、展览、技术服务、介绍服务、经纪服务、代办服务以及其他劳务取得的所得；稿酬所得是指个人因其作品以图书、报刊等形式出版、发表而取得的所得；特许权使用费所得是指个人提供专利权、商标权、著作权、非专利技术以及其他特许权的使用权取得的所得，以及提供著作权的使用权取得的所得（但不包括稿酬所得）。由此可见，劳务报酬所得、稿酬所得、特许使用费所得均有可能涉及科研能力转化或科技成果转化的收益。

考虑到纳税人提供劳务、撰写稿件、获得知识产权均需要付出一定的成本，因此，《个人所得税法》规定个人收入额的计算应当扣除相关费用。具体而言，劳务报酬所得、稿酬所得、特许权使用费所得应以收入减除 20% 的费用后的余额为收入额。另外，稿酬所得的收入额进一步规定按 70% 计算。

同时，对于省级人民政府、国务院部委和中国人民解放军以上单位以及外

国组织、国际组织颁发的科学、教育、技术、文化、卫生、体育、环境保护等方面的奖金，免征个人所得税。

三、职务科技成果转化奖励报酬优惠政策

根据《促进科技成果转化法》规定，科研单位在职务科技成果转化后应给予科研人员和转化人员奖励报酬。根据2018年修改后的《个人所得税法》规定，上述奖励报酬应纳入到"工资、薪金所得"，进而该奖励报酬需要归入个人综合所得，需要年度计算缴纳个人所得税。综合所得个人所得税最高税率为45%，远高于经营所得最高税率35%。显然，科研人员职务科技成果转化个人所得税税负过重，会对科技成果转化产生不利影响。

为进一步支持国家大众创业、万众创新战略的实施，促进科技成果转化，财政部、税务总局、科技部制定了《关于科技人员取得职务科技成果转化现金奖励有关个人所得税政策的通知》（财税〔2018〕58号）。该通知规定，依法设立的非营利性研究开发机构和高等学校根据《促进科技成果转化法》规定，从职务科技成果转化收入中给予科技人员的现金奖励，可减按50%计入科技人员当月"工资、薪金所得"，依法缴纳个人所得税。科技人员享受该通知规定的税收优惠政策，应当同时符合以下条件：①科技人员是指非营利性科研机构和高校中对完成或转化职务科技成果作出重要贡献的人员。非营利性科研机构和高校应按规定公示有关科技人员名单及相关信息（国防专利转化除外），具体公示办法由科技部会同财政部、税务总局制定。②科技成果是指专利技术（含国防专利）、计算机软件著作权、集成电路布图设计专有权、植物新品种权、生物医药新品种，以及科技部、财政部、税务总局确定的其他技术成果。③科技成果转化是指非营利性科研机构和高校向他人转让科技成果或者许可他人使用科技成果。现金奖励是指非营利性科研机构和高校在取得科技成果转化收入三年（36个月）内奖励给科技人员的现金。④非营利性科研机构和高校转化科技成果，应当签订技术合同，并根据《技术合同认定登记管理办法》，在技术合同登记机构进行审核登记，取得技术合同认定登记证明。同时，非营利性科研机构和高校应健全科技成果转化的资金核算，不得将正常工

资、奖金等收入列入科技人员职务科技成果转化现金奖励享受税收优惠。

为了进一步落实科研人员职务科技成果转化的上述税收优惠政策，国家税务总局又颁布了《关于科技人员取得职务科技成果转化现金奖励有关个人所得税征管问题的公告》（国家税务总局公告 2018 年第 30 号），该公告规定：①上述所称"三年（36 个月）内"，是指自非营利性科研机构和高校实际取得科技成果转化收入之日起 36 个月内。非营利性科研机构和高校分次取得科技成果转化收入的，以每次实际取得日期为准。②非营利性科研机构和高校向科技人员发放职务科技成果转化现金奖励，应于发放之日的次月 15 日内，向主管税务机关报送《科技人员取得职务科技成果转化现金奖励个人所得税备案表》。单位资质材料（《事业单位法人证书》《民办学校办学许可证》《民办非企业单位登记证书》等）、科技成果转化技术合同、科技人员现金奖励公示材料、现金奖励公示结果文件等相关资料自行留存备查。③非营利性科研机构和高校向科技人员发放现金奖励，在填报《扣缴个人所得税报告表》时，应将当期现金奖励收入金额与当月工资、薪金合并，全额计入"收入额"列，同时将现金奖励的 50% 填至《扣缴个人所得税报告表》"免税所得"列，并在备注栏注明"科技人员现金奖励免税部分"字样，据此以"收入额"减除"免税所得"以及相关扣除后的余额计算缴纳个人所得税。

四、知识产权作价投资个人所得税政策

2015 年 3 月 30 日，财政部、国家税务总局下发了《关于个人非货币性资产投资有关个人所得税政策的通知》（财税〔2015〕41 号，简称《政策通知》）。根据该通知，科技人员在利用知识产权进行创业时，一旦创业失败，不仅前期投入血本无归，而且还有可能拖欠国家巨额个人所得税。因此，该通知将使创新创业的科技人员产生重大税务风险，也与当前国家鼓励创新创业的政策不符，需要进行检视和改善。因此，在讨论科技成果转化税收政策时，应特别对该《政策通知》加以重视。

1.《政策通知》的主要内容

《政策通知》的主要内容只有一点，即个人以非货币资产作价投资取得公

司股权视为个人"转让"非货币性资产和"投资"同时发生，故应当根据《个人所得税法》"财产转让所得"项目缴纳个人所得税。同时，《政策通知》考虑到个人以非货币资产作价投资仅仅是取得了公司的股权，尚未取得实际的货币利益，一次性缴税有困难，故允许纳税人在报主管税务机关备案后五年内分期缴纳个人所得税。

《政策通知》实际上是对以前多年悬而未决的有关个人以非货币资产投资是否缴纳个人所得税以及应如何缴纳个人所得税的问题进行了明确。例如，2005 年国家税务总局在《关于非货币性资产评估增值暂不征收个人所得税的批复》（国税函〔2005〕319 号）中指出："考虑到个人所得税的特点和目前个人所得税征收管理的实际情况，对个人将非货币性资产进行评估后投资于企业，其评估增值取得的所得在投资取得企业股权时，暂不征收个人所得税。在投资收回、转让或清算股权时如有所得，再按规定征收个人所得税，其'财产原值'为资产评估前的价值。"而该批复在 2011 年被废止。同时，《政策通知》第 6 条规定："对 2015 年 4 月 1 日之前发生的个人非货币性资产投资，尚未进行税收处理且自发生上述应税行为之日起期限未超过 5 年的，可在剩余的期限内分期缴纳其应纳税款。"由此可见，在上述批复被废止之后、《政策通知》施行之前，税务机关原则上是要求个人在以非货币资产投资后立即缴纳个人所得税，但实际执行情况可能很不乐观，或并未被税务机关和投资者严格执行。另外，根据笔者对某几地税务机关的电话咨询，他们的答复均是：在《政策通知》施行之前以知识产权作价投资成立公司是暂不征收个人所得税的，但在股权转让或公司分红时需要征收个人所得税。

2.《政策通知》对投资者的影响

《政策通知》第 5 条规定，"本通知所称非货币性资产，是指现金、银行存款等货币性资产以外的资产，包括股权、不动产、技术发明成果以及其他形式的非货币性资产。"所以，该通知主要涉及以股权、不动产和知识产权作价投资的行为。《个人所得税法》规定，按照"财产转让所得"项目缴纳个人所得税，适用比例税率，税率为 20%。《个人所得税法》第 6 条第 1 款第（五）项规定，"财产转让所得"项目的应纳税所得额是转让财产的收入额减除财产原值和合理费用后的余额。因此，个人以非货币资产作价投资应当缴纳的个人所得税的金额就是该非货币资产的投资作价减除财产原值及合理费用后的余额乘以20%。另外，需要注意的是，《政策通知》所规定的五年分期缴纳制度与先前的暂不缴纳制度具有本质区别。按照暂不缴纳制度，创业者只要还未获得实质的创业收益，他就没有缴纳个人所得税的义务；而按照五年分期缴纳制度，创业者无论是否创业成功，他都负有在五年内按照创业时对该非货币资产估价的标准缴纳个人所得税的义务。

客观地说，《政策通知》无论是对股权作价投资、不动产作价投资，还是对知识产权作价投资，均会产生一定抑制作用。如果对上述三种方式的作价投资进行比较，则其对知识产权作价投资的抑制作用尤为明显。这是因为拟作价投资的股权或不动产通常均有与拟作价格相当的"财产原值"，并且投资者也相对容易加以证明，因此，以股权或不动产作价投资的投资者在减除财产原值及合理费用后，其所需缴纳的个人所得税可能并不高。而如果科技人员以其所创造的知识产权作价投资，由于其科技成果及其知识产权是在其长时间的学习、研究基础上形成的，而科技人员的学习、研究成本难以进行具体计算和证明，也并不被税务机关视为知识产权的"财产成本"或"财产原值"，因此，如果按照《政策通知》的规定，科技人员以其知识产权作价投资，那么该知识产权的"财产原值"就为零，在这种情况下，科技人员就需要按照该知识产权的作价价格的20%缴纳个人所得税。例如，某科技人员甲与某投资者乙共同成立一家科技公司丙，甲以其专利权作价100万出资获取公司丙50%的股权，乙以100万现金出资获取公司丙另外50%的股权。那么在这种情况下，乙不需缴纳个人所得税；而甲则需要在五年内向税务机关缴纳20万元的个人所得税。即使公司丙在五年内未进行公司分红，甚至公司丙倒闭，甲缴纳个人所得税的义务亦不能免除；如果该科技人员未按时申报个人所得税，或者经催缴后未实际缴纳个人所得税，则有可能根据我国刑法规定被追究刑事责任。

3. 《政策通知》的理论基础与辨析

《政策通知》之所以认为需要对以非货币性资产作价投资征收个人所得税，主要是因为《政策通知》制定者认为以非货币性资产作价投资的行为属于个人"转让"非货币性资产和"投资"同时发生的行为。笔者认为这种认识值得商榷。

　　如果按照《政策通知》制定者的理论，非货币财产作价出资中包含着非货币资产的"转让"，那么受让方显然应该是公司，而出让方则是非货币资产的所有者，即作价出资者。假设该非货币资产是一项专利权，作价 100 万元，那么按照《政策通知》制定者的理论，在该项专利权作价出资入股的过程中，就应该包括以下两个步骤：第一个步骤是专利权转让步骤，即专利人将专利转让给公司并获得 100 万元现金，公司受让专利权并向专利权人支付 100 万元现金；第二个步骤是出资步骤，即专利权人将该 100 万元现金作为资本交付给公司，并获得相应的公司股份。由此可见，按照《政策通知》制定者的理论，如果认为专利权作价出资包含专利权"转让"和"投资"两个行为，那么专利权人在对公司投资时所投入的并非其所持有的专利权，而是其专利权变现后所获得的货币。根据《公司法》第 27 条的规定，投资者是可以用专利权直接投资的；而按照《政策通知》制定者的理论，专利权人必须变现后用货币才能投资公司。显然，《政策通知》在实质上间接地否定了专利权作价投资，与《公司法》第 27 条有一定冲突。

　　另外，即使在以所得税为国家财政主要来源的美国也并非对知识产权作价投资行为全部征收个人所得税。根据美国税法的规定，如果知识产权权利人与其他股东作为一个团队拥有公司的 80% 以上的控股权，那么知识产权权利人的知识产权作价投资行为就不需要缴纳个人所得税。当然，知识产权权利人在转让该股权或获得股权分红时需要缴纳个人所得税。根据美国权威税法学者梅因教授的解释，美国税法这样规定的逻辑是：在作价投资前，知识产权权利人是直接控制该专利权的，在作价投资后，知识产权权利人通过控股权控制公司进而间接控制其专利权。因此，在这种情况下，知识产权作价投资行为并未对知识产权的控制权作出实质改变，也就不需要缴纳所得税。

　　4. 知识产权作价投资的特殊性与必要性

　　虽然我国《公司法》第 27 条明确了投资者可以知识产权作价投资，并且知识产权作价投资不再受公司注册资本比例的限制，但由于很多人对知识产权作价投资的特殊性和重要意义仍没有清晰的认识，故尽管有法律的明确规定，有些人仍会自觉或不自觉地在实践中否定或阻碍知识产权作价投资行为。因此，解决对知识产权作价投资的认识问题至关重要。

有些人之所以对知识产权作价投资有抵触情绪，主要是因为他们认为作为公司资本的知识产权不如货币、不动产等"靠谱"，尤其是一个公司的注册资本如果全部是以知识产权作价投资。他们没有看到任何公司"实物"，就会觉得这样的公司是"骗子公司"或"忽悠公司"。其实，这样的认识是错误的。

客观地讲，与货币或不动产、有价证券等相比，知识产权作价投资最主要的特点就是知识产权价格不能准确评估。知识产权价格评估是一个世界性难题，目前没有很好的解决方案，且根据知识产权的特点，在可预见的未来应也不会有非常客观的评估模型。虽然现在市场上有知识产权价格评估机构，也有知识产权价格评估的市场行为，但是一项知识产权的价格到底是多少，通常只能依靠相关当事人根据当时的情况和预期确定一个双方都能接受的价格。因此，在以知识产权作价投资入股时，无论是市场监管机构，还是投资者（包括知识产权权利人，也包括以其他资产投资入股的投资者），面临的一个重要难题就是投资入股的知识产权的真正价格应是多少。而这个问题是无解的，因为任何人都不能准确评估知识产权的价格。

我们说知识产权的价格不能准确评估，并不代表知识产权没有价值或价格。相反，随着市场经济的发展，知识产权的价值越来越高，占公司总财富中的比重也越来越大。同时，无论是在作价投资过程中，还是在后续的公司运营过程中，知识产权对公司的价值均有可能发生较大变化，既可能变高，也有可能变低。知识产权显著增值了，不可能将增值部分退还给作价投资者；知识产权价值变小了，显然让作价投资者进行补偿也是不合理的。这些都是正常的市场风险，从本质上讲，也都是正常的市场行为。当然，我国在市场经济建设初期，考虑到公司债权人风险意识不强，《公司法》非常严格地贯彻公司资本三原则，故《公司法》亦对知识产权作价投资占公司注册资本的比例有比较严格的限制。而随着我国市场经济的发展，市场主体的市场意识逐渐增强，故《公司法》对知识产权作价投资占公司注册资本的比例限制逐渐放松，乃至最终取消。

另外，无论是创新创业，还是科技成果转化，均需要资本的支持。技术只有与资本结合起来，才能够形成先进生产力。技术与资本结合的基本方式有三种：一是作为拥有技术的创业者从资本方借用资金，然后利用该资金设立公司进行市场转化；二是技术所有者将知识产权许可或转让给资本方，资本方利用该知识产权并出资设立公司进行市场转化；三是技术所有者以知识产权、资本方以其资金共同设立公司进行市场转化。当然，上述三种方式可能还有很多变形，比如，第三人从资本方贷款获得一定资金，然后再与技术所有者进行合作。但是，万变不离其宗，技术与资本结合的基本方式只有以上三种。

在上述第一种方式中，技术所有者进行创业的资金是贷款而来的，他不仅要偿还本金，而且还要偿还利息。一旦创业失败，技术所有者就会负债累累，风险极大，故技术所有者很少使用这种方式进行创业。同时，对于资本方而言，其收益仅限于利息收入，而不能获得公司成功所带来的投资收益。在上述第二种方式中，技术所有者可以获得许可或转让的稳定收益，但也丧失了公司创业成功所带来的巨大投资收益；而对资本方而言，其固然可以获得公司创业成功所能带来的巨大投资收益，但其先期需要投入两笔资金，一是设立公司所需要的资金，二是许可费或转让费，一旦创业失败，上述两笔资金均会损失，风险很大。在上述第三种方式中，资本方仅需投入设立公司所需资金即可，技术所有者也仅需投入其技术及知识产权，如果公司创业成功，资本方和技术所有者均可以获得设立公司的投资收益，虽然可能不如单独设立公司的投资收益，但是也是非常可观的。同时，一旦创业失败，资本方仅损失设立公司的资金，而不会损失许可费或转让费；技术所有者也仅损失其技术及知识产权，但不会有其他资金的损失。此外，从社会总投资角度讲，上述第三种方式的科技成果转化所需资金仅仅是设立公司所需的资金，不包括许可费或转让费，所以相比上述第二种方式，第三种转化方式所需占用的社会总投资是最少的。如果再考虑到上述第三种方式能够促使资本、技术、管理的高度融合，那么，第三种方式是双方当事人风险均可控、预期收益均较大且最易实现的优选方式。因此，知识产权作价投资对于"万众创业，大众创新"和促进科技成果转化具有极为重要的意义。

5. 相关政策建议

2015 年 3 月，中共中央、国务院下发了《关于深化体制机制改革　加快实施创新驱动发展战略的若干意见》；8 月，全国人大常委会又对《促进科技成果转化法》进行了修改。该意见和2015年《促进科技成果转化法》均明确鼓励科研人员或科研单位以知识产权作价投资的方式转化科技成果。而目前我国有关知识产权作价投资的税收制度显然会打击科研人员或科研单位以知识产权作价投资的积极性，也不利于国家创新驱动发展战略的实施。针对上述问题，提出两点政策建议。

第一，以2015年《促进科技成果转化法》为契机，尽快进行调研，统筹设计和制定科技成果转化税收优惠政策。2015年《促进科技成果转化法》第34条规定："国家依照有关税收法律、行政法规规定对科技成果转化活动实行税收优惠。"而目前我国并无针对科技成果转化的税收法律或行政法规，甚至也没有专门针对科技成果转化的税收优惠的具体法律条款。因此，当务之急是尽快进行调查研究，形成有关促进科技成果转化的税收优惠的顶层设计，并在相关税收法律或行政法规中予以实现。

第二，在所得税实际征收过程时，对知识产权作价投资作出合理安排，避免发生知识产权权利人未获得任何实际收益却需要缴纳所得税的不合理现象。在国家税收法律、行政法规以及相关规章对促进科技成果转化税收优惠措施作出明确规定之前，税务部门在执行《政策通知》规定时应当坚持合理性原则，允许知识产权权利人和从单位获得股权奖励的科技人员在知识产权作价投资后、获取实际收益前暂不缴纳所得税；如果该股权转让或获得股权分红的，则应以股权转让或股权分红的金额为限，按照《政策通知》规定缴纳所得税；如果所作价投资的公司因经营问题而终止，则知识产权权利人或获得股权奖励的科技人员以其所获得的对应的公司清算资产作为该项知识产权的"财产转让所得"而缴纳个人所得税。当然，如果考虑到上市股份公司的股票已经具有充分的流动性，可以视为实际收益，那么对上述知识产权作价投资的合理安排可以仅局限于有限责任公司和未上市的股份有限公司。

第三，对股权奖励亦应给予平等的税收优惠政策。根据财政部、国家税务总局《关于促进科技成果转化有关税收政策的通知》（财税字〔1999〕045号）规定："自1999年7月1日起，科研机构、高等学校转化职务科技成果以股份或出资比例等股权形式给予个人奖励，获奖人在取得股份、出资比例时，暂不缴纳个人所得税；取得按股份、出资比例分红或转让股权、出资比例所得时，应依法缴纳个人所得税。"《国家税务总局关于促进科技成果转化有关个人所得税问题的通知》（国税发〔1999〕125 号）同时也规定："科研机构、高等学校转化职务科技成果以股份或出资比例等股权形式给予科技人员个人奖励，经主管税务机关审核后，暂不征收个人所得税。"但"获奖人转让股权、出资比例，对其所得按'财产转让所得'应税项目征收个人所得税，财产原值为零"。根据上述规定，对于科研机构和高校利用科技成果投资入股给予科技人员股权奖励，科技人员在获得股权激励时可以暂不缴纳个人所得税。而企业利用科技成果投资入股给予本企业科技人员股权奖励，则需要缴纳个人所得税。这样，显然不利于企业职务科技成果的转化，也不公平。因此，建议以2015 年《促进科技成果转化法》的实施为契机解决这个问题，可在未来的相关税收法规中规定：单位以出资比例或股份形式给予完成科技成果及其转化作出重要贡献的人员奖励的，获得奖励人在取得出资比例或股份时不缴纳个人所得税；获得奖励人按股份、出资比例获得分红或转让股权、出资比例时，应依法缴纳个人所得税。

6. 最新进展

2016 年，财政部、国家税务总局颁布了《关于完善股权激励和技术入股有关所得税政策的通知》（财税〔2016〕101 号）。该通知规定，"企业或个人以技术成果投资入股到境内居民企业，被投资企业支付的对价全部为股票（权）的，企业或个人可选择继续按现行有关税收政策执行，也可选择适用递延纳税优惠政策"。"选择技术成果投资入股递延纳税政策的，经向主管税务机关备案，投资入股当期可暂不纳税，允许递延至转让股权时，按股权转让收入减去技术成果原值和合理税费后的差额计算缴纳所得税"。因此，根据该通知，个人以技术成果作价投资入股的，既可以当期即缴纳个人所得税，也可以按照《关于个人非货币性资产投资有关个人所得税政策的通知》在五年期限内分期递延缴纳个人所得税，当然，还可以将个人所得税缴纳时间递延至转让股权之时。这样，至少可以确保个人在知识产权作价投资并获得实际收益后才缴纳个人所得税。

第四节　关税优惠政策

我国准许进出口的货物、进境物品，除法律、行政法规另有规定外，海关依照《中华人民共和国进出口关税条例》（简称《进出口关税条例》）规定征收进出口关税。进出口货物关税，一般按照从价计征、从量计征的方式征收。从价计征方式中，应纳税额为"完税价格×关税税率"；从量计征方式中，应纳税额为"货物数量×单位税额"。

根据《进出口关税条例》，进口时在货物的价款中列明的厂房、机械、设备等货物进口后进行建设、安装、装配、维修和技术服务的费用，不计入该货物的完税价格。开展科研、教学、医疗活动使用的仪器、设备及用品，在进境或者出境时纳税义务人向海关缴纳相当于应纳税款的保证金或者提供其他担保的，经海关批准，可以暂不缴纳关税，并在进境或者出境之日起六个月内复运出境或者复运进境。

对部分符合条件的企业，免征关税。根据《国务院关于印发实施〈国家中长期科学和技术发展规划纲要（2006—2020年）〉若干配套政策的通知》，在法律规定的时间内，对符合国家规定条件的企业技术中心、国家工程（技术研究）中心等，进口规定范围内的科学研究和技术开发用品，对承担国家重大科技专项、国家科技计划重点项目、国家重大技术装备研究开发项目和重大引进技术消化吸收再创新项目的企业进口国内不能生产的关键设备、原材料及零部件，均免征进口关税。

为了深入实施创新驱动发展战略，发挥科技创新在全面创新中的引领作用，进一步规范科学研究、科技开发和教学用品免税进口行为，财政部、海关总署、国家税务总局制定了《关于"十三五"期间支持科技创新进口税收政策的通知》（财关税〔2016〕70号），该通知规定："科学研究机构、技术开发机构、学校等单位进口国内不能生产或者性能不能满足需要的科学研究、科技开发和教学用品，免征进口关税和进口环节增值税、消费税；对出版物进口单位为科研院所、学校进口用于科研、教学的图书、资料等，免征进口环节增值税。"

该通知所称科学研究机构、技术开发机构、学校和出版物进口单位包括如下单位："（一）国务院部委、直属机构和省、自治区、直辖市、计划单列市所属从事科学研究工作的各类科研院所。（二）国家承认学历的实施专科及以上高等学历教育的高等学校。（三）国家发展改革委会同财政部、海关总署和国家税务总局核定的国家工程研究中心；国家发展改革委会同财政部、海关总署、国家税务总局和科技部核定的企业技术中心。（四）科技部会同财政部、海关总署和国家税务总局核定的：1. 科技体制改革过程中转制为企业和进入企业的主要从事科学研究和技术开发工作的机构；2. 国家重点实验室及企业国家重点实验室；3. 国家工程技术研究中心。（五）科技部会同民政部核定或者各省、自治区、直辖市、计划单列市及新疆生产建设兵团科技主管部门会同同级民政部门核定的科技类民办非企业单位。（六）工业和信息化部会同财政部、海关总署、国家税务总局核定的国家中小企业公共服务示范平台（技术类）。（七）各省、自治区、直辖市、计划单列市及新疆生产建设兵团商务主管部门会同同级财政、国税部门和外资研发中心所在地直属海关核定的外资研发中心。（八）国家新闻出版广电总局批准的下列具有出版物进口许可的出版物进口单位：中国图书进出口（集团）总公司及其具有独立法人资格的子公司、中国经济图书进出口公司、中国教育图书进出口有限公司、北京中科进出口有限责任公司、中国科技资料进出口总公司、中国国际图书贸易集团有限公司。（九）财政部会同有关部门核定的其他科学研究机构、技术开发机构、学校。"

该"通知所称科学研究机构、技术开发机构、学校等单位进口国内不能生产或者性能不能满足需要的科学研究、科技开发和教学用品免税清单（含出版物进口单位为科研院所、学校进口用于科研、教学的图书、资料等），由财政部会同海关总署、国家税务总局制定并另行发布。"另外，"经海关审核同意，科学研究机构、技术开发机构、学校可将免税进口的科学研究、科技开发和教学用品用于其他单位的科学研究、科技开发和教学活动。对纳入国家网络管理平台统一管理、符合本通知规定的免税进口的科学仪器设备，在符合监管条件的前提下，准予用于其他单位的科学研究、科技开发和教学活动。"同时，"经海关审核同意，医院类高等学校、专业和科学研究机构以科学研究或教学为目的，可将免税进口的医疗检测、分析仪器及其附件用于其附属、所属医院的临床活动，或用于开展临床实验所需依托的其分立前附属、所属医院的临床活动。"

第七章　科技成果转化与科技报告制度

科技研发必须站在"巨人的肩膀上"。同时，科技成果本质是一种技术信息，其表现形式主要是技术文献资料。而促进科技成果转化首先需要促进技术信息的传播、扩散，并尽可能进行产业化应用。因此，为了夯实我国科技研发的基础，增强科技信息传播的能力，进而促进科技进步和科技成果的转化利用，我国亟需建立全面权威的以科技报告和知识产权文献信息为基础的国家级科技成果信息体系。建立国家科技成果信息体系，应该以改革的精神打破部门利益和地方利益，特别需要建立和完善科技报告制度。作为一项重要举措，2015 年《促进科技成果转化法》具体规定了涉及科技成果的科技报告制度。

第一节　国家科技报告服务系统

2012 年 7 月，中共中央、国务院印发《关于深化科技体制改革加快国家创新体系建设的意见》（中发〔2012〕6 号），明确提出加快建立统一的科技报告制度。为了落实中央决定，推动国家科技计划科技报告的统一呈交、集中收藏、规范管理和共享使用，科技部于 2013 年 10 月印发了《国家科技计划科技报告管理办法》。

根据《国家科技计划科技报告管理办法》的界定，科技报告是指"描述科研活动的过程、进展和结果，并按照规定格式编写的科技文献，目的是促进科技知识的积累、传播交流和转化应用"。该办法的适用对象是"以中央财政投入为主、由科技部组织实施的国家科技计划、专项、基金等。国家科技重大专项和国家科技奖励的科技报告工作参照该办法执行"。该办法指定中国科学技术信息研究所负责国家科技计划科技报告的接收、保存、管理和服务，并明确其主要职责：编制科技报告标准规范，协助开展科技报告宣传培训工作；开展科技报告的集中收藏、统一编码、加工处理和分类管理等日常工作；建设和维护科技报告共享服务系统，开展科技报告的共享服务；对国家科技计划科技报告产出进行统计分析，推动科技报告资源的开发利用。该办法要求国家科技计划项目（课题）承担单位应充分履行法人责任，将科技报告工作纳入本单位科研管理程序，指定专人负责本单位科技报告工作，并提供必要的条件保障；督促项目（课题）负责人按要求组织科研人员撰写科技报告，统筹协调项目（课题）各参与单位共同推进科技报告工作；负责本单位所承担项目（课题）的科技报告审查和呈交工作。国家科技计划项目（课题）承担单位需要呈交的科技报告主要有：项目（课题）年度报告、中期报告及验收（结题）报告；项目（课题）实施过程中产生的实验（试验）报告、调研报告、工程报告、测试报告、评估报告等蕴含科研活动细节及基础数据的报告。

科技报告使用按照"分类管理、受控使用"的原则向社会开放共享。"公开"和"延期公开"科技报告摘要向社会公众提供检索查询服务；"公开"科技报告全文向实名注册用户提供在线浏览和推送服务；"延期公开"科技报告全文实行专门管理和受控使用；涉密项目（课题）的科技报告严格按照国家相关保密规定进行管理。

由于科技部《国家科技计划科技报告管理办法》的适用范围仅限于由科技部组织实施的国家科技计划、专项、基金等项目，而为了避免重复研发、扩散科技信息、促进科技成果转化需要将全社会的科研项目的科技成果信息进行统一的汇集和报告，故国务院办公厅于 2014 年 9 月又批转了科技部《关于加快建立国家科技报告制度的指导意见》，部署进一步加快建立国家科技报告制度，推动科技成果的完整保存、持续积累、开放共享和转化应用。《关于加快建立国家科技报告制度的指导意见》进一步对"科技报告"的含义进行了明确，指出"科技报告是描述科研活动的过程、进展和结果，并按照规定格式编写的科技文献，包括科研活动的过程管理报告和描述科研细节的专题研究报告"。该指导意见要求科技报告"坚持分步实施，在相关地方和部门先行试点，要求财政性资金资助的科技项目必须呈交科技报告，引导社会资金资助的科研活动自愿呈交科技报告。坚持统一标准，规范科技报告的撰写、积累、收藏和共享。坚持分类管理，在做好涉密科技报告安全管理的同时，把强化开放共享作为工作重点，充分发挥科技报告的作用。坚持分工协作，科技行政主管部门、项目主管机构、项目承担单位各负其责，建立协同创新的工作机制"，并明确提出"到 2020 年建成全国统一的科技报告呈交、收藏、管理、共享体系，形成科学、规范、高效的科技报告管理模式和运行机制"。

　　《关于加快建立国家科技报告制度的指导意见》要求在科技报告的组织管理机制方面，"科技部负责科技报告工作的统筹规划、组织协调和监督检查，牵头拟订国家科技报告制度建设的相关政策，制定科技报告标准和规范，对各地、各有关部门科技报告工作进行业务指导，委托相关专业机构承担国家科技报告日常管理工作"；"负责全国范围内科技报告的接收、收藏、管理和共享服务，开展国家科技报告服务系统的开发、运行、维护和管理工作。""各地、各有关部门应将科技报告工作纳入本地、本部门管理的科技计划、专项、基金等科研管理范畴，在科研合同或任务书中明确项目承担单位须呈交科技报告的具体要求，依托现有机构对科技报告进行统一收藏和管理，并定期向科技部报送非涉密和解密的科技报告。对涉及国家安全等不宜公开的科技报告，项目承担单位应提出科技报告密级和保密期限建议，由项目主管机构按照国家有关保密规定进行确认，并负责做好涉密科技报告管理工作。""项目承担单位应建立科技报告工作机制，结合项目和工作要求，组织科研人员撰写科技报告，对本单位拟呈交的科技报告进行审核，并及时向项目主管机构呈交科技报告。""科研人员应增强撰写科技报告的责任意识，将撰写合格的科技报告作为科研工作的重要组成部分，根据科研合同或任务书要求按时保质完成科技报告，并对内容和数据的真实性负责。科研人员在科研工作中享有检索和使用科技报告的权利，应积极借鉴、参考已有科技报告，高起点开展研究工作。""为了推动科技报告的持续积累和开放共享，"对目前已验收（结题）的科技项目，有条件的地方和部门应开展科技报告回溯工作。在做好财政性资金资助科技项目科技报告收集的同时，鼓励引导社会资金资助的科研活动通过国家科技报告服务系统向科技部或其委托机构呈交科技报告。科技部及其委托机构应对全国范围内收集的科技报告进行加工整理、集中收藏和统一管理。""科技部及其委托机构应根据分级分类原则，通过国家科技报告服务系统面向项目主管机构、项目承担单位、科研人员和社会公众提供开放共享服务。鼓励有条件的地方、部门推动本地、本部门科技报告的共享使用。各地、各有关部门要切实做好科技报告共享服务过程中的安全保密管理和知识产权保护工作，保障科研人员和项目承担单位的合法权益。""科技部和项目主管机构应组织相关单位开展科技报告资源深度开发利用，做好立项查重，避免科技项目重复部署；实时跟踪科技项目的阶段进展、研发产出等情况，服务项目过程管理；对相关领域科技发展态势进行监测，为技术预测和国家关键技术选择提供支撑；梳理国家重大科技进展和成果并向社会公布，推动科技成果形成知识产权和技术标准，促进科技成果转化和产业化。"

中国科学技术信息研究所承担了"国家科技报告服务系统"具体建设工作。该系统于 2013 年 11 月 1 日开通了征求意见版（第一阶段），展示了 1000 份最终报告，向社会公众提供公开科技报告摘要浏览服务，向经实名注册的科研人员提供在线全文浏览服务；于 2014 年 1 月 1 日开通了征求意见版（第二阶段），展示了 3000 份科技报告，这些报告都是依据"十一五"期间已验收（项目）课题的验收报告加工而成。国家科技报告服务系统于 2014 年 3 月 1 日正式上线。系统分别面向社会公众、专业人员和管理人员三类用户提供服务。向社会公众无偿提供科技报告摘要浏览服务，社会公众不需要注册，即可通过检索科技报告摘要和基本信息，了解国家科技投入所产出科技报告的基本情况。向专业人员提供在线全文浏览服务，专业人员需要实名注册，通过身份认证即可检索并在线浏览科技报告全文，不能下载保存全文。科技报告作者实名注册后，将按提供报告页数的 15 倍享有获取原文推送服务的阅点。向各级科研管理人员提供面向科研管理的统计分析服务，管理人员通过科研管理部门批准注册，免费享有批准范围内的检索、查询、浏览、全文推送以及相应统计分析等服务。该系统根据广大科技人员和社会公众提出来的意见和建议，进行了多方面改进和完善，例如，在首页增加报告分类导引及其数量；增加"延期公开"科技报告的摘要查询服务，提供课题联系人信息，便于沟通交流；先期向科技报告贡献者赠予"阅点"，"阅点"是用于获取全文推送服务的支付单位，科技报告第一作者也可进行"阅点"转赠；全文在线浏览中增加目录导引，改进翻页功能；强化了课题关联信息的呈现，实现科技报告与计划项目执行情况和研究成果间的关联和链接；增加了面向管理人员的统计分析服务。随着科技报告呈交管理的不断规范，除最终报告外，科研单位将在科研项目实施过程中提交更多的专题报告、进展报告等，报告资源总量将不断扩充。❶

第二节　国家科技成果转化项目库

2011 年 7 月，科学技术部和财政部联合印发了《国家科技成果转化引导基金管理暂行办法》（财教〔2011〕289 号），明确提出了建立国家科技成果转化项目库，为科技成果转化提供信息支持服务。《国家科技成果转化引导基金管理暂行办法》第 6 条规定："科技部、财政部建立国家科技成果转化项目库（简称"成果库"），为科技成果转化提供信息支持。应用型国家科技计划项目（课题）完成单位应当向成果库提交成果信息。行业、部门、地方科技计划（专项、项目）产生的科技成果，分别经相关主管部门和省、自治区、直辖市、计划单列市（以下简称省级）科技部门审核推荐后可进入成果库；部门和地方所属事业单位产生的其他科技成果，分别经相关主管部门和省级科技部门审核推荐进入成果库。"该办法同时规定："成果库的建设"和运行实行统筹规划、分层管理、开放共享、动态调整。鼓励部门、行业、地方参与成果库的建设。"成果库中的科技成果摘要信息，除涉及国家安全、重大社会公共利益和商业秘密外，向社会公开。"

因此，科技成果转化项目库收录的对象是指财政性资金支持产生的、可转化的应用型科技成果信息，其类型包括新技术、新产品、新工艺、新材料、新装置及其系统等。建立转化项目库，对财政科技投入形成的成果信息进行全面保存和共享，为国家科技成果引导基金提供信息支持，为社会公众了解科技成果的基本状况，为中介机构、成果持有机构和投融资机构提供信息发布、检索

---

❶ 国家科技报告服务系统简介 ［EB/OL］. ［2020 - 01 - 15］. http：//www. nstrs. cn/Admin/Content/AboutUs. aspx.

和统计分析，为科技管理部门提供成果监管和决策支持提供综合性的服务平台，对推动科技成果转化具有重要意义。

同时，根据《国家科技成果转化引导基金管理暂行办法》的规定，只有加入转化项目库的科技成果在进行转化时才能受到国家科技成果转化引导基金创业投资子基金或贷款风险补偿机制的优惠待遇。

为贯彻落实《国家科技成果转化引导基金管理暂行办法》相关要求，科技部和财政部组织建立了国家科技成果转化项目库。国家科技成果转化项目库由中国科学技术信息研究所具体建设和维护，网址是 https：//www. nstad. cn。转化项目库于 2014 年 9 月 26 日正式上线，为社会公众、政府部门以及高等院校、科研院所、公司企业、成果转化中介机构、投融资机构等机构提供科技成果信息服务。国家科技成果转化项目库主要收集中央、部门和地方财政科技计划（专项、基金等）项目形成的科技成果，国家和地方科技奖励成果以及部门、地方或行业协会推荐的科技成果。科技成果信息主要包括成果名称、成果简介、成果来源、成果完成单位、成果完成时间、成果完成人、联系方式、成果类型、成果状态、转化方式、应用行业以及与该项成果有关的专利、标准、软件著作权、植物新品种等关联信息。

国家科技成果转化项目库面向社会公众、个人、机构和科技管理人员四类用户提供服务。社会公众无需注册即可查询和浏览科技成果基本信息。个人用户注册后，可检索浏览包括联系方式等在内的科技成果详细信息。高等院校、科研院所、企业、成果转化中介服务机构、投融资机构等可进行机构注册，注册完成后，可检索浏览科技成果详细信息以分类统计信息，为开展成果转移转化工作提供信息支撑。政府部门科技管理人员需要通过科技管理部门批准注册，注册成功后可按地域、部门、行业等浏览关于成果的综合统计信息，也可检索、查询、浏览科技成果详细信息。

国家科技成果转化项目库主要服务功能包括按应用行业、成果形式、成果状态、成果完成时间等进行成果信息分类导航、多字段成果信息检索、成果信息统计分析以及推荐成果等。❶

---

❶ 国家科技成果转化项目库简介 ［EB/OL］．［2020－01－15］．http：//www. nstad. cn/About. aspx.

第三节　知识产权文献信息

专利技术、计算机软件、植物新品种、集成电路布图设计等均是重要的科技成果。据世界贸易组织（WIPO）估计，世界上至少80%以上的技术体现在专利技术文献之中。因此，为了促进科技成果的披露、传播、扩散和转化，科技报告制度必须重视与以专利文献信息为基础的知识产权文献信息的对接和共享。

同时，科技报告制度还应重视财政资助科技成果及知识产权的可识别性。《科学技术进步法》第20条、第21条规定，利用财政性资金设立的科技项目所形成的知识产权由项目承担者依法取得，同时，还规定了项目承担者对上述知识产权应承担如下义务：一是应积极实施该知识产权并向项目管理机构提交年度报告；二是在合理期限内没有实施的，国家可以无偿实施，也可以许可他人有偿实施或者无偿实施；三是国家为了国家安全、国家利益和重大社会公共利益的需要，可以无偿实施，也可以许可他人有偿实施或者无偿实施；四是向境外的组织或者个人转让或者许可境外的组织或者个人独占实施的，应当经项目管理机构批准。由此可见，财政资助所形成的科技成果及知识产权与其他知识产权具有一定差异。对于普通知识产权而言，其权利并不受特别的限制，而财政资助形成的知识产权则受到很多限制。为了避免项目承担者规避相关义务，财政资助所形成的知识产权在由项目承担者转让给第三人之后，第三人亦应对该知识产权承担与项目承担者相同的义务。因此，为了避免受让人因不知该知识产权受财政资助而产生的纠纷，同时，也为了向社会公示该知识产权受财政资助的情况，我国有必要学习美国的相关制度，要求项目承担者在申请专利时明确向专利局声明该专利技术是受财政资助而形成，且专利局应将该情况记载在专利著录事项之中。

目前我国知识产权文献系统主要有如下几个。

一、国家知识产权局综合服务平台

国家知识产权局综合服务平台涉及专利检索与查询的系统分为四个子系统。

1. 专利检索及分析系统

专利检索及分析系统的网址是 http：//www. pss－system. cnipa. gov. cn。该系统收录了 103 个国家、地区和组织的专利数据，以及引文、同族、法律状态等数据信息，其中涵盖了中国、美国、日本、韩国、英国、法国、德国、瑞士、俄罗斯、欧洲专利局和世界知识产权组织等。该系统主要有两个功能，一是检索功能，如中外专利信息的常规检索、表格检索、药物专题检索、检索历史、检索结果浏览、文献浏览、批量下载等；二是分析功能，对特定技术领域进行特定目的的快速分析、定制分析、高级分析、生成分析报告等。该系统数据定期更新，分为中国专利数据、国外专利数据、引文、同族以及法律状态等几个方面，其中中国专利数据每周二、周五更新，滞后公开日 7 天；国外专利数据每周三更新；引文数据每月更新；同族数据每周二更新；法律状态数据每周二更新。

专利检索及分析系统提供了常规检索模块、高级检索模块、导航检索模块、药物检索模块、热门工具模块、命令行检索模块以及专利分析模块。

常规检索模块适用于检索目的明确或初次接触检索的使用者，能够快速定位检索对象。该模块提供了基础智能的检索入口，包括自动识别、检索要素、申请号、公开（公告）号、申请（专利权）人、发明人以及发明名称等字段。使用者可以根据实际检索需求选择相应的检索字段进行检索，在浏览检索结果的过程中可以调整检索式信息重新检索，以及设置显示方式。

高级检索模块根据系统收录的数据范围，提供了更为丰富的检索入口和智能辅助检索功能。高级检索页面包括四个区域，检索历史、范围筛选、高级检索和检索式编辑区。检索历史区可以将检索历史中存在的检索式进行逻辑运算。范围筛选区可对国家或地区的检索范围进行限定。高级检索区可通过输入申请号、公开（公告）号、发明名称、申请（专利权）人等字段信息进行检索。检索式编辑区可以对检索式进行逻辑编辑后进行运算执行检索操作。

导航检索模块是基于 IPC（国际专利分类表）提供的导航检索功能，可通过分类号、中文或英文含义进行模糊检索。

药物检索模块是基于药物专题库提供检索服务的，可使用此项功能检索出西药和中药等多种药物专利。药物检索服务提供了高级检索、方剂检索和结构检索等多种检索模式。

2. **中国专利公布公告查询系统**

根据《专利法》的规定，国家知识产权局收到发明专利申请后，经初步审查认为符合本法要求的，自申请日起满 18 个月，即行公布，国家知识产权局也可以根据申请人的请求早日公布其发明专利申请；发明专利申请经实质审查没有发现驳回理由的，由国家知识产权局作出授予发明专利权的决定，发给发明专利证书，同时予以登记和公告，发明专利权自公告之日起生效；实用新型和外观设计专利申请经初步审查没有发现驳回理由的，由国家知识产权局作出授予实用新型专利权或者外观设计专利权的决定，发给相应的专利证书，同时予以登记和公告，实用新型专利权和外观设计专利权自公告之日起生效。另外，专利权转移、著录事项变更等事项亦需依法进行公告。该系统的数据范围包括 1985 年 9 月 10 日以来中国专利公布公告信息，专利信息包括：一是发明公布、发明授权（1993 年以前为发明审定）、实用新型专利（1993 年以前为实用新型专利申请）的著录项目、摘要、摘要附图，其更正的著录项目、摘要、摘要附图（2011 年 7 月 27 日及之后），及相应的专利单行本（包括更正）。二是外观设计专利（1993 年以前为外观设计专利申请）的著录项目、简要说明及指定视图，其更正的著录项目、简要说明及指定视图（2011 年 7 月 27 日及之后），及外观设计全部图形（2010 年 3 月 31 日及以前）或外观单行本（2010 年 4 月 7 日及之后）（均包括更正）。三是实质审查生效、专利权终止、专利权转移、著录事项变更等事务数据信息。公众可以通过该系统对发明公布、发明授权、实用新型和外观设计四种公布公告数据进行查询。该系统每周二、周五定期更新数据。

3. **中国及多国专利审查信息查询**

中国及多国专利审查信息查询系统又分为中国专利审查信息查询系统和多

国发明专利审查信息查询系统。

中国专利审查信息查询系统是为满足申请人、专利权利人、代理机构、社会公众对中国专利申请的查询需求，而建设的网络查询系统。该查询系统根据专利法、专利法实施细则和专利审查指南中的相关规定，对不同用户设有不同的查询权限。该查询系统的用户类型分为注册用户和普通用户。注册用户是指电子申请注册用户，可以使用电子申请的注册名和密码登录，查询该注册用户名下的所有专利申请的相关信息；普通用户是指社会公众，可以通过输入申请号、发明名称、申请人等内容，对已经公布的发明专利申请，或已经公告的发明、实用新型及外观设计专利申请的相关信息进行查询。

中国专利审查信息查询系统为注册用户提供基本信息、费用信息、审查信息（提供图形文件的查阅、下载）、公布公告信息、专利授权证书信息的查询。注册用户可以查询到以下中国专利的申请与审查信息：①基本信息：申请号、发明创造名称、申请日、主分类号、案件状态、申请人姓名或名称、申请人国籍或总部所在地、邮政编码、详细地址、联系人姓名、联系人详细地址、邮政编码、代理机构名称、代理人姓名、发明人/设计人姓名、优先权在先申请号、在先申请日、原受理机构名称、申请国际阶段国际申请号、国际申请日、国际公布号、国际公布日、著录项目变更信息；②费用信息：应缴费信息（截至缴费日、费用种类、应缴费金额）、已缴费信息（缴费日期、缴费种类、缴费金额、缴费人、收据号）、退费信息（费用种类名称、退费金额、退费日期、收款人姓名、收据号）；③审查信息：案件信息（申请文件、中间文件、通知书——可查阅文件图形文档；发文信息（发文方式、发文日、收件人姓名、地址和邮编、审查部门、挂号号码、发文序列号、类型代码、下载时间、下载 IP 地址、用户名称）、退信信息、专利证书发文信息；④公布公告信息：发明公布/授权公告（公告/公布号、卷期号、公告/公布日）——提供下载、事务公告（事务公告类型、公告卷期号、公告日）——可以查阅事务公告详情；⑤专利授权证书信息：可查阅专利授权证书图形文件，并可以下载 PDF 格式的图形文件（该文件已经予以加密处理，不能进行修改）。

中国专利审查信息查询系统为普通用户提供基本信息、审查信息、公布公告信息。普通用户可以通过评论方式对专利申请的内容或审查结果提出自己的评论。普通用户可以查询到的信息内容包括：①基本信息：申请号、发明创造名称、申请日、主分类号、案件状态、申请人姓名或名称、申请人国籍、代理机构名称、代理人姓名、发明人/设计人姓名、优先权在先申请号、在先申请日、原受理机构名称、申请国际阶段国际申请号、国际申请日、国际公布号、国际公布日、著录项目变更信息。②审查信息：案件信息（申请文件、中间文件、通知书文件）——对于已经公布但尚未公告的发明专利申请，可以查阅申请文件和通知书文件的图形文档；对于已经公告的专利，还可以查阅中间文件的图形文档；发文信息（发文方式、发文日、收件人姓名、审查部门、挂号号码、发文序列号、类型代码）；退信信息；专利证书发文信息。③公布公告信息：发明公布/授权公告（公告/公布号、卷期号、公告/公布日）；事务公告（事务公告类型、公告卷期号、公告日）；此外，为满足电子申请推广的需要，提供通过申请号进行专利申请的申请方式（纸件或电子）查询功能。

同时，中国专利审查信息查询系统还将提供的下列后续查询项目：①为注册用户提供通过各种优先权交换协议获得优先权文件结果的查询；②对查询服务功能进一步加强，方便申请人。例如，提供缴费收据的发文信息查询；为通过专利代理机构进行电子申请的申请人提供查询用户注册服务；提供期限预警的查询（补正期限、答复期限、费用期限）；③丰富查询服务模式，例如，通过查询系统提供专利审查流程公共服务的请求服务。

多国发明专利审查信息查询系统可以查询中国国家知识产权局、欧洲专利局、日本特许厅、韩国特许厅、美国专利商标局受理的发明专利审查信息。用户登录该系统并进入多国发明专利审查信息查询界面，可以通过输入申请号、公开号、优先权号查询该申请的同族（由欧洲专利局提供）相关信息，并可以查询中、欧、日、韩、美五个国家和地区的申请及审查信息。通过多国发明专利审查信息查询系统可以查询到的五个国家和地区发明专利申请及审查信息的时间范围（申请日）分别是：中国国家知识产权局自 2010 年 2 月 10 日至今；欧洲专利局自 1978 年 6 月 1 日至今；日本特许厅自 1990 年至今；韩国特许厅自 1999 年至今；美国专利商标局自 2003 年 1 月至今。同时，通过该系统还可以查到日本特许厅和韩国特许厅的发明专利申请及审查信息的部分中文译文。

4. 专利事务服务系统

专利事务服务（原专利审查流程公共服务），是专利局依照《专利法》《专利法实施细则》以及《专利审查指南（2010）》的规定，基于专利审批全流程中的文件、期限、费用、审批进程、法律状态等信息，面向公众、专利代理机构、专利申请人以及专利权人等提供的与专利审查相关的公共服务。专利事务服务的范围不仅包括从申请到授权的整个专利审批流程，还包括授权后的专利权维持、专利权运用，甚至于专利权失效后的各项法律手续及事务。

中国专利事务服务系统是为满足申请人、专利权人、代理机构、社会公众对中国专利事务服务相关业务的需求，而建设的集请求采集、查询、管理功能于一身的网络服务系统。该系统根据专利法、专利法实施细则和专利审查指南中的相关规定，对不同账户设置有不同的查询权限。用户类型分为注册用户和普通用户。系统数据每日更新一次。

注册用户是指电子申请注册用户和纸件申请用户。电子申请注册用户可以使用电子申请的注册名和密码直接登录；纸件申请用户需要提交相关材料进行注册请求，经批准后可以使用中国专利事务服务系统。注册用户可以使用的服务内容包括：文件副本［在先申请文件副本、专利登记簿副本、专利证书副本、专利授权文件副本（专利说明书）］、证明文件（专利证书证明、专利授权程序证明、批量专利申请法律状态证明、批量专利法律状态证明）、文档的查阅复制、发明专利申请优先审查、优先权接入 DAS 业务以及费用减缓备案。

普通用户是指社会公众，可以通过该系统办理专利登记簿副本、批量专利法律状态证明和查阅复制业务。

二、国家知识产权运用公共服务平台

国家知识产权运营公共服务平台（简称"国家平台"）具有专利检索模块，提供国内、国外及港澳台地区的专利检索服务，以及基本信息、审查信息、事务公告、印证信息、费用信息、全文、质押转移许可、同族等数据信息，其中涵盖了中国、美国、日本、韩国、英国、法国、德国、瑞士、俄罗斯、欧洲专利局和其他国家和地区等。国家平台实行会员分级分类管理，会员共分为个人会员和机构会员两大类，每类会员又分为注册会员和认证会员两个等级。会员等级越高享受的会员权益越大。同时会员等级是会员在国家平台进行知识产权交易时个人信誉度的重要参考。不同级别会员享受的权益为：①个人注册会员，浏览平台网页、专利信息的检索查询以及会员中心；②个人认证会员，除享有个人注册会员的权益外，还享有知识产权项目供需信息（登记、展示、交易）、服务集市（买家功能）、创客空间在线交流以及国家平台提供的其他服务；③服务机构和其他机构注册会员，浏览平台网页、专利信息的检索查询以及会员中心；④服务机构认证会员，除享有服务注册会员的权益外，还享有知识产权项目供需信息（登记、展示、交易）、服务集市（卖家功能）、开设服务店铺（以取得相应资质为前提）创客空间在线交流以及国家平台提供的其他服务；⑤其他服务机构认证会员，除享有服务注册会员的权益外，还享有知识产权项目供需信息（登记、展示、交易）、服务集市（买家功能）、开设服务店铺（以取得相应资质为前提）创客空间在线交流以及国家平台提供的其他服务。

三、植物新品种申请与品种权信息

根据《中华人民共和国植物新品种保护条例》，植物新品种是指"经过人工培育的或者对发现的野生植物加以开发，具备新颖性、特异性、一致性和稳定性并有适当命名的植物品种"。对经初步审查合格的品种权申请，审批机关予以公告；对经实质审查符合规定的品种权申请，审批机关应当作出授予品种权的决定，颁发品种权证书，并予以登记和公告。由此可见，公众可以查询植物新品种申请和品种权的相关信息。根据我国目前的相关制度，公众查询植物新品种申请和品种权相关信息的途径有两个：一是可以通过国家林业和草原局科技发展中心（国家林业和草原局植物新品种保护办公室）查询有关植物新品种的各种信息；二是通过植物新品种保护网查询有关植物新品种的信息。

四、集成电路布图设计专有权信息

根据《集成电路布图设计保护条例》规定："布图设计登记申请经初步审查，未发现驳回理由的，由国家知识产权局予以登记，发给登记证明文件，并予以公告。"公众可以在中国国家知识产权局网站上查询以下两种信息：集成电路布图设计专有权公告信息和集成电路布图设计专有权事务公告（网址：http：//www. cnipa. gov. cn/jcdlzyqgg/index. htm 或 http：//vlsi. cnipa. gov. cn/）。

五、作品与计算机软件的著作权信息

根据著作权法、著作权法实施条例、计算机软件保护条例等法律法规的规定，以著作权出质的，由出质人和质权人向国务院著作权行政管理部门办理出质登记；与著作权人订立专有许可使用合同、转让合同的，可以向著作权行政管理部门备案；软件著作权人可以向国务院著作权行政管理部门认定的软件登记机构办理登记，软件登记机构发放的登记证明文件是登记事项的初步证明。因此，以著作权出质的，必须进行出质登记才能发生效力。而著作权的产生、著作权的转让、许可等并不以登记或备案为前提，但是著作权登记或备案可以作为著作权存在或著作权转让、许可成立的初步证据。因此，著作权登记对权利人而言具有重要意义，社会公众也能够从著作权登记机关获得相关著作权信息。根据国家版权局对外发布的 2014 年全国著作权登记报告，继 2013 年包括作品登记、计算机软件著作权登记、著作权质权登记在内的著作权登记总量首次突破百万件以来，2014 年我国著作权登记继续保持平稳增长的态势，总量达 1 211 313 件，比 2013 年增加 201 656 件，增长 19.97%。其中，作品登记992 034 件，计算机软件著作权登记 218 783 件，著作权质权登记 496 件，涉及主债务金额 262 543.1 万元。❶

---

❶ 2014 年全国著作权登记保持增长态势 总量破 120 余万件 [EB/OL]. [2020 - 02 - 10]. http：//www. gapp. gov. cn/chinacopyright/contents/518/246067. html.

目前，我国负责著作权登记的机构是中国版权保护中心。中国版权保护中心的主要职能包括：①全国计算机软件著作权登记：软件著作权登记、软件著作权转让或专有许可合同登记，软件登记事项变更或补充申请、撤销计算机软件登记请求、撤回计算机软件登记申请、撤销或放弃计算机软件登记申请，补发或者换发软件登记证书和软件著作权登记查询；②面向全国和海外各类作品著作权登记，包括文字作品，口述作品，音乐、戏剧、曲艺、舞蹈、杂技艺术作品，美术、建筑作品，摄影作品，影视作品，工程设计图、产品设计图、地图、示意图等图形作品，模型作品等，以及录音制品登记和专有权登记等；③著作权质权登记，包括软件著作权质权登记和其他各类作品著作权质权登记；④出版境外音像制品合同认证登记及其他登记；等等。中国版权保护中心的网址是 www. ccopyright. com. cn，公众可以从该网站查询有关著作权登记信息。

六、商标信息

商标信息虽然不属于技术信息，但是商标权亦是一种重要的知识产权，在科技成果转化中经常会涉及商标权问题，故在有些情况下，分析商标信息亦对科技成果转化具有重要意义。根据商标法和商标法实施条例的规定，无论是商标申请的初步审定、核准注册，还是商标专用权的续展、变更、转让、许可或登记，均需向商标局登记、备案并公告。社会公众可以从中国商标网上查询有关商标的信息。该网站包括六个查询模块：①商标近似查询模块，用户可以按图形、文字等商标组成要素分别提供近似检索功能，用户可以自行检索在相同或类似商品上是否已有相同或近似的商标，分为自动查询和选择查询两个子模块；②商标综合查询模块，用户可以按商标号、商标、申请人等方式，查询某一商标的有关信息；③商标状态查询模块，用户可以通过商标申请号或注册号查询有关商标在业务流程中的状态；④商标公告模块，用户可以查询国内商标的公告信息以及马德里国际注册公告信息；⑤错误信息反馈模块，用户可以通过该模块向商标局反馈有关错误信息；⑥商品/服务项目查询模块，用户可通过该模块查询商品及服务的项目信息。

七、地理标志

地理标志是现代知识产权制度的重要组成部分，是《与贸易有关的知识产权协定》（简称《TRIPS 协定》）明确列出的知识产权保护对象。《TRIPS 协定》第 22 条规定："地理标志是表明某一货物来源于一成员的领土或该领土内的一个地区或地方的标记，而该货物具有的质量、声誉或其他特性实质上归因于其地理来源。"2017 年 3 月通过的我国《民法总则》第 123 条将地理标志列为知识产权的客体之一。《中华人民共和国商标法》（简称《商标法》）第 16 条对地理标志的定义是："标示某商品来源于某地区，该商品的特定质量、信誉或其他特征，主要由该地区的自然因素或者人文因素所决定的标志。"原国家质量监督检验检疫总局以局令形式发布《地理标志产品保护规定》第 2 条对地理标志产品的定义是："产自特定地域，所具有的质量、声誉或其他特性本质上取决于该产地的自然因素和人文因素，经审核批准以地理名称进行命名的产品，包括来自本地区的种植、养殖产品，以及原材料全部来自本地区或部分来自其他地区，并在本地区按照特定工艺生产和加工的产品。"可见，地理标志与农林牧副渔等产业有着天然的联系，在相关的科技成果转化中也会涉及地理标志问题，故在有些情况下，分析地理标志信息亦对科技成果转化具有重要意义。根据民法总则、商标法和商标法实施条例的规定，无论是地理标志申请的初步审定、核准注册，还是地理标志专用权的续展、变更、转让、许可或登记，均需向商标局登记、备案并公告。社会公众可以通过以下渠道查询地理标志相关信息：①中国商标网上查询有关地理标志的信息；②国家知识产权局政务服务平台查询有关地理标志的信息。

第四节　我国科技报告制度的完善

由于完善的科技报告制度对于科技成果转化具有重要的促进作用，故新《促进科技成果转化法》首次以法律的形式对科技报告问题作出了明确规定，提出国家应建立、完善科技报告制度和科技成果信息系统。2015年《促进科技成果转化法》第11条明确规定："国家建立、完善科技报告制度和科技成果信息系统，向社会公布科技项目实施情况以及科技成果和相关知识产权信息，提供科技成果信息查询、筛选等公益服务。公布有关信息不得泄露国家秘密和商业秘密。对不予公布的信息，有关部门应当及时告知相关科技项目承担者。利用财政资金设立的科技项目的承担者应当按照规定及时提交相关科技报告，并将科技成果和相关知识产权信息汇交到科技成果信息系统。国家鼓励利用非财政资金设立的科技项目的承担者提交相关科技报告，将科技成果和相关知识产权信息汇交到科技成果信息系统，县级以上人民政府负责相关工作的部门应当为其提供方便。"对于该条，我们认为应主要从以下几个方面进行理解。

第一，应设置科学、合理的报告流程和报告信息。科学、合理的报告流程和报告信息对于充分发挥科技报告制度的作用至关重要。以美国为例，美国国立卫生研究院为了使受资助者（项目承担者）便捷、准确地报告项目知识产权，早在1995年就开发了以著名发明家爱迪生名字命名的在线知识产权报告系统iEdison，项目承担者可以通过互联网及时、方便地向资助机构报告项目知识产权。目前，包括美国国立卫生研究院、美国自然科学基金（NSF）、美国国际开发总署（USAID）、美国能源部等30余家美国主要的政府资助机构通过iEdison系统，要求受资助者履行报告项目知识产权的义务。根据美国国立卫生研究院资助政策指南的规定，项目承担者应该就下列事项向国立卫生研究院报告：一是项目承担者雇员披露所有发明的协议。项目承担者的雇员，如果在为受资助项目工作，如项目负责人或项目主要研究人员（PD/PI），那么他们必须签署一个保证遵守国立卫生研究院知识产权政策并及时披露项目发明的协议。该协议应该在雇佣协议签署之时签订，当然也可以包括在雇佣协议条款之中。二是发明报告。项目承担者应该向国立卫生研究院报告任何项目发明。该发明报告应该对该发明的所有技术细节进行全面而详细地说明；该报告还应包括发明人、项目资助号、发明公开的时间等信息。该发明报告应该在发明人向项目承担者汇报该发明之后两个月内，向国立卫生研究院提交。同时，根据美国国立卫生研究院的政策，如果项目承担者与他人合作共同承担该项目研究工作，那么项目承担者不得再与项目合作者之间的合作协议中规定将项目合作者的发明创造归属于项目承担者所有。相应地，项目合作者有权拥有对其发明创造的知识产权。但是项目合作者与项目承担者一样，也有义务在发明人向其汇报之后两个月内向国立卫生研究院报告项目知识产权。三是选择是否拥有项目知识产权的报告。根据规定，项目承担者（和合作者）在向国立卫生研究院报告项目发明之后，并不自然拥有对该项目发明的知识产权。项目承担者必须在报告发明之后两年内，告知国立卫生研究院其是决定拥有，还是决定放弃对该项目发明的知识产权。四是专利申请报告。如果项目承担者就项目发明申请了专利，那么应向国立卫生研究院报告该行为，报告内容还应包括专利申请号和申请日期。同时，在专利申请文件中，还应注明"本发明是在政府资助下作出的，政府对本发明享有一定权利。"五是转让发明或专利申请权、专利权的请示、报告。如果项目承担者是非营利单位，如大学、科研机构，那么在其转让项目发明、专利申请权、专利权之前，应该事先取得国立卫生研究院的许可。如果项目承担者是营利性组织，包括小企业，那么其转让项目发明、专利申请权、专利权，则不需要国立卫生研究院的许可，但是，对于该项目发明的后续报告义务，应由受让人承担。六是专利授权报告。如果项目发明经过审查被颁发了专利权，那么项目承担者应该在颁发专利后立即向国立卫生研究院报告，报告内容包括授权日期、专利权号等。七是项目发明年度报告。项目承担者应该在每个会计年度结束时向国立卫生研究院报告其在该会计年度中所作出的发明创造，同时还应就其选择拥有专利权的发明创造，报告其对该发明创造进行商业化利用情况的信息。八是项目发明最终报告。在项目结项后 90 天内，项目承担者应该向国立卫生研究院提交最终报告，最终报告应该包括项目承担者在项目实施期间所作出的所有发明创造的相关信息。根据美国国立卫生研究院的规定，如果项目承担者未履行上述报告义务，那么有可能导致两个方面的不利后果：①丧失项目研究成果的知识产权，即国立卫生研究院可以决定不将该知识产权给予项目承担者，并进而由国立卫生研究院自己拥有；②国立卫生研究院不再拨付后续资助资金。我国在建立、完善科技报告制度时亦应参考其他国家的做法，并结合我国的实际，设置科学、合理的报告内容、报告流程以及报告时间节点。比如，报告内容至少应该包括：科技项目的进展情况、科技成果权利人和完成人信息、联系方式、科技成果名称、技术内容的简要描述

（财政资助科研项目所形成的科技成果应当报送技术成果的全部内容）、科技成果的知识产权保护情况等。

第二，明确科技报告的义务主体。根据 2015 年《促进科技成果转化法》第 11 条的规定，科技报告的义务主体是"利用财政资金设立的科技项目的承担者"。这与其他国家的相关制度相吻合的，同时也是合理的。目前我国研发经费 50% 以上依赖国家财政投入，而财政经费应属于全体纳税人。虽然为了促进科技成果的后续利用，我国法律规定财政资助所形成的知识产权由受资助单位取得，但全国人民特别是市场主体至少应当有权了解和知晓这些依赖财政资助所形成的科技成果的内容。因此，对于财政资助的科研项目所形成的科技成果，受资助的项目承担者应有义务向国家科技成果信息平台报送和披露。同时，为了使国家能够准确掌握科技成果转化的总体情况，2015 年《促进科技成果转化法》第 21 条还规定："国家设立的研究开发机构、高等院校应当向其主管部门提交科技成果转化情况年度报告，说明本单位依法取得的科技成果数量、实施转化情况以及相关收入分配情况，该主管部门应当按照规定将科技成果转化情况年度报告报送财政、科学技术等相关行政部门。"因此，国家设立的研究开发机构、高等院校亦是科技报告的义务主体。另外，为了确保科技报告义务主体及时、准确地进行科技报告，2015 年《促进科技成果转化法》第 46 条还规定了报告义务主体未依法进行科技报告的法律责任。该条规定："利用财政资金设立的科技项目的承担者未依照本法规定提交科技报告、汇交科技成果和相关知识产权信息的，由组织实施项目的政府有关部门、管理机构责令改正；情节严重的，予以通报批评，禁止其在一定期限内承担利用财政资金设立的科技项目。""国家设立的研究开发机构、高等院校未依照本法规定提交科技成果转化情况年度报告的，由其主管部门责令改正；情节严重的，予以通报批评。"

第三，鼓励非义务主体进行科技报告。虽然目前我国科研经费仍以财政投入为主，但随着市场经济的发展和知识产权保护力度的加大，市场主体也越来越重视科技研发工作，对科技研发的投入也越来越大。因此，非财政投入所形成的科技成果也越来越多。客观地讲，由于市场主体更加贴近市场，非财政投入所支持的科技项目的市场导向更明确，其科技成果也更容易转化。因此，鼓励非义务主体进行科技报告，对于促进科技成果转化具有特别重要的意义。为此，2015《促进科技成果转化法》第 11 条第 3 款特别规定："国家鼓励利用非财政资金设立的科技项目的承担者提交相关科技报告，将科技成果和相关知识产权信息汇交到科技成果信息系统，县级以上人民政府负责相关工作的部门应当为其提供方便。"不过，法律没有明确规定对于非财政资金设立的科技项目的承担者提交科技报告的具体鼓励措施。我们认为，为了鼓励非义务主体进行科技报告，国家至少应为他们提供不低于报告义务主体进行报告的便利和优惠。例如，根据《国家科技成果转化引导基金管理暂行办法》的规定，只有加入科技成果转化项目库的科技成果才能在进行转化时才能受到国家科技成果转化引导基金创业投资子基金或贷款风险补偿机制的优惠待遇。而根据目前的相关规定，只有财政性资金支持产生的、可转化的应用型科技成果才能被科技成果转化项目库收录。这样的区别性待遇显然不利于鼓励非义务主体提交科技报告。因此，我们亟需进一步梳理和完善相关做法，确保非财政资金设立的科技项目的承担者真正有动力提交科技报告。

第四，应打破部门藩篱，统筹规划，建立国家统一的科技成果报告制度和科技成果信息平台。目前，科技信息分别由国家多个部门掌握，如仅科技部下属的中国科技信息研究所就至少建立了两个科技报告平台，分别是国家科技报告服务系统和国家科技成果转化项目库；国家知识产权局掌握着申请专利的技术信息及相关权利信息以及集成电路布图设计的相关权利信息；农业农村部和国家林业和草原局分别掌握农业植物新品种信息和林业植物新品种信息；中国版权保护中心掌握计算机软件和普通作品的登记信息；其他部门还建立了大量的各自系统的科技成果汇集信息系统。这种分散的科技成果报告体系和信息系统非常不利于技术研发者或使用者的检索、分析。在网络技术勃兴之前，由于通信和信息共享等方面的限制，上述情况的存在具有一定的合理性，但在网络与信息技术已经非常成熟、发达的今天，这种情况的继续显然不利于科技成果的转化。因此，我们认为国家应该对掌握在多个部门的科技信息进行全面整合、统筹规划，形成一个统一的国家级的科技成果信息数据库。当然，各部门可以根据本部门的具体业务特点，在该数据库的基础上建立部门子库。另外，由于科技成果的本质是一种技术信息，且通信技术的发展已经使目前技术信息的查询不再依赖有形的纸质媒介，因此，地方政府就没有必要再重复建立相应的科技成果信息平台了，地方政府只要确保本辖区内科技成果完成人将科技成果依法汇交国家科技成果信息平台即可。当然，地方政府可以结合本地特点，与国家级科技成果信息平台合作建立适合本地的某些专业领域的技术信息中心。实现这个设想，可能会存在各种阻力和障碍，可能需要一个较长的过程。我们认为，即使不能立即建立国家统一的科技成果信息平台，但至少可以由一个部门进行牵头，对技术信息的发布标准和形式进行统一规范，并对查询检索的入口进行统一，这样，亦能极大地方便创新者和技术使用者。

第八章 科技财政、金融与市场

　　无论是科技研发，还是科技成果转化和知识产权运用，均需要大量的资金支持。根据资金来源不同，科技研发和科技成果转化的融资方式主要有以下几种：一是财政资助。国家为了科学事业发展和促进科技成果转化，通常会拨出一定的财政资金用于支持科研事业。二是企业自有资金。有的企业为了自身的快速发展，也会拿出一部分自有资金用于科技研发或科技成果转化，但由于科研事业单位（包括大学）自身的特点和财务管理制度的限制，科研事业单位可以将部分自有资金用于科技研发，但通常不能投资于科技成果转化。三是风险投资。主要是企业或社会资本对成长性较好的科技成果进行投资，与其他市场主体或科研单位合作成立目标公司，拥有一定的股权，促使科技成果产业化、市场化。四是知识产权质押融资。一般是企业为了转化自身或他人的科技成果而以该科技成果的知识产权设质从银行获得相应贷款。五是上市融资。即科技企业以在证券市场发行股票的方式，募集科技成果转化资金。同时，科技中介服务亦是知识产权融资和科技成果转化重要催化剂。因此，从财政和金融的角度而言，促进科技成果转化，主要应做好以下三个方面的工作：一是确保各类资金所支持的科技研发项目或科技成果转化项目是具有良好市场前景的项目；二是尽可能多的筹集各类资金用于支持科技研发和科技成果转化；三是健全和完善科技市场，为知识产权融资和科技成果转化做好中介服务工作。

第一节 财政科研经费与市场

　　目前，我国科技成果转化中的一个重要问题就是我国很多科技成果与市场脱节，没有市场需求，进而导致科技成果转化率相对较低，而该问题的一个主要原因就是我国有关部门用财政经费资助科研项目时未充分考虑市场需求。根据国家统计局的统计数据当前我国 R&D 经费支出已经超过两万亿，占国家 GDP 的 2%，且财政科研经费超过占全国科研经费 50% 左右。通常情况下，企业从自身营利性需求考虑，企业无论是用自有资金还是申请财政经费进行科技研发，均会预先考虑到研发成果的市场问题；而科研机构或高校的研究人员本身就有关注理论的天然倾向，特别是在我国科研机构或高校的研究课题主要来自国家财政资助的情况下，且考虑到先前国家在制定科技研究规划时考虑的主要是宏观性、全局性、国际性的科技问题，与企业的实际需求距离较远，因此，我国科研机构产出的科技成果就难以被企业认可和接受，其科技成果利用率就会较为低下。

为了改变这种情况，从源头上确保财政资助的科技成果具有市场需求，《促进科技成果转化法》特别规定财政资助的应用类科技项目在前期的规划设计、课题编制等阶段就必须引入相关企业进行参与。该法第 10 条规定："利用财政资金设立应用类科技项目和其他相关科技项目，有关行政部门、管理机构应当改进和完善科研组织管理方式，在制订相关科技规划、计划和编制项目指南时应当听取相关行业、企业的意见；在组织实施应用类科技项目时，应当明确项目承担者的科技成果转化义务，加强知识产权管理，并将科技成果转化和知识产权创造、运用作为立项和验收的重要内容和依据。"

上述规定对于确保最终研发成果具有市场需求，进而促进科技成果转化具有重要意义。当然，企业或相关行业协会也应自觉增强自身的参与能力，在国家制定有关科技规划、计划或项目指南时，能够有效参与其中，发出真正的市场的声音。同时，为了促进科技成果转化，国家在资助科研项目时还应特别重视知识产权创造和运用情况，尤其是应重视科研项目的专利产出符合市场需求。具体而言，可以采取如下措施。

第一，充分利用知识产权信息检验科技项目和科技成果的市场需求。无论是在科技规划的设计阶段，还是项目指南的编制阶段，抑或项目申请、实施、结项阶段，均应引导企业或有关单位充分利用知识产权信息，进行专利检索和分析，避免重复研发，确保研究方向和研究成果符合国际发展趋势和市场需求。

第二，严格规范专利申请文件的撰写要求。在发明创造技术高度一定的情况下，专利申请文件的撰写质量对最终授权的专利数量具有决定性作用。相同的发明创造，不同的申请人撰写的不同专利申请文件，有的可能不能获得专利授权，有的可能获得专利授权；有的获得的专利的保护范围可能很窄，而有的则可能获得很宽范围的保护。因此，严格规范专利申请文件的撰写要求，对申请人获得专利授权以及获得较大范围的保护具有重要意义。对于财政资助的科研项目而言，严格规范专利申请文件的撰写要求，亦有利于科研项目知识产权的规范化管理。虽然我国专利法要求申请人在专利说明书中写明该发明所属的技术领域和背景技术，但这样的要求并无强制性，很多申请人出于各种原因仅是在形式上加以应付。比如，有的申请人在研发或申请专利时可能并没有对现有技术认真检索，仅凭感觉判断某技术方案是首创的，因而申请专利，在这种情况下，其在说明书中的背景技术描述方面必然苍白无力。再比如，有的申请人可能已经检索出了与申请专利的技术方案高度相关或相似的技术，因为担心写在说明书中不能获得专利授权，而故意隐藏这些背景技术。另外，我国专利法并未要求申请人在背景技术描述中标明这些背景技术的具体来源，这样就导致我国专利说明书对背景技术的描述更加随意。但美国做法则不同，美国要求专利申请人在申请书中详细描写背景技术，并需写明该背景技术的具体来源。由于只有在详细分析前人成果的基础上作出的发明创造，才有可能是有价值、有意义的真正的发明创造，因此，我们认为美国的做法能够非常有效地保障专利申请质量。所以，在我国专利申请书尚较粗糙的情况下，我们认为财政资助的科研项目为了确保专利申请质量，可以对课题承担单位提出以下更具体的要求：一是要求申请人在说明书中对背景技术作出更具体的描述；二是要求申请人在说明书中写明背景技术的具体来源，比如专利申请号、非专利文献的卷号页码等；三是，考虑到有些领域国外技术的先进性，要求申请在背景技术中必须引证国外的技术，并写明国外的专利申请号或国外的非专利文献来源；四是要求申请人向项目管理单位报送该专利申请文件全文、引用的技术文献全文，以加强监督。

第三，以质量为导向，改变知识产权工作评价指标。为了有效提升专利申请数量，目前我国财政科研项目通常会采取一些有利于知识产权数量增加的刺激措施。比如对专利申请进行资助，将专利申请量列入课题组知识产权考核的硬性指标之中等。这些激励措施对提升课题承担单位和课题组成员的知识产权意识具有重要作用，对快速增加专利申请数量亦有重要意义，但绝非长久之计，通常应对该做法规定一个执行的期限。例如，苏州工业园区虽然为了快速增加专利数量而对每件发明专利申请给予一万元的高额财政补贴，但是苏州亦对该补贴办法规定了一定的执行期限，即有效期是三年，具体是 2012 年年初至 2014 年年底。国家财政资助的其他项目也有必要参考苏州做法，在进行一段时期的数量刺激之后，不再考核课题承担单位的单纯专利申请数量，而仅考虑其授权专利数量，或考虑授权专利与专利申请总量之比；考察课题承担单位的专利转让、许可或自身实施情况；考察课题承担单位的国外专利申请的授权情况；等等。

第四，对专项专利进行公众评审。美国为了提高专利授权质量，在 2007 年设置了公众专利评审制度。通过公众尤其是同领域专家的参与，可以为专利审查员提供更多对比文件，使可专利性条件的审查更加准确，加快专利审查时间，提高授权专利质量。目前，我国知识产权局尚未建立起类似制度，但国家财政资助的科技项目可以参考该制度的设计思想，将项目的授权专利和已被公开的专利申请放到网上，并面向社会开放，允许公众上传对比技术文件并对该专利的新颖性、创造性和实用性进行评论。这样既可以使专利权人或专利申请人获得相关技术信息，也可以使公众了解该专利或专利申请的技术价值，进而促进这些专利技术的转化。

第二节　引导基金与创业投资基金

为了支持科技成果转化和科技企业发展，为科技成果转化提供更多的资金支持，《促进科技成果转化法》第 38 条明确规定："国家鼓励创业投资机构投资科技成果转化项目。""国家设立的创业投资引导基金，应当引导和支持创业投资机构投资初创期科技型中小企业。"第 39 条进一步规定："国家鼓励设立科技成果转化基金或者风险基金，其资金来源由国家、地方、企业、事业单位以及其他组织或者个人提供，用于支持高投入、高风险、高产出的科技成果的转化，加速重大科技成果的产业化。"事实上，在《促进科技成果转化法》修改之前，我国政府已经设立了若干个鼓励或促进科技成果转化的基金，2015年《促进科技成果转化法》则进一步强化了政府对科技成果转化提供财政支持的法定义务。2015年《促进科技成果转化法》实施后，我国应进一步发展、壮大目前已有的创业投资基金和引导基金的规模，为科技成果转化提供充分的资金支持。

目前，我国中央政府专门针对科技成果转化设立的引导基金是国家科技成果转化引导基金，专门针对科技成果转化创业投资的基金是由该引导基金参股设立的一系列创业投资子基金。国家科技成果转化引导基金主要用于支持转化利用财政资金形成的科技成果。国家科技成果转化引导基金的资金来源为中央财政拨款、投资收益和社会捐赠。引导基金的支持方式包括设立创业投资子基金（简称"子基金"）、贷款风险补偿和绩效奖励等。其中，子基金按照政府引导、市场运作、不以营利为目的的原则设立，设立方式包括与民间资本、地方政府资金以及其他投资者共同发起设立，或对已有创业投资基金增资设立等。

根据财政部、科技部《国家科技成果转化引导基金设立创业投资子基金管理暂行办法》的规定，凡在我国境内注册的投资企业或创业投资管理企业（简称"投资企业"）均可作为申请者，向科技部、财政部申请设立子基金。这里的投资企业是指愿意且有能力出资参与设立子基金、支持科技成果转化的企业。创业投资管理企业是指受托管理创业投资企业的企业，为创业投资企业寻找投资机会和谈判投资条款，或代表创投企业进行创业投资，并提供相关的管理咨询服务的企业。科技部、财政部委托引导基金的受托管理机构受理子基金的设立申请。目前，引导基金的受托管理机构是国家科技风险开发事业中心。

申请者应满足的条件是：①申请者为投资企业的，其注册资本或净资产应不低于5000万元；申请者为创业投资管理企业的，其注册资本应不低于500万元；②多家投资机构拟共同发起子基金的，应推举一家机构作为申请者，并确定一家创业投资管理企业作为拟设立的子基金的管理机构；③发起设立子基金时，申请者须提供主要出资人的出资承诺书，并承诺在子基金成立时，完成剩余资金的募集。

子基金设立的标准和条件是：①子基金应当在中国大陆境内注册，募集资金总额不低于 10 000 万元人民币，且以货币形式出资，经营范围为创业投资业务，组织形式为公司制或有限合伙制；②转化基金对子基金的参股比例为子基金总额的 20%～30%，且始终不作为第一大股东或最大出资人；子基金的其余资金应依法募集，境外出资人应符合国家相关规定；③子基金存续期一般不超过八年，在子基金股权资产转让或变现受限等情况下，经子基金出资人协商一致，最多可延长两年；④子基金投资于转化国家科技成果转化项目库中科技成果的企业的资金应不低于转化基金出资额的三倍，且不低于子基金总额的50%，其他投资方向应符合国家重点支持的高新技术领域，所投资企业应在中国大陆境内注册；⑤子基金应在科技部、财政部公布的银行名单中选择托管银行，签订资产托管协议，开设托管账户。

子基金设立程序主要有如下步骤：①申请者向受托管理机构提交子基金申请材料；②受托管理机构受理申请、进行初审、沟通访谈、开展尽职调查、形成尽职调查报告和子基金设立方案并报转化基金理事会；③转化基金理事会审核受托管理机构提交的材料，形成审核意见；④科技部根据转化基金理事会的审核意见，对子基金设立方案进行合规性审查，对于符合设立条件的，商财政部同意，向社会公示无异议后，批准出资设立子基金，并向社会公告；⑤受托管理机构根据科技部、财政部的批准文件办理出资设立子基金的相关手续。

子基金管理机构的主要条件和要求为：①在中国大陆境内注册，主要从事创业投资业务；②具有完善的创业投资管理和风险控制流程，规范的项目遴选和投资决策机制，健全的内部财务管理制度，能够为所投资企业提供创业辅导、管理咨询等增值服务；③至少有三名具备五年以上创业投资或相关业务经验的专职高级管理人员；在国家重点支持的高新技术领域内，至少有三个创业投资成功案例；④应参股子基金或认缴子基金份额，且出资额不得低于子基金总额的 5‰；⑤企业及其高级管理人员无重大过失，无受行政主管机关或司法机关处罚的不良记录。

设立子基金的重要意义主要有以下三个方面：一是有助于实施创新驱动发展战略，发挥市场配置资源的重要作用。引导基金采用市场化运作方式，引导和带动金融资本、民间资本、地方政府和其他投资者共同发起设立子基金。子基金充分运用市场规律，发掘科技成果的市场价值和科技企业成长价值，提供增值服务，形成以市场为导向的投融资新模式，促进科技成果资本化、产业化。二是有助于激励科技创新创业，促进经济结构调整和转型升级。通过引导子基金投资，可以加速科技成果更好更快地转化为现实生产力，支持科技企业和战略性新兴产业发展，更好地发挥科技对经济社会发展的支撑和引领作用，加快培育形成我国经济发展的新增长点。将政府引导与市场机制有机结合，建立中央带动地方、财政资金引导民间资金的联动机制，引导社会资本集聚并投向科技成果转化，发挥财政资金"四两拨千斤"的作用。三是促进科技和金融结合，改善科技型中小企业融资环境，缓解"融资难、融资贵"。引导基金设立子基金，培育和发展一批以科技成果转化为目的的创业投资子基金，将增强对科技企业的直接投资能力，有效提高直接融资在企业融资中的比重，引导银行信贷、资本市场等后续融资，推动形成"接力式"融资的资金链条，不断为企业做大做强注入资金动力，进一步改善科技创新的投融资环境。❶

同时，除了中央政府设立的国家科技成果转化引导基金之外，有些地方政府为了推动本地区的科技成果转化工作，也设立了地方性的科技成果转化引导基金。例如，2015 年年初，广东省财政设立了广东省重大科技专项创业投资引导基金。该引导基金首期出资 7.5 亿元，以不超过 30% 的比例参股设立创业投资基金。该引导基金最大亮点在于财政资金全部让利，按照 3 : 3 : 4 的比例，将财政资金所属收益分别让利给引导基金管理机构、子基金管理机构和社会出资人。该引导基金将主要以参股的方式，吸引国内领先基金管理机构，与广东省内外社会资本及其他政府资金合作设立或以增资方式参股创业投资基金，重点投资于九大重大科技专项领域内处于初创期、早中期的创业企业。九大重大科技专项领域包括计算与通信集成芯片、移动互联关键技术与器件、云

---

❶ 科技部科研条件与财务司、财政部教科文司有关负责人就《国家科技成果转化引导基金设立创业投资子基金管理暂行办法》答记者问 [EB/OL]. [2020 – 03 – 15]. http：//www. most. gov. cn/kjzc/zdkjzcjd/201411/t20141105_116538. htm.

计算与大数据管理技术、新型印刷显示与材料、可见光通信技术及标准光组件、智能机器人、新能源汽车电池与动力系统、干细胞与组织工程、增材制造（3D 打印）技术等。❶ 又如，2015 年 5 月，上海市设立了国内首个专注于天使投资发展的政府引导基金——上海市天使投资引导基金。该天使引导基金旨在撬动和引导社会资本参与天使及早期投资领域，扶持一批有志于从事早期的专业化天使投资机构，推动科技型创业企业快速成长。其意义在于：有利于培育和扶持一批有志于从事早期的专业化天使投资机构，形成天使投资集聚效应，弥补市场失灵；有利于孵化一批早期创业项目和优秀创业团队，成为创业投资基金下一轮投资的"喂食者"，吸引更多新兴产业项目落地上海；有利于完善小微企业成长的金融服务链条，优化上海创新创业环境。该天使引导基金将根据"政府引导、社会为主、专业化管理、市场化运作"的总体要求，运作模式创新点包括：管理机构专业化，由上海创业接力科技金融集团有限公司负责天使引导基金的日常投资及管理运营，力求以市场化、高效率的方式，开展天使引导基金的受托管理工作；坚持"让利于民"和"市场化运作"相结合的引导基金退出机制，在天使引导基金投资之日起五年内，可由天使投资企业股东按照引导基金原始投资额实施受让退出。❷

第三节　知识产权质押融资

知识产权融资是科技成果转化的重要资金来源，对于促进科技成果转化具有重要意义。《促进科技成果转化法》第 35 条规定："国家鼓励银行业金融机构在组织形式、管理机制、金融产品和服务等方面进行创新，鼓励开展知识产权质押贷款、股权质押贷款等贷款业务，为科技成果转化提供金融支持。国家鼓励政策性金融机构采取措施，加大对科技成果转化的金融支持。"第 36 条规

---

❶　广东设立重大科技创投引导基金：首期规模 7.5 亿 [EB/OL]. [2020 - 03 - 15]. http：//www. nfttc. org. cn/www/nfttc/201705/593. html.

❷　上海市首支天使投资引导基金发布 [EB/OL]. [2020 - 03 - 15]. http：//www. nfttc. org. cn/www/nfttc/201705/592. html.

定："国家鼓励保险机构开发符合科技成果转化特点的保险品种，为科技成果转化提供保险服务。"上述条款为知识产权融资和相关服务提供了法律保障，对促进知识产权融资具有重要作用。从科技成果转化角度而言，目前我国知识产权融资的主要表现形式是知识产权质押贷款。近年来，我国知识产权质押融资贷款从无到有，快速发展。以专利质押融资贷款为例，仅 2014 年我国专利权质押金额就达 489 亿元人民币，较 2013 年增长 92.5%，惠及 1 850 家中小微企业。❶ 但与我国科技成果转化巨大资金需求相比，目前知识产权质押融资仍可谓杯水车薪，亟需进一步大力发展。

为了加大知识产权融资工作力度，2015 年 4 月国家知识产权局下发了《关于进一步推动知识产权金融服务工作的意见》（国知发管字〔2015〕21 号）。该意见指出："知识产权是国家发展的战略性资源和国际竞争力的核心要素，金融是现代经济的核心。加强知识产权金融服务是贯彻落实党中央国务院关于加强知识产权运用和保护战略部署的积极举措，是知识产权工作服务经济社会创新发展、支撑创新型国家建设的重要手段。促进知识产权与金融资源的有效融合，有助于拓宽中小微企业融资渠道，改善市场主体创新发展环境，促进创新资源良性循环；有助于建立基于知识产权价值实现的多元资本投入机制，通过增值的专业化金融服务扩散技术创新成果，全面促进知识产权转移转化；有助于引导金融资本向高新技术产业转移，促进传统产业的转型升级和战略性新兴产业的培育发展，提升经济质量和效益。"

该意见明确提出："到 2020 年，全国专利权质押融资金额要力争超过 1 000 亿元。"该意见将知识产权质押融资工作列为知识产权金融服务工作的首要任务，并采取以下具体措施："1. 加强对企业知识产权质押融资的指导和服务。引导企业通过提高知识产权质量，加强核心技术专利布局，提升知识产权质物价值的市场认可度；开展针对企业知识产权质押融资的政策宣讲和实务培训，使企业深入了解相关扶持政策、融资渠道、办理流程等信息；加强专利权质押登记业务培训，规范服务流程，为企业提供高效、便捷、优质的服务；建

---

❶ 2014 年知识产权金融服务再上新台阶 ［EB/OL］. ［2020 - 03 - 15］. http：// www.cnipa.gov.cn/zscqgz/1100640.htm.

立质押项目审核及跟踪服务机制，对拟质押的知识产权项目，开展法律状态和专利与产品关联度审查，对在质押知识产权项目进行动态跟踪和管理，强化知识产权保护。""2. 鼓励和支持金融机构广泛开展知识产权质押融资业务。推动并支持银行业金融机构开发和完善知识产权质押融资产品，适当提高对中小微企业贷款不良率的容忍度；鼓励各类金融机构利用互联网等新技术、新工具，丰富和创新知识产权融资方式。""3. 完善知识产权质押融资风险管理机制。引导和支持各类担保机构为知识产权质押融资提供担保服务，鼓励开展同业担保、供应链担保等业务，探索建立多元化知识产权担保机制；利用专利执行保险加强质押项目风险保障，开展知识产权质押融资保证保险，缓释金融机构风险；促进银行与投资机构合作，建立投贷联动的服务模式，提升企业融资规模和效率。""4. 探索完善知识产权质物处置机制。结合知识产权质押融资产品和担保方式创新，研究采用质权转股权、反向许可等形式，或借助各类产权交易平台，通过定向推荐、对接洽谈、拍卖等形式进行质物处置，保障金融机构对质权的实现，提高知识产权使用效益。"

同时，该意见还要求加快培育和规范专利保险市场，具体措施为："1. 支持保险机构深入开展专利保险业务。推动保险机构规范服务流程，简化投保和理赔程序，重点推进专利执行保险、侵犯专利权责任保险、知识产权质押融资保险、知识产权综合责任保险等业务运营。""2. 鼓励和支持保险机构加强运营模式创新。探索专利保险与其他险种组合投保模式，实践以核心专利、专利包以及产品、企业、园区整体专利为投保对象的多种运营模式；支持保险机构开发设计符合企业需求且可市场化运作的专利保险险种，不断拓宽专利保险服务范围。""3. 加大对投保企业的服务保障。结合地区产业政策，联合有关部门，利用专利保险重点加强对出口企业和高新技术企业创新发展优势的服务和保障；加强对企业专利纠纷和维权事务的指导，对于投保专利发生法律纠纷的，要按照高效、便捷的原则及时调处。""4. 完善专利保险服务体系。加大工作力度，引导和支持专利代理、保险经纪、专利资产评估与价值分析、维权援助等机构参与专利保险工作，充分发挥中介机构在投保专利评估审核、保险方案设计、企业风险管理、保险产品宣传推广、保单维护和保险理赔服务等方面的重要作用。"

与有形财产相比，由于知识产权在资产评估、价值分析、质押担保、流通交易、及时变现等方面均存在较多的制约性条件和不确定风险，因此，银行或保险企业通常会对知识产权质押融资和知识产权保险采取比较谨慎的态度。为了降低科技成果转化的融资难度，《促进科技成果转化法》亦从融资激励和风险补偿等角度做了考虑，根据该法第33条规定，科技成果转化财政经费可用于科技成果转化的贷款贴息和风险补偿。当前，一些地方政府亦提供知识产权质押融资的贷款贴息和风险补偿。例如，根据《中关村国家知识产权制度示范园区知识产权专项资金使用管理办法（暂行）》（京财文〔2010〕2418号），该专项资金纳入北京市财政预算，可用于支持和引导园区企业开展专利质押贷款贴息；贷款贴息项目费，主要用于支持园区企业以知识产权质押方式，特别是以发明专利质押方式向银行贷款，推进园区中小企业专利产品改进、创新、规模化生产、市场推广；实行贷款贴息的项目按照当年所需支付利息的50%予以补贴，每个企业每年贴息额不超过20万元。另外，海淀区还专门制定了本区的知识产权质押贷款贴息实施办法，将每个企业年度贴息限额提高到40万元。

上海市浦东新区于2013年印发了《浦东新区知识产权质押融资风险补偿和奖励操作规程》。根据该规程，对在浦东新区开展知识产权质押贷款业务的商业银行给予贷款风险补偿和奖励，所需资金从浦东新区科技发展基金科技金融专项资金中列支。银行享受风险补偿和奖励资金的主要条件是：①其所涉及的借款企业的注册地须在浦东新区，属于浦东新区税务局直接征管，符合中小微型企业标准和上海市科委关于科技型企业的定义。②单个借款合同中知识产权质押担保额占信贷总额的比例不低于30%。③借款主合同中须写入知识产权质押的意思表示。④知识产权质押贷款利率上浮不得超过中国人民银行规定的银行贷款基准利率的25%。其风险补偿标准是：①银行所发放贷款的知识产权质押担保额占贷款总额不低于30%、小于50%的，按贷款总额的50%给予银行2%的风险补偿；②知识产权质押担保额占贷款总额不低于50%、小于70%的，按贷款总额的70%给予银行2%的风险补偿；③知识产权质押担保额占贷款总额不低于70%的，按贷款总额给予银行2%的风险补偿。另外，在同一年度内，知识产权质押担保额每达到5亿元，另给予银行500万元的奖励。

　　2014 年国家知识产权局与财政部联合发布了《关于开展以市场化方式促进知识产权运营服务工作的通知》，该通知发布以来，国家知识产权局会同财政部以市场化方式开展知识产权运营服务试点，在北京建设全国知识产权运营公共服务平台，在西安、珠海建设两大特色试点平台，并通过股权投资重点扶持 20 家知识产权运营机构，初步形成"1 + 2 + 20 + N"的知识产权运营服务体系。同时，国家知识产权局还以股权投资方式扶持 10 个省份的知识产权运营机构，并在 16 个城市开展了知识产权运营体系建设试点，有效促进了知识产权与创新资源、产业发展、金融资本融合，初步形成了"平台 + 机构 + 资本 + 产业"四位一体的知识产权运营服务体系，进一步推进各类要素不断聚集，推进知识产权运营日趋活跃，为知识产权的转移转化、收购托管、交易流转、质押融资等提供支撑。❶ 2016 年 12 月国务院印发了《"十三五"国家知识产权保护和运用规划》，明确指出：（1）"深化知识产权投融资工作。优化质押融资服务机制，鼓励有条件的地区建立知识产权保险奖补机制。研究推进知识产权海外侵权责任保险工作。深入开展知识产权质押融资风险补偿基金和重点产业知识产权运营基金试点。探索知识产权证券化，完善知识产权信用担保机制，推动发展投贷联动、投保联动、投债联动等新模式。创新知识产权投融资产品。在全面创新改革试验区引导创业投资基金、股权投资基金加强对知识产权领域的投资。"（2）"创新管理运行方式。支持探索知识产权创造与运营的众包模式，鼓励金融机构在风险可控和商业可持续的前提下，基于众创、众包、众扶等新模式特点开展金融产品和服务创新，积极发展知识产权质押融资，促进"互联网 +"知识产权融合发展。"从政策驱动激励看，按照"政府引导，社会参与，市场化运作"的原则，我国知识产权基金运营实践取得了一定的进展，具有代表性的基金有睿创专利运营基金、国知智慧知识产权股权基金以及重点产业知识产权运营基金。

　　睿创专利运营基金，中国第一支专注于专利运营和技术转移的基金，2014年 4 月 25 日在中关村正式宣告成立。该基金以政府为引导，企业为主体，委

---

❶ 我国已初步形成四位一体的知识产权运营服务体系 ［EB/OL］. ［2020 - 03 - 15］. http：// news. cnr. cn/native/city/20181120/t20181120_524420290. shtml.

任具有国际知识产权运营经验的中国智谷股份有限公司（简称"智谷公司"）进行管理，在中国开创了一种全新的商业模式。基金预计募集 3 亿元人民币，北京中关村管委会和海淀区政府各出资 2 000 万元，金山软件股份有限公司、北京小米科技有限公司、TCL 等多家从事智能终端与移动互联网业务的公司参与投资，智谷公司将负责管理基金投资策略与日常运营。第一期基金将重点围绕智能终端、移动互联网等核心技术领域，以云计算、物联网作为技术外延，通过市场化的收购和投资创新项目等多种渠道来集聚专利资产，意在近五年内储备一大批高质量的核心发明专利。该基金由多家从事智能终端与移动互联网业务的公司作为首批战略投资方参与本基金。中关村科技园区管理委员会、海淀区政府通过引导资金给予支持，智谷公司作为普通合伙人管理基金投资策略与日常运营。❶

国知智慧知识产权股权基金，国内首支由国家资金引导的知识产权股权基金，于 2015 年 11 月在京发布。基金主发起方北京国之专利预警咨询中心（简称"国之中心"），为国家知识产权局专利局专利审查协作北京中心工会注资设立的下属企业，是国内首家提供专利应急和预警咨询服务的专业机构。2013 年，国之中心成为财政部和国家知识产权局指定的首批"国家专利运营试点企业"，并获得财政部 1 000 万元资金支持。基金合作方北京清林华成投资有限公司是以私募投资管理为主业的股权投资企业。该基金主要投资于拟挂牌新三板的企业，基金的投资定向用于企业知识产权挖掘及开发，基金核心要义为帮助国内中小企业有效地获取核心专利技术，为企业在未来行业发展格局中获取主导权，从而发挥其示范作用。此外，基金亦将在细分行业及细分地域上与其他机构合作设立子基金，以基金的运作为蓝图，大规模复制并撬动社会资本参与，在助力专利创新和企业知识产权保护中最大程度发挥政府资金引导性作用。国知智慧知识产权股权基金募集规模达 1 亿元，其中国之中心出资 500 万元，吸引社会资本 9 500 万元，形成 1∶20 的引导效应。该基金采取"5 + 2"的周期模式，在退出渠道上，选择以新三板做市退出、协议退出、IPO 转版退

---

❶ 国内外九大知识产权运营基金情况介绍 [EB/OL]. [2020 - 03 - 15]. http：//www.iprdaily.cn/article_14825.html.

出、产业基金和上市公司的并购退出，以及未来的竞价交易等多种方式退出。该基金于 2016 年 12 月 13 日募集完成。基金合伙人共 48 人，其中普通合伙人为 1 人，为北京清林华成投资有限公司（同时为基金的管理人），承担无限责任；有限合伙人为 47 人，承担有限责任。投资阶段基金主要通过定向增发的方式，投资拟挂牌新三板企业、主板/中小板/创业板市场拟上市企业。在投资阶段，以知识产权贯穿整个投资流程，并为考察及投资的企业赋能。基金接触项目数百项，预立项初步考察项目 50 余项，正式立项考察项目 30 余项，最终投资 8 家企业，投资金额累计 9 194.5 万元。投资领域涉及生物塑料、低轨卫星、地理遥感、汽车智能网联化、汽车轻量化、大数据可视化、液晶显示等，均为国家提倡推进的先进技术、节能环保领域。通过国知智慧知识产权股权基金的探索，北京国知专利预警咨询有限公司（原"国之中心"）形成了以政府引导资金带动社会资本投资，以"知识产权尽职调查 + 知识产权咨询服务"为核心特色的知识产权股权基金运营模式，提升已投资项目的无形资产价值，保障投资的知识产权法律风险可控；形成了知识产权尽职调查方法，从技术、法律、市场等角度分析项目的创新水平和投资潜力。作为国内首支国家资金引导的知识产权股权基金，国知智慧知识产权股权基金收获了业界的广泛肯定，为知识产权创新型中小企业融资拓宽了渠道，为进一步推进知识产权股权基金的发展奠定了坚实的基础。

重点产业知识产权运营基金，2015 年财政部和国家知识产权局为落实中央关于创新驱动发展战略的重大部署，决定在陕西、山东、四川等十个省或直辖市设立重点产业知识产权运营基金，面向战略性产业和区域优势产业，以市场化的方式促进知识产权运营工作，支持产业升级发展。2016 年国家知识产权局和财政部进一步批准在全国十个省或直辖市开展重点产业知识产权运营服务试点工作，围绕"中国制造 2025"提出十大发展领域设立知识产权运营基金，开展专利收储、布局、组建专利联盟、构建专利池等专利运营服务，并拨付财政专项经费来开展重点产业知识产权运营工作。一些具有代表性的主要省市知识产权运营基金概况如表 1、表 2。❶

———————————

　❶ 郭晓珍，陈楠. 重点产业知识产权运营基金的发展现状及建议 [J]. 厦门理工学院学报，2019，27（4）：14－20.

表1 主要省市重点产业知识产权运营基金试点概况

基金编号及名称	基金简介	投资方式	盈利方式	设立单位	投资规模	成立时间
1. 北京市重点产业知识产权局运营基金	将投资现有核心专利和未来5~7年具有发展前景和行业导向的技术，包括以专利为核心的无形资产，以及拥有技术的创新型企业等	股权投资模式	技术商业化	财政部、北京市财政局	10亿元（首期4亿元）	2016年1月
2. 山东省重点产业知识产权运营基金	重点投向国家和山东省确定的重点发展产业、战略性新兴产业、专利密集型产业领域，特别是海洋化工及生物资源开发产业及其相关领域的知识产权运营项目和服务	股权投资模式	高价值专利培育与产业化	山东省财政厅、山东省经济开发投资公司、山东省金融办	首期1亿元	2015年11月
3. 湖南省重点产业知识产权运营基金	重点投向先进轨道交通装备产业、工程机械产业，促进产业升级。基金投资领域为具有知识产权优势、拥有高价值专利组合的高新技术企业	股权投资模式	技术交易、技术孵化后的商业化	财政部、湖南省财政厅、湖南省知识产权局	6亿元（首期1.5亿元）	2014年4月

续表

基金编号及名称	基金简介	投资方式	盈利方式	设立单位	投资规模	成立时间
4. 四川省知识产权业投资基金	重点投资于成都、绵阳、德阳，投向知识产权优势企业专利池的构建、知识产权运营平台、知识产权重大涉外纠纷的应对，以及以股权投资模式防御性收购一些企业	股权投资模式	技术交易	"1＋3＋N"方式组建（省＋成都、绵阳、德阳＋N企业）	7亿元（首期2.8亿元）	2015年12月
5. 陕西航空航天产业知识产权运营基金	主要投向航空航天产业、军民融合产业相关项目及企业。在航空整机制造、材料、定位等核心领域实现专利交易数量大于300件	股权投资为主，融资担保为辅	未公开	政府引导，陕西金控智航投资管理有限公司筹备	5亿元（首期2亿元）	2016年12月
6. 青岛市专利运营引导基金	构建"四位一体"专利质押贷款工作体系，独特的利用一体两翼来促进青岛市运营基金的发展	融资担保	技术产业化	青岛市政府	首期1亿元	2016年2月

续表

基金编号及名称	基金简介	投资方式	盈利方式	设立单位	投资规模	成立时间
7. 广州市重点产业知识产权运营基金	重点投向广州市信息技术、生物与健康、新材料与高端制造、新能源与节能环保、人工智能等战略性新兴产业，基金将用于专利组合运营为主的市场短期运营方面	股权投资模式	技术交易	广州市政府	6亿元（首期1.2亿元）	2016年12月
8. 长沙市重点产业知识产权运营基金	结合长沙实际，主要围绕移动互联网、云计算、自动控制系统等关键技术，进行专利布局和股权投资	股权投资模式	技术产业化	长沙市政府	3亿元（首期1亿元）	2016年12月
9. 杭州市重点产业知识产权运营基金	重点投资杭州市确定的战略性新兴产业、专利密集型产业领域，特别是电子、医药、人工智能等知识产权运营服务	股权投资模式	技术产业化	杭州市知识产权局	1亿元	2016年3月

续表

基金编号及名称	基金简介	投资方式	盈利方式	设立单位	投资规模	成立时间
10. 厦门"一带一路"知识产权运营投资基金	（1）知识产权银行＋交易运营中心＋投资集团＋智库＋其他知识产权社会服务机构的"4＋1"知识产权服务平台；（2）"一带一路"中有关知识产权的经济试点项目；（3）拥有核心技术的其他企业。基金主要投向生物医药、智能新材料、影视文创和军民融合这四大领域	股权投资和跟进投资相结合并加入引导投资的创新模式	技术产业化	厦门市知识产权局	0.4 亿元	2017 年 5 月

表2　主要重点产业知识产权运营基金运作成效

基金编号及名称	初期效果
1. 北京市重点产业知识产权局运营基金	目前该基金首期4 亿元人民币的资金已认购完毕，其中，财政体系投入资金9 500 万元，企业、知识产权服务机构和投资机构等投入社会资本3.05 亿元
2. 山东省重点产业知识产权运营基金	山东省政府相关部门印发了《山东省重点产业知识产权运营引导基金管理实施细则》；管理机构及职责方面，规定设立引导基金决策委员会，负责引导基金设立运作相关重大事项的决策，规定了省科技厅、知识产权局、财政局、金融办各自应承担的职责
3. 湖南省重点产业知识产权运营基金	由财政部、湖南省省财政厅、省知识产权局共同出资7 500 万元人民币发起设立，首期募集完毕。委托湖南中技华软知识产权积极管理有限公司进行运营

基金编号及名称	初期效果
4. 四川省知识产权业投资基金	目前该基金有省级财政出资 1 亿元，成都、德阳、绵阳共出资 0.7 亿元，首期剩下的 1.1 亿元由企业负责出资，出台了《四川省省级产业发展投资引导基金管理办法》来管理运作。该基金是 2016 年 10 个试点城市中发展规模较大的
5. 陕西航空航天产业知识产权运营基金	中央财政专项资金 4 000 万元，基金确定了以"募、投、管、退"等的方案运营，目前还在发展阶段
6. 青岛市专利运营引导基金	政府出台了《青岛市专利运营引导资金管理暂行办法》专门管理该基金，同事引进上海盛知华知识产权服务有限责任公司管理，到 2017 年 2 月，平台收储化学、医疗等各个领域专利达 186 件，待授权专利 260 件，实现交易 120 多件
7. 广州市重点产业知识产权运营基金	中央财政出资 4 000 万元，广州市财政出资 4 000 万元，广州开发区、南沙开发区财政各出资 2 000 万元，共 1.2 亿元，按照财政引导资金 1∶5 以上的比例放大带动社会资本投入。出台了《广州市重点产业知识产权运营基金管理办法》
8. 长沙市重点产业知识产权运营基金	该基金首期出资采取一次性募集方式，其中市财政出资 4 000 万元，该 4 000 万元就是中央财政的拨款，长沙高新区一次性出资 1 000 万元，面向社会募资 5 000 万以上。面向全国公开遴选基金管理机构
9. 杭州市重点产业知识产权运营基金	目前已出台了《杭州市重点产业知识产权运营基金管理办法（试行）》，现在还在招募合作机构
10. 厦门"一带一路"知识产权运营投资基金	制定《厦门"一带一路"知识产权运营引导资金管理暂行办法》，成立运营引导资金理事会及理事会办公室。委托西安门信诚通创业投资有限公司启动基金申报企业的征集工作

从上述重点产业知识产权运营基金概况及运作的初步成效看，自政策的颁布实施和基金落地成立以来，进一步激活了我国专利交易市场，我国专利转移数量有了较大幅度提长。从公告的专利权或专利申请权转移情况来看，2016 年我国专利转移数量达 154 980 次，比 2012 年的 70 971 次翻了一番，专利运营政策初见成效。随着专利转移数量的增长，将有效地促进重点产业知识产权运营基金的健康持续发展。

第四节 知识产权运用

一、知识产权运用相关政策

知识产权具有资源、财产和权利的多重属性。知识产权运用是对知识产权的资源、财产和权利特性加以利用，谋取竞争优势或赚取收益的活动。资源利用是基础，权利运行是保障，财产经营是目的。资源利用和权利运行构成知识产权的竞争性运用，权利运行和财产经营构成知识产权运营。知识产权运营是通过知识产权转让许可、知识产权作价投资、生产销售知识产权产品及直接相关技术服务等实现知识产权直接经济收益的商业性运行和经营活动，也包括支撑获取直接经济收益的质押融资、托管和诉讼等间接活动。知识产权运营源自科技成果转化，不仅是科技成果转化的重要内容，也是科技成果转化在新阶段的发展。知识产权运营政策是科技成果转化的核心政策，是最有效的科技成果转化政策。❶ 当然，知识产权运用不能仅仅注重知识产权运营，也应注重知识产权检索分析、质量管理、风险防范、价格评估和集中管理等知识产权服务性活动，形成一个有效运行的有机体。因此，国家知识产权局等有关部门制定了一系列促进知识产权运用的政策。

2008 年 6 月 5 日，国务院印发了《国家知识产权战略纲要》（国发〔2008〕18 号），这标志着中国知识产权战略正式启动实施。该战略纲要确定了"激励创造、有效运用、依法保护、科学管理"的方针，意在着力完善知识产权制度，积极营造良好的知识产权法治环境、市场环境、文化环境，大幅度提升我国知识产权创造、运用、保护和管理能力。在近五年的目标中，明确运用知识产权的效果明显增强，知识产权密集型商品比重显著提高，企业知识

---

❶ 宋河发. 我国知识产权运营政策体系建设与运营政策发展研究 [J]. 知识产权，2018 (6)：75 – 77.

产权管理制度进一步健全，对知识产权领域的投入大幅度增加，运用知识产权参与市场竞争的能力明显提升。形成一批拥有知名品牌和核心知识产权，熟练运用知识产权制度的优势企业。在战略重点中，明确提出促进知识产权创造和运用：①运用财政、金融、投资、政府采购政策和产业、能源、环境保护政策，引导和支持市场主体创造和运用知识产权。强化积极创新活动中的知识产权导向作用，坚持技术创新以能够合法产业化为基本前提，以获得知识产权为追求目标，以形成技术标准为努力方向。完善国家资助开发的科研成果权利归属和利益分享机制。将知识产权指标纳入科技计划实施评价体系和国有企业绩效考核体系。逐步提高知识产权密集型商品出口比例，促进贸易增长方式的根本转变和贸易结构的优化升级。②推动企业成为知识产权创造和运用的主体。促进自主创新成果的知识产权化、商品化、产业化，引导企业采取知识产权转让、许可、质押等方式实现知识产权的市场价值。充分发挥高等学校、科研院所在知识产权创造中的重要作用。选择若干重点技术领域，形成一批核心自主知识产权和技术标准。鼓励群众性发明创造和文化创新，促进优秀文化产品的创作。在战略措施中，明确指出鼓励知识产权转化运用：①引导支持创新要素向企业集聚，促进高等学校、科研院所的创新成果向企业转移，推动企业知识产权的应用和产业化，缩短产业化周期。深入开展各类知识产权试点、示范工作，全面提升知识产权运用能力和应对知识产权竞争的能力。②鼓励和支持市场主体健全技术资料与商业秘密管理制度，建立知识产权价值评估、统计和财务核算制度，制订知识产权信息检索和重大事项预警等制度，完善对外合作知识产权管理制度。③鼓励市场主体依法应对涉及知识产权的侵权行为和法律诉讼，提高应对知识产权纠纷的能力。可见，"战略纲要"从方针、目标、战略重点以及战略措施等方面都将知识产权运用作为提升核心竞争力以及促进经济发展的关键一环，首次明确了知识产权运用的重要性。知识产权有效运用是充分利用知识产权的市场竞争价值，促进经济又好又快发展最行之有效的手段。

为了在国家科技重大专项中落实知识产权战略，充分运用知识产权制度，提高科技创新层次，保护科技成果，促进知识产权转移和运用，培育和发展战略性新兴产业，解决经济社会发展重大问题提供知识产权保障，根据《科学技术进步法》《促进科技成果转化法》以及《专利法》等法律法规和《国家科技重大专项管理暂行规定》的有关规定，科学技术部、国家发展和改革委员会、财政部和国家知识产权局共同研究制定了《国家科技重大专项知识产权管理暂行规定》，该规定于 2010 年 8 月 1 日正式实施，对国家科技重大专项中的知识产权管理作出了相关规定，并对国家财政出资的国家科技重大专项中产生的知识产权的转移和运用给出了明确规定，其中第 30 条规定："重大专项牵头组织单位、知识产权权利人应积极推动重大专项产生的知识产权的转移和运用，加快知识产权的商品化、产业化"；第 31 条规定，"重大专项产生的知识产权信息，在不影响知识产权保护、国家秘密和技术保护的前提下，项目（课题）责任单位应广泛予以传播"；第 33 条规定，"重大专项产生的知识产权，应当首先在境内实施。许可他人实施的，一般应当采取非独占许可的方式"；第 38 条规定，"鼓励项目（课题）责任单位以科技成果产业化为目标，按照产业链建立产业技术创新战略联盟，通过交叉许可、建立知识产权分享机制等方式，加速科技成果在产业领域应用、转移和扩散，为产业和社会发展提供完整的技术支撑和知识产权保障"；第 39 条规定，"在项目结束后五年内，项目（课题）责任单位或重大专项知识产权被许可人或受让人应当根据重大牵头组织单位的要求，报告知识产权应用、再开发和产业化等情况"；第 40 条规定，"项目（课题）责任单位应当依法奖励为完成该项科技成果及转化做出重要贡献的人员"。该法规包括鼓励知识产权成果信息的传播、鼓励知识产权成果产业化、鼓励知识产权成果许可及分享，鼓励给予知识产权成果转化的奖励激励等方面的规定，表明国家对知识产权运用的重视程度进一步提高，并在部分领域加以实践，为知识产权的有效运用提供了良好的政策支持。

为了落实"十二五"规划纲要、《国务院关于加快培育和发展战略性信息产业的决定》（国发〔2010〕32 号）和《国务院关于加快发展服务业的若干意见》（国发〔2007〕7 号）的相关部署，国务院办公厅于 2011 年 12 月 12 日印发了《国务院办公厅关于加快发展高技术服务业的指导意见》（国办发〔2011〕58 号），该意见在重点任务中指出："①知识产权服务。积极发展知识产权创造、运用、保护和管理等环节服务，加强规范管理。培育知识产权服务市场，构建服务主体多元化的知识产权服务体系。扩大知识产权基础信息资源共享范围，使各类知识产权服务主体可低成本地获取基础信息资源。创新知识产权服务模式，发展咨询、检索、分析、数据加工等基础服务，培育评估、交易、转化、托管、投融资等增值服务。提升知识产权服务机构涉外事务处理能力，打造具有国际影响力的知识产权服务企业和品牌。加强标准信息分析和相关技术咨询等标准化服务能力。"②"科技成果转化服务。完善科技中介体系，大力发展专业化、市场化的科技成果转化服务。发展技术交易市场，鼓励建立具备技术咨询评估、成果推介、融资担保等多种功能的技术转移服务机构。鼓励社会资本投资设立新型转化实体，发展包括创业投资、创业辅导、市场开拓等多种业务的综合性科技成果转化服务。提升科技企业孵化器、生产力促进中心和大学科技园等机构的服务能力，推动市场化运营。"在政策措施中指出要：①"拓展融资渠道。完善知识产权价值评估制度和管理规定，积极推行知识产权质押等融资方式。继续推动高技术服务产业基地发行中小企业集合债和集合票据。推动各类融资担保机构按照商业原则加大对高技术服务企业提供融资担保的力度。引导社会资本设立创业投资企业，支持符合条件的高技术服务企业在境内外特别是境内创业板上市，加快推进全国性证券场外交易市场建设，拓展高技术服务企业直接融资渠道。"②"培育市场需求。在信息技术服务、生物技术服务、知识产权服务等领域开展应用示范，培育高技术服务市场需求。切实落实并完善居民小区光纤接入建设等方面技术规范和管理规定，以基础设施升级促进信息服务业务发展。加大政府采购高技术服务的力度，拓展政府采购高技术服务的领域，鼓励政府部门将可外包的信息技术服务、检验检测服务、知识产权服务等业务发包给专业服务企业，实现服务提供主体和提供方式多元化。"③"增强创新能力。促进服务模式创新，推动高技术服务相关业务融合发展，探索适合新型服务业态发展的市场管理方式。促进高技术服务企业技术中心建设，鼓励集成创新。推动建立各具特色的高技术服务产业创新联盟，完善以企业为主体、产学研用相结合的创新体系。加强关键共性技术和支撑工具研发，完善成果转化中试条件，整合和完善现有公共服务平台，加强必要的软件平台、仿真环境、资源信息库、公共测试平台建设。支持高技术服务企业在国内外积极获取专利权和注册商标，实施标准战略，构建专利联盟。"可见，该意见明确了通过推动知识产权服务业向专业化、联盟化发展，拓展融资渠道，加快基础信息资源共享，更好地促进知识产权运用。

为贯彻落实《国家知识产权战略纲要》（国发〔2008〕18 号）和《国务院办公厅关于加快发展高技术服务业的指导意见》（国办发〔2011〕58 号），积极推进知识产权服务业发展，培育产业发展优势，强化知识产权服务对科技进步和经济发展的促进作用，2012 年 11 月 13 日，国家知识产权局、国家发展改革委员会等九部门联合印发了《关于加快培育和发展知识产权服务业的指导意见》（国知发规字〔2012〕110 号），该意见在总体目标中指出："到 2020年，知识产权服务与科技经济发展深度融合，知识产权创造、运用、保护和管理能力大幅提升，为科技创新水平提升和经济发展效益显著改善提供支撑；知识产权服务业成为高技术服务业中最具活力的领域之一，对经济社会发展的贡献率明显提高。"主要目标是"知识产权服务体系进一步完善，公共服务和市场化服务协调发展；知识产权服务主体多元化，形成一批专业化、规模化和国际化的知识产权服务机构；知识产权服务业从业人员数量和服务能力大幅提高，人员结构优化，高端人才具有较强的国际竞争力；知识产权服务业规模和产值占现代化服务业的比重明显提高。"该意见的发布表明在国家层面更加注重培育和发展专业化、高水平的知识产权服务团队服务于创新主体，进一步提高知识产权的转移转化及运用，提升国家的核心竞争力。

为了深入实施国家知识产权战略，深化知识产权重点领域改革，有效促进知识产权创造运用，国务院 2015 年 12 月 28 日发布了《国务院关于新形势下加快知识产权强国建设的若干意见》（（国发〔2015〕71 号），指出，到 2020年在知识产权重要领域和关键环节改革上取得决定性成果，建成一批知识产权强省、强市。在促进知识产权创造运用中明确指出，① "加强知识产权交易平台建设。构建知识产权运营服务体系，加快建设全国知识产权运营公共服务平台。创新知识产权投融资产品，探索知识产权证券化，完善知识产权信用担保机制，推动发展投贷联动、投保联动、投债联动等新模式。在全面创新改革试验区域引导天使投资、风险投资、私募基金加强对高技术领域的投资。细化会计准则规定，推动企业科学核算和管理知识产权资产。推动高等院校、科研院所建立健全知识产权转移转化机构。支持探索知识产权创造与运营的众筹、众包模式，促进"互联网 + 知识产权"融合发展。"② "培育知识产权密集型产业。探索制定知识产权密集型产业目录和发展规划。运用股权投资基金等市场化方式，引导社会资金投入知识产权密集型产业。加大政府采购对知识产权密集型产品的支持力度。试点建设知识产权密集型产业集聚区和知识产权密集型产业产品示范基地，推行知识产权集群管理，推动先进制造业加快发展，产业迈向中高端水平。"在加强重点产业知识产权海外布局和风险防控中指出，① "加强重点产业知识产权海外布局规划。加大创新成果标准化和专利化工作力度，推动形成标准研制与专利布局有效衔接机制。研究制定标准必要专利布局指南。编制发布相关国家和地区专利申请实务指引。围绕战略性新兴产业等重点领域，建立专利导航产业发展工作机制，实施产业规划类和企业运营类专利导航项目，绘制服务我国产业发展的相关国家和地区专利导航图，推动我国产业深度融入全球产业链、价值链和创新链。" ② "拓展海外知识产权布局渠道。推动企业、科研机构、高等院校等联合开展海外专利布局工作。鼓励企业建立专利收储基金。加强企业知识产权布局指导，在产业园区和重点企业探索设立知识产权布局设计中心。分类制定知识产权跨国许可与转让指南，编制发布知识产权许可合同范本。" ③ "完善海外知识产权风险预警体系。建立健全知识产权管理与服务等标准体系。支持行业协会、专业机构跟踪发布重点产业知识产权信息和竞争动态。制定完善与知识产权相关的贸易调查应对与风险防控国别指南。完善海外知识产权信息服务平台，发布相关国家和地区知识产权制度环境等信息。建立完善企业海外知识产权问题及案件信息提交机制，加强对重大知识产权案件的跟踪研究，及时发布风险提示。"在加强组织实施和政策保障中指出，"加大财税和金融支持力度。运用财政资金引导和促进科技成果产权化、知识产权产业化。落实研究开发费用税前加计扣除政策，对符合条件的知识产权费用按规定实行加计扣除。制定专利收费减缴办法，合理降低专利申请和维持费用。积极推进知识产权海外侵权责任保险工作。深入开展知识产权质押融资风险补偿基金和重点产业知识产权运营基金试点。"可见，意见从专利导航、运营体系建设及金融政策等方面进一步阐述如何促进知识产权运用，落实强国战略，也表明了知识产权运用在强国建设中占据举足轻重的地位。

二、知识产权运用状况

自《国家知识产权战略纲要》实施以来，我国知识产权运用在促进科技成果转化，以及促进经济高质量发展方面取得了长足的进步。稳步构建知识产权运营服务体系是实施和促进知识产权商业化运用的核心载体。

1. 知识产权运营服务

专利导航方面，为实施创新驱动发展战略和知识产权战略，有效利用专利制度提升创新驱动发展能力，国家知识产权局于 2013 年 4 月 2 日发布了《国家知识产权局关于实施专利导航试点工程的通知》（国知发管字〔2013〕27号），启动实施了专利导航试点工程。专利导航试点工程的主要目的是探索建立专利信息分析与产业运行决策深度融合、专利创造与产业创新能力高度匹配、专利布局对产业竞争地位保障有力、专利价值实现对产业运行效益支撑有效的工作机制，推动重点产业的专利协同运用，培育形成专利导航产业发展新模式。采取以分类搭建专利导航试点工程工作平台的方式，面向产业聚集区建设一批专利导航产业发展试验区，通过试验区建设，基本建立专利分析与产业运行决策深度融合和专利运用对产业运行效益高度支撑的工作机制和运行模式；面向行业发展培育一批专利协同运用试点单位，通过试点单位培育，在部分行业初步形成专利协同运用工作体系，基本实现专利的协同创造、协同运用、联合保护和协同管理；面向市场主体培育一批专利运营试点企业，通过试点企业培育形成一批能够有效支撑产业发展的专利组合；使专利引进、集成和二次开发、转移转化等专利运营业态发展良好。为此，国家知识产权局《国家专利导航产业发展试验区申报指南（试行）》《国家专利系统运用试点申报指南（试行）》以及《国家专利运营试点企业申报指南（试行）》的相关规定，通过组织评审确定了中关村科技园区等八个产业集聚区为国家专利导航产业发展实验区（见表 3），中国电子材料行业协会等五家行业协会为国家专利协同运用试点单位（见表 4），武汉邮电科学研究院（集团）等 35 家企业为国家专利运营试点企业（见表 5）（2013 年发布）。❶ 同时发布了《国家专利导航产业发展实验区建设工作指引》《国家专利协同运用试点单位培育工作指引》和《国家专利运营试点企业培育工作指引》在此基础上，我国各地政府部门及相关企业开展了一系列的产业专利分析、重大经济科技活动知识产权评议、专利储备运营、产业专利市场培育、行业专利协同运用和专利运营与产业化等项目。

表 3　国家专利导航产业发展实验区名单

编号	实验区名称	所选产业领域
1	中关村科技园区	移动互联网
2	苏州工业园区	纳米技术应用
3	上海市张江高科技园区	生物技术药物及医疗器械
4	杭州高新技术产业开发区	物联网
5	郑州新材料产业集聚区	超硬材料
6	武汉东湖新技术开发区	光通信
7	长春高新技术产业开发区	生物医药
8	宝鸡高新技术产业开发区	钛产业

表 4　国家专利协同运用试点单位名单

序号	申报单位	产业领域
1	中国电子材料行业协会	电子信息材料
2	中国内燃机工业协会	小汽油机
3	东阳市磁性材料行业协会	磁性材料
4	中国石油和化学工业联合会	石油和化学工业
5	中国资源综合利用协会	大宗固废资源综合利用领域

表 5　国家专利运营试点企业名单

序号	企业名称	产业领域	备注
1	武汉邮电科学研究院（集团）	光通信领域	中央企业
2	南车株洲电力机车研究所有限公司	电气系统集成、列车控制技术等	中央企业

---

❶ 国家知识产权局关于确定国家专利导航产业发展实验区、国家专利协同运用试点单位、国家专利运营试点企业的通知［EB/OL］.（2013 - 09 - 04）［2020 - 03 - 15］. http：//www. sipo. gov. cn/gztz/1099317. htm.

序号	企业名称	产业领域	备注
3	国民技术股份有限公司	移动支付、信息安全、通信等	中央企业
4	中国铁道建筑总公司	铁路、公路、机场、港口建筑施工	中央企业
5	中国航天科技集团公司	航天工程及技术	中央企业
6	中国航天科工集团第三研究院	装备制造、光电子信息	中央企业
7	中广核工程有限公司	核电站工程设计及建设	中央企业
8	电信科学技术研究院	信息通信领域	中央企业
9	国家电网公司	电力设备制造、电网安全稳定控制等	中央企业
10	中国大唐集团公司	燃煤火电、水电、燃机、煤化工等	中央企业
11	中粮集团有限公司	农产品、乳制品、粮油食品加工生产	中央企业
12	西南化工研究设计院有限公司	新材料、新能源及节能技术	中央企业
13	海信集团有限公司	数字多媒体、家电、智能商用设备等	
14	天津药物研究院	医药	
15	浙江正泰电器股份有限公司	电气设备、分析及测量控制技术	
16	北汽福田汽车股份有限公司	中重卡发动机、车身等	
17	浙江海正药业股份有限公司	医药制剂、生物制药、中成药等	
18	中兴通讯股份有限公司	LTE/3G/2G、云计算、智能终端	
19	腾讯科技（深圳）有限公司	计算机、互联网	
20	特变电工股份有限公司	变压器、高压开关柜、电线电缆等	
21	重庆润泽医药有限公司	手术动力系统、植入器材等	
22	湖南华曙高科技有限责任公司	3D打印技术	
23	福耀玻璃工业集团股份有限公司	浮法玻璃、汽车玻璃及玻璃生产设备	
24	四川长虹电器股份有限公司	编解码技术、数字电视、芯片技术等	
25	同方威视技术股份有限公司	安全检查设备	
26	西安西电捷通无线网络通信股份有限公司	通信网络与信息系统安全	
27	江苏佰腾科技有限公司	食品化学、新材料和农业机械等	

序号	企业名称	产业领域	备注
28	深圳市中彩联科技有限公司	数字电视技术、LCD/3D 显示技术	
29	摩尔动力（北京）技术股份有限公司	能源与动力、3D 打印技术	
30	常熟紫金知识产权服务有限公司	电子信息、生物医药	
31	天津滨海国际知识产权交易所有限公司	全领域	服务型
32	北京国之专利预警咨询中心	全领域	服务型
33	中国专利技术开发公司	全领域	服务型
34	北京智谷睿拓技术服务有限公司	智能手机、移动互联网	服务型
35	北京泰尔凯达电信信息咨询有限公司	ICT 领域、移动互联网、物联网等	服务型

运营体系方面，"十三五"规划要求"建设知识产权运营交易和服务平台，建设知识产权强国"，《国务院关于新形势下加快知识产权强国建设的若干意见》（国发〔2015〕71 号）明确提出"要构建知识产权运营服务体系，加快建设全国知识产权运营公共服务平台"。为此，2014 年国家知识产权局会同财政部投资建设一个全国知识产权公共服务平台和两个特色试点平台，培育20 家左右重点知识产权运营机构，以带动 N 家知识产权运营机构发展，形成"1 + 2 + 20 + N"互补互促的格局，其中"1"是指国家知识产权运营公共服务平台，在北京建设，是国家"1 + N"知识产权运营体系的核心载体，作为交易聚集、信息公开和市场监管的枢纽；"2"是指两个特色试点平台，在西安、珠海分别建设军民融合和知识产权金融的特色试点平台，承担新试点任务；"20"是指重点扶持的 20 家知识产权运营机构，采取股权投资方式支持 20 家左右具有全国或区域影响力、不同所有制的知识产权运营机构做大做强；"N"是指全国知识产权运营服务机构。截至 2018 年，国家知识产权运营公共服务平台，以及西安和珠海特色试点平台有序运行，共 423 家知识产权服务机构、投融资机构入驻三个平台，挂牌展示各类知识产权项目超过 13 万件，注册用户累计超过 27 万。国家平台完成电子信息领域有关知识产权运营机构投资1.15 亿元，珠海横琴平台促成知识产权质押融资超过 5 亿元。2018 年以来，

在武汉、郑州启动建设高校运营、交易运营等试点平台，深圳南方运营中心和上海国际运营平台先后通过验收。2018 年重点扶持的 15 家知识产权运营机构营业收入超过 4.6 亿元，促成质押金额超过 11 亿元，收储发明专利超过 10 万件。设立重点产业知识产权运营基金和知识产权质押融资风险补偿基金，有效促进知识产权与资本有效对接，逐步构建平台、机构、资本和产业等要素齐备的知识产权运营服务体系。中央财政引导社会资本设立的 20 支重点产业知识产权运营基金已陆续投入运营，实际募集资金近 43 亿元。广东、辽宁、山东、四川四个省份出台了知识产权质押融资风险补偿基金管理办法，设立知识产权质押融资风险补偿基金，其中，四川和山东要求合作银行以不低于基金金额六倍、十倍的比例放大贷款规模，并确定基金提高风险补偿的比例为 40% 或 50%；而广东将中央财政资金分拨广州、深圳、珠海、中山、惠州五市，各市积极配套资金投入，深圳配套 1.9 亿元，广州、珠海、中山各 3 000 万元，惠州 2 000 万元，五支基金总规模达 3.5 亿元。基金的设立发挥了财政资金的杠杆放大和风险保障作用，提高商业银行的风险容忍度，拓宽中小微企业融资渠道。通过打基础、搞试点、搞集成、建生态等一系列举措，系统推进知识产权运营服务体系建设，初步形成了平台、机构、资本、产业和人才"五位一体"的运营服务体系。

2. 知识产权运用支撑产业转型和区域经济

企业层面，2013 年国家知识产权局发布了《国家知识产权局关于开展国家级知识产权优势企业和示范企业培育工作的通知》（国知发管字〔2013〕36 号），启动了我国知识产权优势示范企业培育工作，充分发挥政府在规划指导、政策支持、项目服务和环境营造方面的作用，以企业为主体促进各类知识产权要素向骨干企业聚集，结合产业类型、战略布局及发展阶段等对企业进行个性化培育，紧紧围绕企业知识产权优势方向制定培育措施，加快形成企业知识产权竞争优势。截至 2018 年年底，共培育了国家知识产权示范企业 695 家，优势企业 3 187 家，合计 3 882 家，这些优势示范企业影响和带动了一大批企业积极运用知识产权，有效提升了市场竞争力。2009 年，国家知识产权局联合工业和信息化部实施了中小企业知识产权战略推进工程，2016 年，两部门又联合制定了《关于全面组织实施中小企业知识产权战略推进工程的指导意见》（国知发管字〔2016〕101 号），明确了提升中小企业知识产权运用能力，通过充分发挥全国知识产权运营平台体系作用，设立专业化的服务模块，促进中小企业知识产权转移转化，引导国有企事业单位支持中小企业知识产权转移转化活动，倡导社会资本参与中小企业知识产权转移转化。自推进工程实施以来，在全国 20 个试点城市（区）的 35 个中小企业集聚的园区开展试点工作，紧密围绕小微企业、科技型小微企业特点需求，加大知识产权服务和帮扶力度，全面支撑中小企业创新发展。2018 年 12 月，国家知识产权局发布了《关于知识产权民营企业创新发展若干措施的通知》（国知发管字〔2018〕32 号），在聚焦民营企业"放管服"改革、营商环境、融资难融资贵等方面提出十条政策措施，涉及 36 个政策点，支持民营经济提质增效和创新发展。

区域层面，2015 年 10 月，国家知识产权局发布《加快推进知识产权强省建设工作方案（试行）》（国知发管字〔2015〕59 号），明确了按照"试点探索、分类推进、分步实施、动态调整、整体升级"的工作方针，科学规划并推进形成知识产权强省建设总体布局，有力支撑了知识产权强国建设。2016 年 11 月，国家知识产权局发布了《关于加快建设知识产权强市的指导意见》（国知发管字〔2016〕86 号），明确了以知识产权与城市创新发展深度融合为主线，以加强知识产权保护和运用为主题，以改革和创新为动力，以知识产权强县（区）、强局、强企为抓手，建设一批创新活力足、质量效益好、可持续发展能力强的知识产权强市。2016 年 11 月，国家知识产权局还发布了关于修订印发《国家知识产权试点、示范城市管理办法》的通知（国知发管字〔2016〕87 号），按照"统筹推进、分类指导、择优培育、动态管理"的原则开展国家知识产权试点、示范城市评定管理工作，扎实推进知识产权强国建设，充分发挥知识产权在城市创新驱动发展和经济提质增效升级中的重要作用。2016 年 6 月，国家知识产权局发布了《关于修订印发〈国家知识产权试点示范园区管理办法〉的通知》（国知发管字〔2016〕43 号），意在"规范国家知识产权示范园区管理，引领带动知识产权工作，大力培育发展知识产权密集型产业，支撑园区创新驱动发展"。自上述支撑政策发布以来，强省试点建设按照引领型、支撑型和特色型分类，遴选了首批 13 个知识产权强省建设试点，其中引领型四个（广东、江苏、上海和四川），支撑型 6 个（山东、湖南、福建、重庆、河南和陕西），特色型 3 个（江西、广西和甘肃），初步构建形成一个分层分类、统筹推进、协调发展的知识产权强省建设工作格局。先后批复广州、武汉、青岛、成都、厦门、南京、西安、深圳、长沙、苏州、烟台、郑州、东营、潍坊、镇江等 15 个城市为国家知识产权强市创建市，开展了专利导航城市创新发展质量评价工作，精准指导了强市创建市做好各项强市建设任务。新批复上海市浦东新区等 7 个城市（城区）为国家知识产权示范城市，北京市延庆区等 11 个城市（城区）为国家知识产权试点城市（城区），全国试点示范城市数量达 200 个，覆盖除西藏、青海之外全国各个省（区、市）的中心城市，辐射带动了全国的知识产权工作发展，创造了一系列可复制可推广的先进经验。截至 2019 年 7 月，共批复了国家知识产权试点示范园区 141 家，其中示范园区 67 家，试点园区 74 家；设立国家知识产权服务业集聚发展试验区共计 16 个，其中 10 个已转入示范区建设，为打造一批高价值知识产权产业集群奠定了坚实的基础。

此外，地理标志运用在支撑区域促进经济发展中的作用愈发明显。2019年 6 月，国家知识产权局发布了《推动知识产权高质量发展年度工作指引(2019)》（国知发运字〔2019〕38 号），将地理标志作为推动知识产权高质量发展重点任务之一，明确实施地理标志运用促进工程，运用地理标志精准扶贫，总结推广"商标富农"工作经验，大力推行"公司 + 商标品牌（地理标志）+ 农户"产业化经营模式。2019 年 4 月，国家知识产权局制定出台了《关于进一步加强地理标志保护与运用工作的方案》（国知办发保字〔2019〕10号），明确实施地理标志运用促进工程，探索地理标志"产品—品牌—产业"发展路径。2019 年 8 月，国家知识产权局制定印发了《地理标志运用促进工程实施方案》（国知办发运字〔2019〕26 号），明确地理标志运用促进工程是当前知识产权强国建设的一项重要任务，是提高知识产权运用综合效能，推动地方特色经济高质量发展的一项重要工作，是实施乡村振兴战略，助力打赢脱贫攻坚战的一项重要举措，以服务区域经济发展为重点，探索地理标志"标志—产品—品牌—产业"发展路径。同时通过组织申报、专家评审，确定了兴安盟知识产权局等单位申报的 14 个项目为 2019 年地理标志运用促进工程项目，重点围绕"兴安盟大米"等 25 件地理标志实施地理标志运用促进工程

（见表6）。❶

表6　2019年地理标志运用促进工程项目名单

序号	申报及组织实施单位	地理标志名称
1	兴安盟知识产权局	兴安盟大米
		太和小米
2	张家界市知识产权局	张家界大鲵
		桑植蜂蜜
3	百色市知识产权局	百色芒果
4	柳州市知识产权局	融安金桔
5	阿坝藏族羌族自治州知识产权局	红原牦牛奶粉
		红原牦牛奶
6	巴中市知识产权局	平昌青花椒
		江口青鳙
7	黔东南苗族侗族自治州知识产权局	麻江蓝莓
		黎平香禾糯
8	保山市知识产权局	保山小粒咖啡
		龙陵紫皮石斛
9	安康市知识产权局	岚皋魔芋
		紫阳富硒茶
10	白银市知识产权局	靖远文冠果油
		靖远枸杞
11	甘南藏族自治州知识产权局	甘加羊（甘加藏羊）
		迭部羊肚菌
12	吴忠市知识产权局	盐池滩羊
13	固原市知识产权局	固原胡麻油
		彭阳红梅杏
14	和田地区知识产权局	和田薄皮核桃
		和田大枣

地理标志运用促进工程项目在具体实施过程中，将原产地地理标志和地理

---

❶ 国家知识产权局办公室关于确定2019年地理标志运用促进工程项目的通知［EB/OL］.［2020 –03–15］. http://www.sipo.gov.cn/gztz/1143451.htm.

标志商标运用促进工作融合，利用现有知识产权运用工作载体，将地理标志作为知识产权强省、强市、试点示范城市、强县工程试点示范县的创建重点，并在知识产权运营体系建设、服务业发展、知识产权金融、奖项评选等方面将地理标志作为重要方面。从初步成效看，促进工程项目随着有关政策措施的落实，各项配套资金的落地，通过指导、实践，形成了省（区）市县联动、点线面结合的工作格局，政府、企业、协会以及有关服务机构等各参与方各司其职，形成工作合力，在助力地区精准扶贫以及促进县域经济发展中发挥了关键作用，为深入实施地理标志运用促进工程，探索完善地理标志"标志—产品—品牌—产业"发展路径奠定了坚实的基础。

3. 经验与案例

2019 年 4 月，国家知识产权局发布了《国家知识产权局办公室关于做好第一批知识产权强省建设试点经验与典型案例复制推广工作的通知》（国知办发运字〔2019〕9 号），其中，促进知识产权转化运用方面 10 项，严格知识产权保护优化营商环境方面 8 项，知识产权支撑产业转型升级方面 6 项，知识产权强国建设支撑体系方面 6 项，在知识产权创造、保护、运用等重点领域和环节取得了明显成效，形成了一批知识产权强省建设试点经验和典型案例，发挥了知识产权强省建设示范作用，涉及知识产权运用的部分经验与做法如下。

（1）促进知识产权转化应用方面。①探索以事前产权激励为核心的职务科技成果权属改革，针对高校和科研院所职务科技成果属于国有资产，发明人转化成果时，容易受到国有资产流失或低价出售的质疑，导致单位及其负责人"不敢转"，宁愿将科技成果"锁在抽屉里"，以及科技成果转化需要耗费大量时间和精力，不少发明人及其团队不愿意参加收益不确定的转化工作等问题，四川省选择西南交通大学、四川大学等高校试点，赋予科研人员一定比例的职务科技成果所有权，按照"协议＋评估"形式，将事后科技成果转化收益的奖励，前置为事前知识产权所有权激励，通过职务发明创造由单位和职务发明人共同所有的方式，调动科研人员积极性。这种"先确权，后转化"的产权激励形式，不同于现行"先转化，后激励"的做法，通过将事后奖励变成事前激励，以产权赋予职务发明人转化成果的权利，从根本上激发了职务发明人开展科技成果转化的动力，解决了职务发明人有动力转化，没有权利转化而单位有权利转化、没有动力转化的问题。改革实施后，西南交通大学在试点一年多时间里，已有 176 项职务发明专利分割确权，以此创立了 16 家高科技创业公司，知识产权评估作价入股总值超过 1.3 亿元，带动社会投资超过 10 亿元。而在 2010～2015 年，西南交通大学仅转化职务发明专利 14 项，转化收入只有 158 万元，申请费、维持费和专利金奖支持则超过 900 万元。四川大学试点半年，已有 70 多项成果完成确权，创办企业 20 余家，带动社会投资近 20 亿元。试点政策实施以来，职务科技成果混合所有制改革已在四川省 20 余所高校、科研院所推广，各试点单位完成近 300 余项科技成果确权转化，吸引社会投资近百亿元，有效激发和释放了科研人员创新创业的激情和活力。②探索贷款、保险、财政风险补偿捆绑的专利权质押融资服务新模式，针对专利权质押融资贷款过程中缺乏有效担保、办理贷款难度较大等问题，四川省成都市、德阳市按照"银行贷款 + 保险保障 + 财政风险补偿"的专利质押合作模式，为专利所有权拥有企业提供中小企业贷款担保和保险。明确规定银行对单户企业提供的贷款利率、金融比例；设立专项补助，对开展专利质押融资业务的商业银行、保险机构给予一定资金支持；建立风险补偿机制，从科技工作财政资金中划出部分资金，采取先理赔后补偿原则，对合作银行专利权质押贷款产生的本金损失按比例给予补偿。按照上述模式，德阳市已培育一批专利质押贷款合作金融机构和高水平无形资产评估机构，试点地区 27 户储备企业及 30 个项目正在对接办理中，部分已成功融资。成都市为 489 家科技型中小企业提供知识产权质押贷款 11.35 亿元，为 47 家科技型企业 204 件专利投保专利险。③探索建立高校知识产权运营新模式，针对高校知识产权运营团队人员不足、能力不足，激励机制不灵活，转化成效不明显等问题，国家知识产权运营公共服务平台高校运营（武汉）试点平台于 2018 年 7 月批复，主要承建单位为中部知光技术转移有限公司，定位为为高校搭建集活动培训、成果推介、技术转移、知识产权服务、科技咨询、科技金融等于一体的知识产权运营一站式服务平台，采取市场化运作方式，全面组建市场化的运营团队，探索出包括项目直接转化、成果与现有企业对接、成果打包转化等形式的高校成果转化模式。同时，为中国地质大学（武汉）提供专利挖掘、布局、高价值专利培育等系列服务，在氢能、珠宝等优势领域形成了高价值专利组合。从平台的初步运行成效看，形成了较为完整的知识产权运营服务体系。2017 年平台代理申报知识产权近 4 000 件，完成知识产权运营（含交易）105 项，承担知识产权导航、评议、贯标等各类项目 54 项，辅导 46 家企业完成高新技术企业认定，登记技术合同 1 067 份。截至 2020 年 1 月，达成技术合同交易额 20 余亿元。①探索高校知识产权运营新模式，针对高校知识产权转移转化效率不高、对社会经济贡献有限的问题，建立"前期专利分级匹配、中期搭建交易平台、后期提供科技金融服务"全链条的高校知识产权运营模式，助推高校知识产权转化。浙江知识产权交易中心引导高校知识产权运营及服务，对高校专利进行分级梳理，并挖掘潜在意向企业及区域，寻找市场方向；依托自身搭建的交易平台及国际技术转移网络，为高校提供交易撮合、方案制订、流程把控为一体的知识产权交易服务；针对不同类型的科技型企业及其需求，提供知识产权质押融资、股权融资、投融资顾问等科技金融服务，同时结合技术交易顾问服务，为知识产权项目在产业化过程中提供"资本＋技术"的双重支撑。截至 2018 年 7 月，达成交易总金额 3.2 亿元，成交高校、院所科技成果 327 项，专利 978 件，专利平均成交单价 33 万元。其中，转让项目 202 项，成交金额 1.2 亿元；许可项目 111 项，成交金额 6 500 余万元，作价入股项目 14 项，成交金额 1.3 亿元；累计完成知识产权质押贷款近 8 000 万元。

（2）知识产权支撑产业转型升级方面。①探索建立关键核心技术知识产权品牌建设模式，针对知识产权核心技术推广应用力度不够，且其价值不易被挖掘的问题，以关键核心技术专利群推动经济高质量发展。山东省从 2016 年开始开展关键核心技术知识产权品牌培育工作，制定出台《山东省关键核心技术知识产权品牌培育工作实施方案》，提出到 2020 年培育关键核心技术知识产权品牌 100 家左右。经公开征集，结合山东省当前重点产业发展方向，对征集项目进行了专利价值度综合评价，分别确认 15 个专利群为山东省关键核心技术知识产权品牌。制定出台《山东省核心技术专利（群）资金管理细则》，组织召开山东省关键核心技术知识产权品牌单位建设会，为品牌单位颁发证书并授牌。从初步成效看，在被确定为山东省关键核心技术知识产权品牌的 30 个专利群中，山东登海种业股份有限公司的"紧凑型玉米新品种"，育成品种累计推广种植 4 亿多亩，创造经济效益 400 多亿元；中国中车集团有限公司青岛四方公司的"高速列车转向架关键技术专利群"成为支撑高速列车的重要核心技术之一。②探索构建覆盖区域重点产业的专利导航服务体系，针对专利分析、评议、导航、预警工作多头管理、重复投入等问题，探索建立区域重点产业专利导航多元化服务体系，分析制约地方产业发展的瓶颈，帮助地方政府、产业部门、重点企业找准技术创新的突破口。重庆市建立覆盖全市重点产业的专利导航服务体系，依托市知识产权局信息中心建设全国专利导航项目研究和推广中心，在此基础上优选部分区县、行业协会（整合专业服务机构）建立区域重点产业专利导航分中心。目前已建成 7 个区县专利导航分中心和 8 个重点产业专利导航分中心，形成了"1 + 7 + 8"的区域重点产业专利导航服务体系，建立产业大数据库、专利导航专题数据库、企业竞争对手专利数据库，为企业的技术研发、市场布局和产品上市开展专业专利导航服务。从实施效果看，截至 2018 年 10 月，为市政府提供了专利观察 6 期，为地方政府部门提供了产业导航分析 5 项，在相关产业规划、政策制定方面给予了建议；为企业开展专利导航研究项目 95 项，涉及技术研发、海外出口等各个环节，帮助企业解决了科技创新、生产经营中的重大决策问题。③探索建设高价值专利培育中心，针对科技投入产出效率低、专利创造"大而不强，多而不优"等问题，开展高价值专利培育，推进知识产权高质量发展，促进经济转型升级。江苏省于 2015 年在全国率先启动实施高价值专利培育计划，实行"两类申报方式、双重遴选机制、三种监管手段"。在项目实施过程中注重"把握一个目标、用好两类资源、突出三个环节、明确八项任务"。一个目标即培育一批优势创新载体，抢占产业发展制高点，并探索出一套科学发展路径；两类资源是指高校、院所的研发资源和高端服务机构的服务资源；三个环节是指研发前的分析研判、研发中的跟踪调整、研发后的策划保护；八项任务是指建立完善的组织管理体系、加快专利信息传播利用、建立专利申请预审机制、提升专利申请文件撰写质量、加强专利申请后期跟踪等。从具体实施情况看，截至 2018 年，省财政累计投入经费 1.23 亿元，组建省级高价值专利培育示范中心 37 个，建设 95 家市级示范中心。2015 年首批 7 家示范中心，培育期间新增发明专利授权 893 件，新增《专利合作条约》（PCT）专利申请 203 件，专利转让许可 200 余件，专利产品销售收入 88 亿元。③探索以地理标志标准化培育区域品牌，针对一些地区对地理标志保护产品重申报轻运用，未能发挥区域品牌带动特色经济发展的问题，加大对地理标志工作的统筹协调，通过实施产业化促进项目，推进地理标志管理标准化规范化，培育区域品牌，提升产品附加值和市场竞争力。贵州省将地理标志工作纳入实施知识产权战略和推进知识产权强省工作的年度推进计划，投入资金启动实施地理标志产品产业化促进工程，督促项目实施单位制定完善技术规范和管理制度，规范使用专用标识，围绕黔酒、黔茶、黔药、旅游商品和其他农特产品，推进地理标志的登记、注册和核准保护，创建地理标志保护示范区。从实施情况看，2018 年全省地理标志保护产品总数 290 个，使用地理标志专用标志的产品 136 个，使用专用标志的企业 996 家。"湄潭翠芽"品牌价值由 2009 年 10.2 亿元增至 2017 年 102.17 亿元。"盘县火腿"单价从 2013 年的平均 33 元/公斤增至 2017 年的 100 元/公斤，销售收入由 2013 年的 1 323 万元增至 2017 年的 3.56 亿元，带动 3 180 户农民致富，每户农民年均增收 4.8 万元。

4. 知识产权运用工作展望

知识产权已成为世界各国提升国际竞争力的核心要素，在国际竞争中的作用愈发重要。我国高度重视知识产权工作。党的十九大指出，倡导创新文化，强化知识产权创造、保护、运用。党的十九届三中全会作出了重新组建国家知识产权局的重大决策部署，也是全面加强知识产权保护、优化营商环境的重大举措。当前我国形成了新形势下加快知识产权强国建设的若干意见、"十三五"国家知识产权保护和运用规划、深入实施国家知识产权战略行动计划"三驾马车"共同驱动知识产权事业发展的崭新局面。知识产权强国战略即将实施，我国将实现从知识产权大国到知识产权强国的历史性跨越，这势必要求知识产权运用工作必须走创新发展、高质量发展之路。

第五节　科技服务与市场

促进科技成果转化需要高效和权威的科技服务市场。1985 年，中共中央《关于科学技术体制改革的决定》明确提出"开放技术市场，实行科技成果商品化"，技术市场由此诞生，作为科技体制改革的突破口，开启了市场化的科技成果转移转化的伟大进程。30 多年来，在党中央、国务院的热切关怀和国家科技主管部门的坚强领导下，在各部门、各地方的通力合作下，我国技术市场经历了初创、突破、创新的发展历程，已成为国家创新体系的重要支撑，与人才市场、土地市场、资本市场共同成为我国社会主义要素市场的重要组成部分。十八届三中全会指出：发展技术市场，健全技术转移机制，促进科技成果资本化、产业化。2015 年《促进科技成果转化法》从法律层面上扫清了科技成果向现实生产力转化的体制障碍。《国家技术转移体系建设方案》的颁布实施，明确了新时期技术转移工作重点和功能定位。截至目前，技术市场已形成了由《促进科技成果转化法》《科技进步法》《合同法》、技术合同认定登记管理相关规章、30 余个省（市、区）《技术市场管理条例》及相关财政税收政策组成的法律政策体系；由国家、省、市、县四级技术市场管理机构及 1 000余家技术合同认定登记机构组成的监督管理体系；由 10 家科技成果转移转化示范区、11 家国家技术转移区域中心、453 家国家技术转移示范机构、92 家创新驿站构成的市场服务体系。2017 年，技术市场成交 36 万余项技术合同，成交额达到 1.34 万亿元，已成为引领支撑经济发展的重要力量。❶ 为了进一步推动科技服务市场的发展，促进科技成果转化，2015 年《促进科技成果转化法》主要从建设科技中介、公共研究开发和科技企业孵化等三类服务机构的角度，对科技服务市场进行了规范和促进。

首先，《促进科技成果转化法》从法律上对科技中介服务机构的发展问题做出了明确规定。该法第 30 条规定："国家培育和发展技术市场，鼓励创办科技中介服务机构，为技术交易提供交易场所、信息平台以及信息检索、加工与分析、评估、经纪等服务。科技中介服务机构提供服务，应当遵循公正、客观的原则，不得提供虚假的信息和证明，对其在服务过程中知悉的国家秘密和当事人的商业秘密负有保密义务。"根据该条规定，科技中介服务主要分为三类：一是为技术及其知识产权的交易提供交易场所或信息平台的行为，如有形

---

❶ 技术市场总体概况［EB/OL］.［2020 - 01 - 10］. http：//www. chinatorch. gov. cn/jssc/gaikuang/201312/2049c76bf7af47288f5 85d81abe0c3b9. shtml.

的技术市场；二是为促进技术和知识产权交易而对技术及知识产权进行分析或评估的行为；三是技术和知识产权的买卖双方提供代理服务等的经纪行为。科技中介服务机构可能同时提供上述三种服务，也可能只提供上述一种或两种服务。

为了加快科技中介服务机构的发展，早在 2006 年科技部即制定了《关于加快发展技术市场的意见》（国科发市字〔2006〕75 号）。该意见明确要求："大力培育和发展各类科技中介服务机构，引导科技中介服务机构向专业化、规模化和规范化方向发展。发展多种形式、面向社会开展技术中介、咨询、经纪、信息、知识产权、技术评估、科技风险投资、技术产权交易等服务活动的中介机构，促进企业之间、企业与高等院校和科研院所之间的知识流动和技术转移。鼓励民营企业及民营资本参股和进入技术市场中介服务机构，引导技术市场中介服务机构通过兼并重组、优化整合，做优做强，实现组织网络化、手段现代化、功能综合化、服务社会化的发展目标。""健全科技中介服务体系，为各类企业的创新活动提供社会化、市场化服务。整合科技中介服务资源，根据创新成果转化和商业化的全程服务链条，创建和发展以常设技术市场、技术交易机构、技术产权交易机构、技术转移中心、科技开发中心、科技成果转化中心、生产力促进中心、科技评估机构等为主的技术市场协作服务机制。""支持和培育一批国家级技术市场中介服务机构，为自主创新的全过程提供综合配套服务，开展科技计划项目的招投标、计划项目成果的技术转移、推广等试点，使其发挥技术市场主导和示范带动作用，具备参与国际竞争的综合实力。"

同时，2007 年 12 月，国家发展改革委、科技部、财政部、国家工商总局、国家版权局、国家知识产权局等六部门联合颁布了《建立和完善知识产权交易市场的指导意见》，该意见明确提出："通过政府引导和市场推动，逐步构建以重点区域知识产权交易市场为主导，各类分支交易市场为基础，专业知识产权市场为补充，各类专业中介组织广泛参与，与国际惯例接轨，布局合理，功能齐备，充满活力的多层次知识产权交易市场体系。"

另外，1996 年《促进科技成果转化法》第 18 条规定："在技术交易中从事代理或者居间等有偿服务的中介机构，须按照国家有关规定领取营业执照；

在该机构中从事经纪业务的人员，须按照国家有关规定取得资格证书。"原国家科委于 1997 年印发了《技术经纪资格认定暂行办法》，该办法对技术经纪人资格的取得作出了明确规定，并规定："从事技术经纪业务的经纪人事务所、经纪人公司、个体技术经纪人员及兼营技术经纪的其他经纪组织，其技术经纪资格的认定和具有技术经纪资格的从业人员数量，必须符合有关法律规定。"但经过多年的实践，技术经纪人资格管理制度的运行并不理想，阻碍了有能力、有经验的人士进行科技经纪服务，加之考虑到目前我国各种从业资格过多过滥的问题，科技部于 2011 年宣布《技术经纪资格认定暂行办法》失效。2015 年修改后的《促进科技成果转化法》则彻底删除了原第 18 条。

其次，2015 年《促进科技成果转化法》明确强调了面向科技成果转化的公共研究开发服务。完整的科技成果转化是一个复杂的系统工程，包括研究开发、市场分析、小试中试、工业性生产和产业化发展等多个环节和步骤。在科技成果转化过程中，小试、中试和工业性生产试验是关键环节，也是非常容易失败的环节，同时还需要投入大量的资源，因此，很多科技成果转化活动就折载在这个环节。考虑到中间性试验和工业性试验在产业内具有一定的共性特征，如果由服务机构提供标准的服务，可以通过规模效应，有效降低单个市场主体的中间试验成本和工业性试验成本，因此，国家有必要在此环节给予一定支持。所以，该法第 31 条规定："国家支持根据产业和区域发展需要建设公共研究开发平台，为科技成果转化提供技术集成、共性技术研究开发、中间试验和工业性试验、科技成果系统化和工程化开发、技术推广与示范等服务。"

为加强科技创新基础能力建设，推动我国科技资源的整合共享与高效利用，改变我国科技基础条件建设多头管理、分散投入的状况，减少科技资源低水平重复和浪费，打破科技资源条块分割、部门封闭、信息滞留和数据垄断的格局，2006 年科技部成立了国家科技基础条件平台中心。该中心的主要职责是：承担国家科技基础条件平台建设专项中有关大型科学仪器设备、自然科技资源、科学数据、科技文献、成果转化公共服务和网络科技环境等六大平台建设项目的过程管理和基础性工作；参与在建平台建设项目的综合配置、中期评估与考核监督等工作；参与对已建国家科技基础条件平台项目的运行服务情况开展的评估和监督工作，承担相关的考评、开放共享补贴费测算等工作；承担科技基础条件门户系统的建设与运行管理工作。经过多年努力，我国科技平台建设取得很大的进展，初步建成了以研究实验基地和大型科学仪器设备、自然科技资源、科学数据、科技文献等六大领域为基本框架的国家科技基础条件平台建设体系。同时，各地方结合本地科技经济发展的具体需求和自身优势，因地制宜地建成了一批各具特色的地方科技平台。基于信息网络技术的科技资源共享体系初步形成，科技资源开放共享的理念得到广泛认同，科技资源得到有效配置和系统优化，资源利用率大大提高。

虽然国家科技基础条件平台中心所管理或联系的各类科技基础条件平台并非仅是针对科技成果转化而建设的，但市场主体如果需要进行小试、中试或工业性试验等服务，仍然应该积极寻求相关领域的科技基础条件平台的帮助，因为它们不仅有义务提供相关服务，同时由于国家的资助和规模效应，这些科技基础条件平台服务的价格通常要远低于市场主体亲自进行小试、中试或工业性试验的成本。同时，科技部或地方政府的各类科技基础条件平台亦在加强面向科技成果转化的服务力度。例如，上海研发公共服务平台为了促进科技成果转化，在2015年4月专门推出了"科技创新券"制度。"科技创新券"的功能是由政府免费向中小微企业或创业团队发放专门用于购买科研机构创新服务的权益凭证，每个企业和团队可获得的额度上限为10万元。在短短两个多月的时间内共有488家企业和创业团队，申领了2 400万元科创新技券使用额度。在已经申请科技券的企业中，信息技术企业占比达35%，企业人数不超过20人的小微型企业占57%，科技券的补贴功能对小微企业非常具有吸引力。通过仪器共享服务和用户补贴，大量的中小企业可以节省动辄几百万元的仪器采购、保养费用，显著降低研发成本。为盘活资源存量，上海研发公共服务平台通过奖励评估，推动大型科研仪器向社会开放，提高使用效率。截至2015年5月底，上海已有502家仪器管理单位完成了8 161台/套，总价值105.21亿元的仪器信息报送。其中，409家管理单位价值74.28亿元的仪器加盟研发平台，提供共享服务。作为全国第一个地方立法促进大型科学仪器设施共享的城市，上海经过多年的发展和完善已经逐步建立了一套完整的促进大型科学仪器设施共享、利用的政策保障体系。截至2014年年底，累计541家单位的

62 288台次的仪器共获得2014年之前的共享服务奖励5 136.64万元。❶

最后，2015年《促进科技成果转化法》明确规定国家应支持科技企业孵化服务机构的发展。科技企业是科技成果转化的重要载体，很多科技成果转化就与科技企业的成立相伴，所以，孵化科技企业的成立和发展是促进科技成果转化的一种重要市场形式。相应地，国家支持和帮助科技企业孵化服务的发展，提升科技企业孵化服务机构孵化科技企业的能力和水平，对于促进科技成果转化具有重要意义。因此，2015年《促进科技成果转化法》在1996年《促进科技成果转化法》特别增加了一条作为第32条，该条规定："国家支持科技企业孵化器、大学科技园等科技企业孵化机构发展，为初创期科技型中小企业提供孵化场地、创业辅导、研究开发与管理咨询等服务。"

我国历来重视科技企业孵化机构的发展。2010年，科技部印发了《科技企业孵化器认定和管理办法》（国科发高〔2010〕680号）。根据该办法，科技企业孵化器，是以促进科技成果转化、培养高新技术企业和企业家为宗旨的科技创业服务载体。科技企业孵化器的主要功能是以科技型创业企业为服务对象，通过开展创业培训、辅导、咨询，提供研发、试制、经营的场地和共享设施，以及政策、法律、财务、投融资、企业管理、人力资源、市场推广和加速成长等方面的服务，以降低创业风险和创业成本，提高企业的成活率和成长性，培养成功的科技企业和企业家。该办法将科技企业孵化器分为国家级孵化器、地方孵化器和专业孵化器三类。国家级孵化器是指由科技部负责、并由各省级科技部门依据该办法所确定的标准具体认定的大型孵化器；地方孵化器是地方政府根据本地的孵化器管理办法所确定的标准认定的孵化器；专业孵化器是大型企业、科研机构等建立的围绕特定技术领域或特殊人群，在孵化对象、服务内容、运行模式和技术平台上实现专业化服务的孵化器。

经过多年发展，我国科技企业孵化机构已经取得了长足发展。据统计，截至2018年年底，全国科技企业孵化器总数已经达到4 849家，其中国家级孵化器980家；科技企业孵化器的孵化面积13 192.9万平方米，在孵企业206 024

---

❶ 东方网. 两个月申领额度达2 400万元 科技券7月1日起可使用 [EB/OL]. [2020 – 03 – 15]. http: //zw. sgst. cn/mtgz/wlqt/201507/t20150702_640411. html.

家，已经从孵化器毕业的企业 139 396 家，拥有有效知识产权 440 881 项，其中发明专利 85 180 项，软件著作权 157 657 项，集成电路布图 2 737 项，植物新品种 894 项；在孵企业 R&D 投入 726.7 亿元，累计获得风险投资 2 755.9 亿元，累计获得财政资助额 220.1 亿元；在孵企业从业人数 290.2 万人，其中吸纳应届大学毕业生 28 万人，留学回国人员 2.8 万人。[1] 2015 年《促进科技成果转化法》第 32 条的规定为科技企业孵化机构提供了明确法律基础，对于进一步提高孵化器服务能力和水平，促进科技成果转化和知识产权运用，培育创新创业人才和具有自主知识产权的科技型企业，具有重要意义。

---

[1]　2018 年火炬统计手册（科技企业孵化器和众创空间部分）［EB/OL］. ［2020 – 03 – 15］. http：//www. chinatorch. org. cn/fhq/tjnb/201912/9557665c3be244fd83f4c9a975b933ab. shtml.

参考文献

中文文献

[1] 常旭华，李晓. 我国高校科技成果转化的主导模式、共性问题及对策分析［J］. 世界科技研究与发展，2018，40（5）：519－527.

[2] 陈永伟，徐冬林. 高新技术产业的创新能力与税收激励［J］. 税务研究，2010（8）：26－28.

[3] 崔勤之. 国营企业经营管理权是新型的财产权［J］. 现代法学，1984（1）：53－55.

[4] 崔秀花. 税法：知识产权战略实施的"加速器"［J］广西社会科学，2008（7）：91－94.

[5] 丁明磊，侯琼华，张炜熙. 奖励科技成果转化人员要突破工资总额限制［J］. 中国科技论坛（12）：115－118.

[6] 窦静. 高校科研涉税问题的思考［J］. 会计师，2012（5）：69－70.

[7] 杜健. 高校科技成果转化难的症结及对策研究［J］. 国家教育行政学院学报，2017（3）：70－76.

[8] 方新. 关于我国发展基础研究的几点思考［J］. 中国科学基金，2019，33（5）：417－422.

[9] 冯晓青. 我国企业知识产权质押融资及其完善对策研究［J］. 河北法学，2012，30（12）：39－46.

[10] 郭晓珍，陈楠. 重点产业知识产权运营基金的发展现状及建议［J］. 厦门理工学院学报，2019，27（4）：14－20.

[11] 贺德方. 对科技成果及科技成果转化若干基本概念的辨析与思考［J］. 中国软科学，2011（11）：1－7.

[12] 黄传慧，郑彦宁，吴春玉. 美国科技成果转化机制研究［J］. 湖北社会科学，2011（10）：81－84.

［13］黄钢平，麦方．税收制度视野下的企业无形资产拓展［J］．税务与经济，2000（4）：
　　　26－28．

［14］霍国庆．战略性新兴产业的研究现状与理论问题分析［J］．山西大学学报（哲学社
　　　会科学版），2012，35（3）：229－239．

［15］纪宏奎．科技领域涉税优惠政策盘点［J］．税政征纳，2010（7）：10－14．

［16］靳东升，王则斌．对我国非营利性科研机构的税收政策思考［J］．中国科技产业，
　　　2002（1）：51－54．

［17］孔祥俊．企业法人财产权研究——从经营权、法人财产权到法人所有权的必然走向
　　　［J］．中国人民大学学报，1996（2）：52－60．

［18］兰筱琳，洪茂椿，黄茂兴．面向战略性新兴产业的科技成果转化机制探索［J］．科
　　　学学研究，2018，36（8）：1375－1383．

［19］李静翠．“营改增”环境下高校横向科研涉税问题思考［J］．财会通讯，2013（8）：
　　　55－56．

［20］李开国．国营企业财产性质探讨［J］．法学研究，1982（2）：34－38．

［21］李玲娟，霍国庆，曾明彬，等．基于价值链的科技成果转化政策述评［J］．科学管
　　　理研究，2014，32（1）：10－14．

［22］李明德，黄晖，闫文军．欧盟知识产权法［M］．北京：法律出版社，2010．

［23］李明德．美国知识产权法［M］．2版．北京：法律出版社，2014．

［24］李明德．知识产权法［M］．2版．北京：法律出版社，2014．

［25］李强，暴丽艳．职务科技成果转化收益分配比例与科研人员激励——基于委托—代理
　　　理论视角［J］．科技管理研究，2019，39（2）：233－240．

［26］李晓慧，贺德方，彭洁．美国促进科技成果转化的政策［J］．科技导报，2016，34
　　　（23）：137－142．

［27］李晓慧，贺德方，彭洁．日本高校科技成果转化模式及启示［J］．科技导报，2018，
　　　36（2）：8－12．

［28］李玉香．科技成果转化法律问题研究［M］．北京：知识产权出版社，2015．

［29］林加德．新企业所得税法下高新技术企业税收筹划［J］．中国高新技术企业，2008
　　　（24）：50．

［30］林秀芹，刘铁光．自主知识产权的创造、运用与法律机制［M］．厦门：厦门大学出
　　　版社，2012．

［31］刘宝平，魏华，孙胜祥．装备研制过程中知识产权运用分析［J］．武汉理工大学学

报（信息与管理工程版），2014（6）：834－837.

[32] 刘剑文. 财税法功能的定位及其当代变迁 [J]. 中国法学，2015（4）：162－180.

[33] 刘群彦. 高校科研人员科技成果转化权和优先受让权问题研究 [J]. 行政与法，2019
（1）：124－129.

[34] 刘向妹，刘群英. 职务发明报酬制度的国际比较及建议 [J]. 知识产权，2006（2）：
84－88.

[35] 刘云，程嫡婕. 基于文献引证的国际知识流动影响因素探究 [J]. 科学学研究，
2018，36（9）：1623－1631.

[36] 陆正华，何宙翔，李其霞. 新企业所得税法实施对高新技术企业的影响 [J]. 财会
月刊（综合版），2008（26）：22－24.

[37] 马兰. 浅析国防科技工业知识产权运用与产业化 [J]. 舰船科学技术，2007，29
（z2）：11－15.

[38] 马忠法. 创新型国家建设背景下的科技成果转化法律制度研究 [M]. 上海人民出版
社，2013.

[39] 穆荣平. 强化创新第一动力 增添持续发展动能 [J]. 人民论坛，2017（z2）：106
－107.

[40] 穆荣平. 德国向中国的技术转移——上海大众汽车公司案例研究 [J]. 科研管理，
1997（6）：71－78.

[41] 乔永忠. 知识产权管理与运用若干问题研究 [M]. 北京：知识产权出版社，2009.

[42] 宋河发. 我国知识产权运营政策体系建设与运营政策发展研究 [J]. 知识产权，2018
（6）：75－81.

[43] 孙建中，黄玉杰. 高校科技成果转化系统的因素分析与对策研究 [J]. 河北经贸大
学学报，2002（2）：88－92.

[44] 孙一冰，邢堃. "税眼" 扫描，税收政策助力高科技成果产业化 [J]. 中国税务，
2006（11）：8－9.

[45] 孙芸. 科技成果转化面临的四个问题 [N]. 中国科学报，2019－08－22（006）.

[46] 唐素琴，刘昌恒. 跨国公司职务发明报酬认定相关问题研究 [J]. 福建江夏学院学
报，2017，7（4）：14－21.

[47] 唐素琴，周轶男. 美国预先发明转让协议的分析及启示 [J]. 法制与社会，2017
（30）：20－21.

[48] 唐素琴，卓柳俊，曾心怡. 我国职务发明权属与实施运用关系的实证分析——兼评

《专利法修正案（草案）》第6条［J］．专利代理，2019（4）：3－9．

［49］王波，刘菊芳，龚亚麟．"营改增"政策对知识产权服务业的影响［J］．知识产权，2014（4）：66－69．

［50］王海燕，梁洪力，张寒．美国制造拓展伙伴计划的新动向及其对我国创新方法工作的启示［J］．中国软科学，2015（1）：59－66．

［51］王军．"营改增"对高校横向科研社会问题的影响研究［J］．华北科技学院学报，2014（11）：121－124．

［52］王乔，黄瑶妮，张东升．支持科技成果转化的财税政策研究［J］．当代财经，2019（7）：28－36．

［53］吴大志．武汉市农业科技成果转化现状及对策研究［M］．北京：中国农业科学技术出版社，2015．

［54］吴国林，程文．技术预测的哲学分析［J］．自然辩证法研究，2020，36（2）：114－118．

［55］吴敬学．农业科技成果转化：模式、机制与绩效研究［M］．北京：经济科学出版社，2013．

［56］肖荣辉．"政校企"协同创新应用型高校科技成果转化路径研究［J］．黑龙江高教研究，2018，36（11）：59－62．

［57］谢地．试析高校国有科技成果转化的产权配置问题［J］．电子知识产权，2018（9）：51－66．

［58］熊继宁．走出企业"法人财产权的认识误区"——兼评"法人所有权"和"企业经营权"［J］．中国法学，1995（2）：68－75．

［59］徐辉，费忠华．科技成果转化及其对经济增长效应研究［M］．广州：中山大学出版社，2009．

［60］徐洁．科技成果转化的制度障碍与消除——以加快建设创新型国家为旨要［J］．现代法学，2018，40（2）：119－131．

［61］闫文军，张丽昀．从中美经贸摩擦看技术转让方侵权担保责任［J］．中国科学院院刊，2019，34（8）：886－892．

［62］杨多萍，李晓杰．增值税环境下高校科研涉税问题探究［J］．中国地质大学学报（社会科学版），2014（5）：25－27．

［63］杨萍，张源．我国科技成果转化的制度安排与机制优化［J］．科技管理研究，2010（9）：19－21．

[64] 杨千雨. 论我国知识产权融资许可制度之构建——以美国 UCITA 法的融资许可为借鉴 [J]. 法律科学（西北政法大学学报），2014，32（3）：92 – 101.

[65] 杨小敏. 工资总额预算管理研究 [J]. 管理论坛，2012，30（4）：157 – 160.

[66] 杨栩，于渤. 中国科技成果转化模式的选择研究 [J]. 学习与探索，2012（8）：106 – 108.

[67] 姚军，朱雪忠. 促进我国知识产权发展的税制改革研究 [J]. 经济师，2006（11）：8 – 9.

[68] 余薇，秦英. 科技型企业知识产权质押融资模式研究——以南昌市知识产权质押贷款试点为例 [J]. 企业经济，2013（6）：170 – 173.

[69] 岳贤平，李廉水，顾海英. 技术许可的形成机理：收益和成本观点 [J]. 科学学研究，2007（5）：919 – 926.

[70] 张广良. 知识产权运用与保护研究（第一卷）[M]. 北京：知识产权出版社，2009.

[71] 张文德. 知识产权运用 [M]. 北京：知识产权出版社，2015.

[72] 张武军，徐宁. 新常态下科技成果转化政策支撑与法律保障研究 [J]. 科技进步与对策，2016，33（3）：109 – 112.

[73] 张悦，胡朝阳. 论我国科技成果转化的法律环境 [J]. 科技与经济，2006，19（3）：8 – 11.

[74] 周传忠. 美国斯坦福大学科技成果转化市场机制研究 [J]. 科技管理研究，2017，37（17）：139 – 144.

[75] 周大伟. 试论技术咨询合同 [J]. 法学研究，1989（1）：29 – 33.

[76] 周大伟. 再论技术服务合同的法律特征 [J]. 科学管理研究，1989（1）：33 – 37.

[77] 朱承亮，穆荣平. 完善科技成果转化政策法规体系，更好服务经济高质量发展 [J]. 中国发展观察，2019（9）：36 – 40.

[78] 朱一飞. 高校科技成果转化法律制度的检视与重构 [J]. 法学，2016（4）：81 – 92.

英文文献

[1] LINK A N，HASSELT M V. On the Transfer of Technology from Universities：The Impact of The Bayh – Dole Act of 1980 on the Institutionalization of University Research [J]. European Economic Review，2019，119：472 – 481.

[2] NAGHAVI A，PENG S K，TSAI Y. Relationship – Specific Investments and Intellectual Property Rights Enforcement with Heterogeneous Suppliers [EB/OL]. [2020 – 04 – 20]. ht-

tp：//papers. ssrn. com/sol3/papers. cfm？abstract_id = 2607982.

[3] MALM A M, FREDRIKSSON A, JOHANSEN K. Bridging Capability Gaps in Technology Transfers within Related Offsets [J]. Journal of Manufacturing Technology Management, 2016, 27 (5)：640 - 661.

[4] CHAKRABARTI G. Vulnerable Position of Traditional Knowledge Under IPR：Concern for Sustainable Development [J]. OIDA International Journal of Sustainable Development, 2014, 7 (3)：67 - 94.

[5] LAUTO G, BAU M, COMPAGNO C. Individual and Institutional Drivers of Technology Transfer in Open Innovation [J]. Industry and Higher Education, 2013, 27 (1)：27 - 39.

[6] LEVY H V. Transferability and Commercialization of Patent Rights：Economic and Practical Perspectives [J]. Journal of Entrepreneurship, Management and Innovation, 2012, 8 (2)：44 - 59.

[7] CLIFTON F J. Domestic Section 351 Transfers of Intellectual Property：The Law as It Is vs. The Law as the Commissioner Would Prefer It to Be [J]. The Journal of Corporate Taxation, 1989 (16)：99 - 135.

[8] ROOKSBY J H. Innovation and Litigation：Tensions Between Universities and Patents and How to Fix Them [J]. Yale Journal of Law and Technology, 2013, 15 (2)：312 - 404.

[9] DARCY J, GUELLEC D, DEBANDE O, et al. Financing Technology Transfers [J]. EIB Papers, 2009, 14 (2)：54 - 73.

[10] WERRA J D. What Legal Framework for Promoting the Cross - Border Flow of Intellectual Assets (Trade Secrets and Music)？A View from Europe Towards Asia (China and Japan) [J]. Intellectual Property Quarterly, 2009 (1)：27 - 76.

[11] MIN J W, KIM Y J, VONORTAS N S. Public Technology Transfer, Commercialization and Business Growth [J]. European Economic Review, 2020, 124：1 - 13.

[12] REED J L, WAGNER J D. Consider the Intellectual Property Aspects of Technology Transfers in the Higher Ed World [J]. Dean and Provost, 2019, 21 (1)：1 - 4.

[13] HOLGERSSON M, AABOEN L. A Literature Review of Intellectual Property Management in Technology Transfer Offices：From Appropriation to Utilization [J]. Technology in Society, 2019, 59：1 - 10.

[14] GOOD M, KNOCKAERT M, SOPPE B, et al. The Technology Transfer Ecosystem in Academia. An Organizational Design Perspective [J]. Technovation, 2019, 82 - 83：35 - 50.

［15］KISKIS M. Faculty Intellectual Property Rights in Canadian Universities ［J］. Baltic Journal of Law & Politics, 2012, 5 (2): 81 – 108.

［16］UNGUREANO M, POP N, UNGUREANU N. Innovation and Technology Transfer for Business Development ［J］. Procedia Engineering, 2016, 149: 495 – 500.

［17］GUARDA P. Consortium Agreement and Intellectual Property Rights within the European Union Research and Innovation Programme ［J］. European Intellectual Property Review, 2015, 37 (3): 161 – 171.

［18］LUGARD P. The New EU Technology Transfer Regime, Like a Rolling Stone? ［J］. COMMUNICATIONS & STRATEGIES, 2014 (95): 41 – 60.

［19］BRADLEY S R, HAYTER C S, LINK A. Models and Methods of University Technology Transfer ［J］. Foundations and Trends in Entrepreneurship, 2013, 9 (6): 571 – 650.